LOS GENES DEL DISEÑADOR

KEN HARRINGTON

CASA
CREACIÓN

La mayoría de los productos de Casa Creación están disponibles a un precio con descuento en cantidades de mayoreo para promociones de ventas, ofertas especiales, levantar fondos y atender necesidades educativas. Para más información, escriba a Casa Creación, 600 Rinehart Road, Lake Mary, Florida, 32746; o llame al teléfono (407) 333-7117 en Estados Unidos.

Los genes del Diseñador por Ken Harrington
Publicado por Casa Creación
Una compañía de Charisma Media
600 Rinehart Road
Lake Mary, Florida 32746
www.casacreacion.com

Los énfasis y aclaraciones entre corchetes dentro de las citas bíblicas corresponden al autor.

Originally published in the USA by:

Destiny Image®

Shippensburg, PA
Under the title:
Designer Genes

Visite la página web del autor: www.treasurechestministries.ca

Traducido por: María Mercedes Pérez, María Bettina López y María del C. Fabbri Rojas.
Coordinación, revisión de la traducción y edición: María del C. Fabbri Rojas
Director de diseño: Bill Johnson

Library of Congress Control Number: 2012949397
ISBN: 978-1-62136-150-3
E-book ISBN: 978-1-62136-152-7

Impreso en los Estados Unidos de América

13 14 15 16 17 * 7 6 5 4 3 2 1

Agradecimientos

> Ningún hombre es una isla, completo en sí mismo. Cada hombre es un trozo del continente...
>
> —*John Donne,*
> Sacerdote y poeta inglés (1572-1631)[1]

Ningún libro es producto de los esfuerzos o de los pensamientos de un hombre. Es en la combinación de fuentes de inspiración y talentos que se genera el verdadero genio. Deseo dar gracias a mi querida esposa y colaboradora, Jeanne Harrington, por su inspiración, su apoyo y su sagacidad profética que hicieron posible este libro. Leyó y releyó cada página, fue el impulso para la mayoría de las historias, corrigió los detalles, y me animó cuando me quedé en blanco. Sin ella, no habría libro.

Gracias también a los esfuerzos incansables de Brenda G. Smith, quien realizó la edición inicial, mientras yo escribía, para hacer que los pensamientos fueran lo suficientemente adecuados para la lectura.

Como la mayoría de los primeros pensamientos de este libro fueron escritos mientras yo todavía era empleado siderúrgico y antes de que tuviera una computadora portátil, necesitaba que transcribieran mis "garabatos". Ese trabajo recayó sobre las damas de la iglesia Spruce Grove Community. Gracias, primeramente a Myrna Mukli que organizó e hizo la mayor parte de la tarea. Gracias también a todas las demás que transcribieron: Tangy Shields, Teresa Hunter, Suzanne Harrington, Laverne Kundert, Cheri Mitchell, y Shara-Rae Mitchell. Gracias también a Lauri MacKinnon por su trabajo de fotografía.

Quisiera agradecer además a Destiny Image por darle una oportunidad a este libro. Un agradecimiento especial a Don Nori, cuya fe y entusiasmo me impulsaron a bajar la cabeza y terminar este proyecto. Gracias también a Ronda Ranalli por su sabiduría al discernir el alcance que este libro tendría, y a Dean Drawbaugh por los esfuerzos realizados para lograr llevarlo a la imprenta. Julie Martin también merece mucho crédito por hacer la mayor parte de la edición. Sus comentarios, que admito que solían irritar, me obligaron a quitar rigurosidad con que suelo presentar mis ideas, y desarrollar un libro más fácil de leer.

Sobre todo, agradezco la inspiración del Espíritu Santo que es el verdadero autor de este libro. Recibí todo el bosquejo en un período de 45 minutos mientras Él descargaba un poco de lo que desea para el Cuerpo de Cristo en el área del carácter.

Recomendaciones

Ken y Jeanne compartieron con cariño desde sus corazones y experiencias personales sobre los principios esenciales de la autoridad espiritual. Este libro debería inspirar a muchos de los que desean ser más como Cristo.

—David Demian
Director de Watchmen for the Nations

Todos queremos más autoridad y poder en el reino espiritual, pero ¿tenemos el carácter para contenerlo? En este excelente libro, Ken Harrington aborda esta cuestión y presenta muchos conocimientos prácticos y revelaciones de la Palabra de Dios y experiencia personal para llevar al lector más bajo en la carne, pero más alto en el espíritu.

—Lorne y Rita Silverstein
Directores de Every Home for Jesus

Los temas que Ken y Jeanne cubren en este libro son áreas vitales de preocupación en el ministerio, tanto en lo personal como en los diversos aspectos con que tratamos en el campo misionero. Hemos utilizado su visión y su experiencia para ministrar a presos, recuperar adictos en nuestros eventos callejeros, a los niños de nuestro orfanato y a nuestro personal. Eso ha traído liberación, libertad y sanidad a sus vidas. Recomendamos ampliamente este libro y vamos a continuar usándolo regularmente en todas las áreas de nuestro ministerio.

¡Es necesario que todo cristiano utilice las verdades que Ken y Jeanne comparten en este libro!

—Kim y Weiler Lynn
Fe Viva World Missions

En su propio estilo entrañable, Ken y Jeanne Harrington nos invitan a unirnos a ellos en su singular recorrido hacia la semejanza con Cristo. Nos comparten con sinceridad las batallas y los triunfos, los fracasos y las victorias, que obran en conjunto para formar en nosotros el carácter de Dios.

En el camino, usted recogerá las pepitas de oro y plata, piedras preciosas y perlas de sabiduría. Y si presta mucha atención, también encontrará las "llaves" que pueden abrir los misterios del Reino que usted puede poner en su propio cofre del tesoro.

En el centro de todo esto se halla el desafío eterno y formidable para nosotros de "negarnos a nosotros mismos, tomar nuestra cruz y seguir a Jesús", ¡el mandato para todos los creyentes!

Ha sido un gozo para mí conocer a Ken y Jeanne durante muchos años. En todas las experiencias que compartimos, puedo decir verdaderamente que ellos viven lo que proclaman. Estas páginas no se limitan a presentar teorías vacías. Estas son verdades que se han forjado en el horno de la vida. ¡Y ahora están disponibles para usted! ¡Disfrute!

—Rev. Dennis Wiedrick
Presidente de Wiedrick and Associates, Apostolic Ministries
Oshawa, Ontario

Contenido

Prólogo

Hay una diferencia entre un hombre que hace conjeturas y uno que hace el trabajo. Alguien dijo una vez: "Los que pueden, *hacen;* los que no pueden, *enseñan*". Sin embargo, hay otra raza de personas que "hacen" *y* "enseñan". Cuando una persona es portadora de esta combinación de puntos fuertes, provee una clase distinta de autoridad al material que está siendo presentado. Este libro representa ese tipo de combinación.

Hace unos años me encontré en una posición de liderazgo en Spruce Grove. Como en cualquier otra iglesia, había una estructura de autoridad establecida. Sin embargo, he descubierto que no todo el que *tiene* un título lo *merece*. Así que tenía una pregunta. Yo no necesitaba saber quiénes eran "diáconos", o quiénes eran "ancianos". Mi principal pregunta era: "Señor, ¿con quién hablas sobre el futuro y la dirección de este cuerpo?". Esta no era una pregunta que un hombre o una mujer pudiera responder.

Y así que esperé, semana tras semana. Mientras oraba y buscaba el consejo de Dios, observaba a quienes llevaban una palabra o carga similar. Con suma regularidad, una pareja que servía como ancianos en la iglesia entraba por mi puerta. Una semana era un sueño, la siguiente, un testimonio o un versículo. Una y otra vez, con demasiada frecuencia para ser una coincidencia, esta misma pareja portaba la Palabra del Señor. ¡Esa fue mi respuesta!

Ken y Jeanne Harrington son una pareja que hace lo que predica, y predica con el ejemplo. No solo han estudiado las Escrituras, sino que las han aplicado de manera que validan su valía. No estoy diciendo que no podemos simplemente creer lo que está escrito. Ciertamente podemos y deberíamos hacerlo. Pero hay algo que sucede en lo profundo del corazón de un hombre o una mujer que ha creído, se ha afirmado, y al final sostiene un resultado verificado. Este libro presenta no solo verdades del Reino, sino docenas y docenas de ejemplos de cómo esas verdades son vividas y captadas por el creyente promedio. En estos capítulos usted encontrará hermosas gemas y estupendas pepitas de oro que han sido extraídas de la Montaña de la Palabra de Dios. ¡Disfrute todas y cada una de ellas!

—Marc Brisebois

Pastor principal, Spruce Grove Community Church

Director de Watchman on the Wall

Prefacio

Este libro tiene dos propósitos principales:

1. Ilustrar de manera práctica los principios que permiten que una persona camine en la verdadera autoridad.
2. Introducir las palabras de Dios, no sólo los principios, en el espíritu de las personas, para que la revelación, no solo el conocimiento, las invista de poder.

Para lograr esto, se entrelazan muchas escrituras a lo largo el texto. Me doy cuenta de que muchos lectores tienen tendencia a saltear las citas bíblicas para seguir el flujo de las ideas del autor. Sin embargo, le imploro que dé a la Palabra de Dios el honor que se le debe. Lea cada palabra, y deje que penetre en lo más íntimo de su ser.

Jesús dijo: "Todo poder me es dado en el cielo y en la tierra" (Mateo 28:18). La definición griega[1] de la palabra que aquí se traduce como "poder" implica autoridad, tanto el derecho como la fuerza para realizar un acto.[2] Jesús quiere delegar esa autoridad a su pueblo en la tierra. Sin embargo, muchos de nosotros no hemos sabido entender que esa autoridad proviene de la naturaleza de Jesús, no de la fuerza de voluntad. Esto ha creado una situación en la que le hemos permitido a la mera fuerza hacerse pasar por autoridad. Cuando este tipo de autoridad basada en la fuerza es expuesta a la presión, manifiesta su falta de carácter, con resultados desastrosos.

Este libro por tanto se basa en la suposición de que la autoridad (palabra raíz: *autor)* reposa en el Autor o Creador de este mundo y se manifestará en nosotros cuando le permitamos a Él ser el autor de los diversos aspectos de nuestro carácter. Así, conceptos tales como el perdón, el amor, la humildad, la paciencia, el gozo, la confianza, la fe y la esperanza son recipientes de esta autoridad.

Por medio de ejemplos y conceptos personales y de las Escrituras, este libro lo llevará a usted, lector, a un cambio de paradigma en su manera de pensar, y a acceder al poder y la autoridad que Dios lo ha destinado a caminar.

Introducción

¿Su vida parece mundana y carente de emoción y significado? ¿Alguna vez sintió que había un potencial oculto en usted, pero no podía llegar a él? Dios nos diseñó para elevarnos por encima del plano mundano echando mano a nuestro destino. Lamentablemente, muchos de nosotros ni siquiera nos acercamos a nuestro potencial en Él.

Tenemos que aprender que el *carácter es la llave que abre la puerta al destino.* Muchas personas con talento se han estrellado contra las rocas de la vida porque su carácter no podía sostenerlos, mientras que personas menos dotadas, pero con gran carácter, han llegado a lugares de prominencia en el Cuerpo de Cristo. Es mi deseo ver que usted acceda plenamente al potencial de todo lo que Dios le ha designado. Escribí este libro para darle las llaves para abrir la puerta de su destino.

Giezi era un aprendiz de profeta, con ropas de siervo, capacitándose para heredar el manto de poder que llevaba Eliseo (vea 2 Reyes 4-5). Giezi servía a Eliseo y fue testigo de todo el poder y la autoridad que él ejercía. Eliseo lo envió a resucitar a los muertos, a sanar a los enfermos, y a entregar sus palabras. Giezi, incluso se sentaba con Eliseo y discutía la voluntad de Dios para bendecir al pueblo. Él estaba destinado a ser la voz profética de Dios, establecer y derrocar reyes, pero tenía un defecto de carácter: era codicioso.

Naamán, el capitán sirio vino a Eliseo para ser sanado de lepra. Estuvo tan agradecido por su sanidad que le ofreció muchas riquezas. Eliseo se negó a utilizar los dones de Dios para su beneficio personal, pero Giezi no era tan desinteresado, por lo que se equivocó en su decisión al aprovecharse del don de sanidad que Eliseo declaró sobre Naamán. Esa acción reveló la verdadera naturaleza de Giezi, él tuvo por más valioso su propio beneficio que su servicio a Eliseo o la herencia del oficio de profeta. Más adelante encontramos en la Escritura que Giezi le relataba al rey de Israel las historias de los milagros de Eliseo, en vez de hacer los milagros él mismo. Giezi perdió su destino, porque no pudo cambiar su egoísta manera de pensar.

Para que podamos empezar esa transformación, debemos desear andar en el carácter de Jesús y no en el nuestro. Esta es nuestra gloria, que es *Cristo en nosotros* (vea Colosenses 1:27). En un sueño que Dios me dio, vi a Jeanne y a mí con los brazos llenos de bolas brillantes. Cada una de esas bolas de poder tenía rayos de luz que salían de ellas. Yo tenía tantas que cuando una se cayó ni siquiera pude agacharme a recogerla. Dios dijo que eran esferas de autoridad. Cada una de esas esferas representaba diferentes aspectos de nuestro carácter. Cada característica—humildad, fe, amor, gozo, etc.—es un recipiente del poder de Dios.

Yo siempre había supuesto que el poder residía en un individuo como el aire en un globo, todo en un recipiente en nuestro espíritu. Ahora entiendo que Dios tiene todo el poder y la autoridad y que residen en Jesús (vea Mateo 28:18). Cuando permitamos que Él resida en las diversas áreas de nuestro carácter, su poder se manifestará a través de nosotros a un mundo herido. La puerta que nos permitirá acceder a la verdadera autoridad y poder es nuestro carácter; si refleja el carácter de Cristo. *En última instancia, el único enemigo que nos puede resistir en esta batalla es nuestra propia carne.*

Este no es un libro sobre doctrina, aunque explica los principios del Reino de Dios. No es un libro de "cómo hacer", aunque usted caminará con Jeanne y conmigo a través de nuestros errores y victorias. El propósito de este libro es impartir vida, la vida de Jesús, a su carácter y a su espíritu. Esto ocurre, como todos los otros aspectos de la vida cristiana, por medio de la gracia y de la fe (vea Efesios 2:8). He tratado de ser sincero en la presentación de la historia de mi familia. Solo somos gente común con un Dios extraordinario. Hemos experimentado gloria y vergüenza en nuestras vidas. Ambas son beneficiosas en las manos de Dios para producir madurez y pureza.

Solo podremos entrar en nuestro destino, si permitimos que Dios refine nuestro carácter. Giezi no tenía el carácter que pudiera mantenerlo donde su llamado lo habría llevado. Su historia y otras están en la Biblia para nuestro bien: "están escritas para amonestarnos a nosotros" (1 Corintios 10:11), para que no sigamos su ejemplo, sino más bien los pasos de Jesús. Jesús dijo: "Al que cree todo le es posible" (Marcos 9:23). "Por tanto, nosotros también, teniendo en derredor nuestro tan grande nube de testigos, despojémonos de todo peso y del pecado que nos asedia, y corramos con paciencia la carrera que tenemos por delante" (Hebreos 12:1). Podemos hacer esto, si creemos. Jesús ya ha corrido la carrera por nosotros. Él dijo que nos llevaría.

Observe nuestro viaje (el de mi esposa y mío) en las páginas de este libro; lo animará en el suyo. *Dios disfruta transformar a la gente común en conquistadores extraordinarios cambiando su carácter.* Su mayor deseo es ver que cada uno de nosotros llega a ser aquello para lo cual Él nos creó. Nunca lo alcanzaremos a menos que entremos en nuestro destino en Él. A través de las páginas de este libro, espero que usted sea inspirado a alcanzar "el premio del supremo llamamiento de Dios en Cristo Jesús" (Filipenses 3:14).

Capítulo I

Humíllese: ***Humildad***

Sumisión y humildad: la puerta baja a la autoridad del Reino

En nuestros pensamientos humanistas sobre la humildad y la sumisión, tendemos a relegar a la gente que muestra estos atributos a los niveles más bajos de las más poderosas estructuras, pero la Biblia dice que "los mansos heredarán la tierra" (Salmos 37:11). En otras palabras, cuando se han desarrollado todas las variables y la búsqueda de posiciones ha terminado, es el manso quien está al tope entre los herederos (los dueños) de este planeta y todos sus complejos sistemas. ¡Esto no es lo que predecirían nuestros procesos de pensamiento! Si la máxima autoridad les pertenece a los mansos, entonces, todos los que desean un lugar de prominencia deben elegir ponerse *bajo* autoridad en lugar de empujar para *ser* la autoridad.

Dios advierte a los que ven su valor como superior al de

otros que deben "tratarse con humildad, pues la Biblia dice: 'Dios se opone a los orgullosos, pero brinda su ayuda a los humildes'" (1 Pedro 5:5, TLA). Dios realmente pone obstáculos en el camino de los soberbios y da gracia (favor injustificado) a los humildes.

Jeanne, mi esposa, aprendió tempranamente esta lección. Ella era una Brownie (una Guía junior) cuando jovencita. Su tropa estaba haciendo un proyecto para bendecir a una casa de campo de personas mayores, y cada una de las chicas tenía la esperanza de ser la elegida para presentar una canasta de frutas. Todas las niñas saltaban a su alrededor con entusiasmo, gritando: "¡Elígeme a mí! ¡Elígeme a mí!". Jeanne estaba segura de que no sería elegida, así que decidió limpiar el desorden que la tropa había hecho. Sin embargo, mientras estaba recogiendo los papeles y las cintas, la líder de la tropa la vio y reconoció que Jeanne estaba exhibiendo las cualidades que se espera que las Brownies ejemplifiquen: la humildad y el servicio. Por lo tanto, Jeanne fue elegida para presentar los regalos. Esa lección se ha quedado con Jeanne para toda su vida y le ha permitido desenvolverse en muchos altos niveles del Reino.

Cuanto más alto somos exaltados, más importante es que ignoremos los halagos que otros nos pueden dar. La mayoría de la gente solo nos ve en nuestro mejor momento. No está cuando quedamos boquiabiertos ante el ordenador, o los grifos que gotean, o los niños. El encanto es lo que mostramos para que el mundo exterior vea. Podemos actuar encantadoramente durante un corto período y ponernos una buena fachada, pero como toda actuación, eso no es la realidad. Nuestro carácter subyace a la personalidad en la que siempre caminamos. Tenemos que ser capaces de reírnos de nosotros mismos y admitir sinceramente ***que nuestras posiciones o títulos de ninguna manera indican la madurez de nuestro carácter.*** En realidad, nuestras posiciones suelen aislarnos precisamente de las circunstancias que nos harían madurar.

El rey Nabucodonosor era el líder más poderoso que el mundo jamás había visto. Su posición impidió que alguien desafiara sus pensamientos o ideas. Él tenía autoridad absoluta, hizo que sus súbditos se acobardaran ante él y, como resultado, había llegado a ser extremadamente orgulloso.

El profeta Daniel, humildemente, desafió el rey Nabucodonosor a reconocer que era Dios el que "cambia los tiempos y las épocas, pone y depone reyes" (Daniel 2:21, NVI). El rey ignoró la advertencia. No mucho más tarde, Nabucodonosor tuvo un sueño profético en el cual un "vigilante" (un ser angélico) le advirtió que "el Dios Altísimo es el soberano de todos los reinos humanos, y que se los entrega a quien él quiere, y hasta pone sobre ellos al más humilde de los hombres" (Daniel 4:17, NVI).

El rey no hizo caso a estas dos advertencias y durante un tiempo le tuvo que ser enseñado lo que significa ser humillado por Dios. En realidad se volvió loco y empezó a *comer hierba como un buey* (vea Daniel 4:25). Creo que estaremos de acuerdo en que es preferible que nos humillemos nosotros a esperar que Dios nos lo haga. Jesús anduvo según este principio, y la Palabra nos reta:

> *...Haya, pues, en vosotros este sentir que hubo también en Cristo Jesús, el cual, siendo en forma de Dios, no estimó el ser igual a Dios como cosa a que aferrarse, sino que se despojó a sí mismo, tomando forma de siervo...y...se humilló a sí mismo...Por lo*

cual Dios también le exaltó hasta lo sumo, y le dio un nombre que es sobre todo nombre (Filipenses 2:5-9).

Dios nos quiere exaltar, pero frecuentemente no puede hacerlo, porque tenemos una opinión muy elevada de nosotros mismos. Jesús puso de relieve este principio en una parábola acerca de un fariseo que "puesto en pie, oraba consigo mismo de esta manera: Dios te doy gracias porque no soy como los otros hombres, ladrones, injustos, adúlteros.... ayuno dos veces a la semana, doy diezmos de todo lo que gano" (Lucas 18:11-12). Mientras tanto, un publicano "estando lejos, no quería ni aun alzar los ojos al cielo, sino que se golpeaba el pecho, diciendo: Dios, sé propicio a mí, pecador" (Lucas 18:13). Jesús dijo: "Os digo que éste descendió a su casa justificado...porque cualquiera que se enaltece, será humillado; y el que se humilla será enaltecido" (Lucas 18:14). Dios es mucho mejor en su trabajo que yo en el mío. Prefiero humillarme y que él me exalte a que suceda a la inversa.

Tenemos un amigo, Drew, a quien Dios llamó a tener una visión para un estudio de cine que se dedicaría a producir medios de comunicación cristianos. Drew procedió a elaborar un plan de negocios y trató de llevar adelante esta visión. Dios le dijo: "*¡Detente!* Eres como una pequeña locomotora jalando una carga muy grande, y te resulta difícil parar en la estación. ¿Me dejas que te mate?". Drew, sin saber lo que esto implicaba, dijo: "¡Sí!" Así comenzó su jornada por el desierto.

Jeanne y yo conocimos a Drew y su esposa Julia en esa época y nos preguntábamos qué le pasaba. Él tenía toda esa experiencia y potencial, pero no estaba haciendo nada. Tenía buenas ofertas de trabajo, pero decidió esperar por su sueño. Drew y Julia llegaron a estar en estrechez financiera, pero siempre parecían afrontarlo bien.

Dios estaba tratando de exponer el corazón de Drew a Drew. Drew pensó que estaba cambiando y muriendo a sus viejos caminos hasta que una noche despertó con un terrible dolor en el pecho y la abrumadora presencia de un espíritu cerniéndose sobre su cuerpo. Se sintió inmovilizado en la cama y se le impidió incluso gritar. Estaba seguro de que estaba teniendo un ataque al corazón y se hallaba a punto de morir. Horrorizado, se puso a suplicar al Señor, clamando: "¡No, no, no! No ahora, Dios, tengo una esposa e hijos. No puedo dejarlos. Quiero estar con ellos y enseñarles. ¿Y qué hay de Mighty Motion Pictures? Hay tantas cosas que tengo que hacer".

El Señor dijo: "Mira…amas tu vida".

Drew tuvo que arrepentirse. "Señor, lo siento. Mi vida no es mía, es tuya. Si me quieres ahora, llévame. Soy tuyo".

Al instante pudo volver a respirar. Poco después de esta experiencia, Dios levantó a Drew y lo puso a cargo de una compañía de producción multimillonaria en dólares.

Ahora, por favor no malinterprete mi motivo para contarle esta historia. No estoy diciendo que no debemos pedirle a Dios que nos sane, si somos afectados por una enfermedad. Sin embargo, en este caso, Dios necesitaba que Drew tomara conciencia de su total dependencia de Él y respondiera entregándole por completo todo lo que amaba, planificaba y deseaba.

Todos estamos en un camino de humildad y dependencia. Nuestro orgullo surge de nuestra visión sesgada de las cosas que hacemos. Juzgamos nuestro valor basándonos en nuestro desempeño o en la manera en que lo percibimos. La evaluación de Dios viene de lo que somos y lo que podemos ser en Cristo. La diferencia entre estos dos siempre se refiere a nuestro carácter. *Nuestro carácter determinará cuán lejos podremos llegar en nuestro llamado.*

Supongamos que tuviéramos que utilizar una escala de 1 a 10, tanto para nuestro carácter como para nuestro llamado. Idealmente tendríamos el mismo nivel de ambos componentes. Sin embargo, si nuestro carácter está en un nivel 5, pero nuestro llamado o unción está diseñado para que podamos funcionar en un nivel 7, seremos incapaces de andar en ese nivel más alto. Las presiones y la exposición a los niveles más altos de ataque demoníaco, si no están compensadas por el nivel de carácter, nos eliminarían. Es por eso que los ministerios de alto nivel suelen experimentar devastadores fracasos morales: no tienen el carácter acorde con el llamado. Sería más conveniente para nosotros ser degradados a funcionar a un nivel de llamado 3 o 4 hasta que Dios desarrolle en nosotros el nivel 7 de carácter que es necesario para que coincida con el nivel 7 de llamado. Este aparente descenso mataría nuestro orgullo, y está diseñado para hacer precisamente eso. Así es como podemos desarrollar un más alto nivel de carácter: humillándonos y muriendo a esas áreas no redimidas de nuestra carne.

Cuando yo era mucho más joven, se me informó que iba a ser despedido de un trabajo grande que estaba lejos de ser terminado. Quedé impactado. Yo era cristiano y debería haber sido el último en ser despedido, no el primero. Mi capataz, Stan, también cristiano, vino a hablar conmigo de lo que había hecho mal. Parecía que en mi afán de ser un buen testigo de Cristo, en realidad había sido un mal testimonio. Mi exhortación y enseñanza a los muchachos que estaban trabajando había restado productividad. ¡Yo había hablado demasiado!

Después que Stan se fue, tuve que humillarme y arrepentirme. Me di cuenta de que la verdadera sumisión significaba honrar a la autoridad que Dios había puesto sobre mí y darle a la compañía el trabajo de un día completo por el salario de un día completo. Tendría que testificar en mi tiempo libre, no en el de la empresa. Menos de una hora más tarde, Stan volvió. Dijo: "No sé lo que pasó, pero quieren transferir su trabajo al otro lado del lago. Quieren que usted sea el capataz allá".

Yo sí sé lo que pasó, me había humillado. ¿Quiere usted una posición más alta? Entonces tome la posición más baja, humillarse, arrepentirse, y Dios lo exaltará.

Durante el tiempo que Jesús estuvo en la tierra, los fariseos tenían la apariencia de ser el grupo más justo en cuanto a guardar la ley. Sin embargo, ***guardar la ley no desarrolla el carácter, solo desarrolla el orgullo***. El carácter y espíritu libre de Jesús ofendían su legalismo. Todo el mundo, incluso los fariseos mismos, podía ver su hipocresía. Jesús los llamó "ciegos guías de ciegos" (Mateo 15:14). El orgullo de su superioridad moral les impedía juzgar correctamente. Estos expertos en las Escrituras no podían reconocer al Mesías porque estaban ofendidos de que Jesús manifestara a Dios de una manera no convencional. Aun Pilato sabía que "por envidia, los sacerdotes principales y los líderes acusaban a Jesús" (Mateo 27:18, TLA). Guardar la ley no había tocado su egocentrismo y autoimportancia. Habían decidido que la cuestión clave era guardar la ley, porque eso establecía su autoridad.

No tenemos la capacidad de establecer nuestra propia autoridad. Una vez, cuando Jeanne y yo estábamos en camino para ministrar en Moose Jaw, Saskatchewan, Jeanne iba repitiendo una rápida declaración que había escuchado a un orador en la televisión. Gritó burlonamente: "¡Oh no, ella está aquí!" Estábamos bromeando sobre el temor del mundo demoníaco ante nuestra llegada. El problema era que el mundo demoníaco no nos tenía miedo. Durante las siguientes horas, Jeanne sufrió mareos y náuseas.

Solo cuando nos dimos cuenta de nuestra arrogancia y nos arrepentimos de nuestro orgullo los síntomas desaparecieron. ***La presunción no es poder, la presunción no es fe; es pecado.*** Dios fue misericordioso y obró a través de nosotros. Tuvimos un tremendo tiempo de ministerio, y hubo mucha libertad y liberación; pero aprendimos que "de Dios es el poder" (Salmos 62:11). Reside en Dios, no en nosotros. Teníamos que operar con humildad y sumisión, si queríamos que su autoridad se manifestara a través de nosotros.

Todos estamos sujetos a la delimitación del poder que hace Dios. Jesús le enfatizó esto a Pilatos cuando dijo: "Ninguna autoridad tendrías contra mí, si no te fuese dada de arriba" (Juan 19:11). Si reconocemos el hecho de que todo el poder reside en Dios y que Él es el árbitro de quien lo tiene, no disputaremos, como lo hicieron los discípulos, acerca de quién es el más grande. Ellos pensaron que la grandeza era enmarcada por las habilidades. Jesús corrigió sus errores, expresando un concepto diferente. Les dijo: "Porque el que es más pequeño entre todos vosotros, ése es el más grande." (Lucas 9:48 b). "Así que, cualquiera que se humille como este niño, ése es el mayor en el reino de los cielos" (Mateo 18:4).

Esto era justamente lo opuesto a lo que habían presenciado en el mundo. El Reino de Dios no es como los reinos de este mundo. Ha sido llamado el reino del revés, porque sus leyes son tan contrarias a las leyes del mundo. Jesús dijo:

> *Sabéis que los gobernantes de las naciones se enseñorean de ellas, y los que son grandes ejercen sobre ellas potestad. Mas entre vosotros no será así, sino que el que quiera hacerse grande entre vosotros será vuestro servidor, y el que quiera ser el primero... será vuestro siervo; como el Hijo del Hombre no vino para ser servido, sino para servir, y para dar su vida en rescate por muchos* (Mateo 20:25-28).

Nuestras opiniones no tienen ningún valor a menos que estén alineados con el punto de vista del Cielo. De lo contrario podemos encontrarnos contraponiéndonos a lo que Dios está tratando de hacer en nuestras vidas. "Humillaos, pues, bajo la poderosa mano de Dios, para que él os exalte cuando fuere tiempo" (1 Pedro 5:6). Este consejo va en contra de nuestra inclinación natural a promovernos a nosotros mismos. Queremos que los demás nos vean como con una cierta reputación. Dios mismo no está preocupado por su reputación. De hecho, Jesús "se despojó a sí mismo, tomando forma de siervo" (Filipenses 2:7). ¿Estamos dispuestos a rebajar nuestra reputación? ¿Podemos jugar "un papel secundario" al de alguien con menos talento y tal vez incluso menos integridad? ¿Podemos ser siervos y ayudarlos a lanzarse hacia su destino en el Reino?

Una vez escuché un sermón de E. C. Manning, un senador canadiense y exprimer ministro de la provincia de Alberta, en el que comparaba la vida a un partido de béisbol. En este juego de la vida, hay dos cuadros marcadores. Uno iba desplegando los imparables y las carreras, indicando a los que están en las gradas quién va ganando. El otro marcador era invisible y mostraba otros puntos, no sobre la base de quién anotó más puntos, sino sobre la base del que jugó mejor (el jugador que ha demostrado la mayor amabilidad, conducta deportiva y tuvo la mejor actitud hacia los demás jugadores, los árbitros, los entrenadores y los aficionados). Como la mayoría de nosotros hemos visto, si observamos cualquier juego, las puntuaciones de los dos tablones no suelen reflejar los mismos vencedores. El desafío lanzado por el senador Manning era: ¿En qué juego quieres ganar? ¿De quién es la aprobación que realmente quieres? ¿De Dios o del mundo? Eso tendrá impacto en cómo jugaremos el juego.

Jesús no estaba interesado en ganar el juego que se jugaba en la tierra. El resultado de aquí no afectó sus acciones, como le explicó a Pilato, que parecía ser el árbitro de su destino. Jesús dijo: "Mi reino no es de este mundo; si mi reino fuera de este mundo, mis servidores pelearían... pero mi reino no es de aquí" (Juan 18:36). Estos reinos y marcadores dobles son muy confusos para los que no pueden reconocer ningún vencedor, excepto el del marcador del mundo. Pero en última instancia el marcador de Dios será el único que importe cuando el juego de este mundo se disuelva.

Tenemos ahora una oportunidad de cambiar nuestra actitud y ponernos de acuerdo con Dios, que "resiste a los soberbios, y da gracia a los humildes". Santiago va a decir en el mismo pasaje: "Someteos, pues, a Dios; resistid al diablo, y huirá de vosotros" (Santiago 4:6-7). Someterse y resistir: eso gana verdadera autoridad. Dios nos ha dado a cada uno de nosotros nuestro propio ámbito de autoridad.

La autoridad se podría definir como el derecho y el poder para hacer una tarea. La posesión de esta autoridad depende de nuestra sumisión. No estamos aquí para hacer nuestra propia voluntad, sino la voluntad de Aquel que nos compró. Le pertenecemos a Dios.

Si actuamos de acuerdo con la voluntad de Dios, Él nos concederá "poder notarial" sobre sus recursos. Por ejemplo, si mi empresa le da este poder a un abogado, desde entonces en un documento el nombre del abogado tendrá el mismo peso legal que tendría el mío. Él podría celebrar legalmente contratos vinculantes o comprar y vender artículos por los que mi empresa sería responsable. Si el abogado fuera más allá del alcance de sus responsabilidades y comenzara a tomar decisiones sin autorización previa, sería culpable de fraude. Del mismo modo, no tenemos "carta blanca" a la hora de ejercer nuestra autoridad. Incluso Jesús, cuando fue acusado de hacer cosas que los líderes religiosos consideraban inapropiadas, protestó diciendo que Él no podía "hacer nada por sí mismo, sino lo que ve hacer al Padre" (Juan 5:19). Él se sometió a la autoridad del Padre.

Una vez escuché un buen consejo—no consejo de Dios, pero un buen consejo—sobre cómo lidiar con una situación fiscal. Yo necesitaba algo de dinero prestado por un corto período para hacer esta transacción. Jeanne no estaba de acuerdo con mi decisión, pero yo estaba armado con este buen consejo, así que no le hice caso. Fui a un banco, y cuando el oficial de crédito fue a recibir los papeles, sentí que algo sucedía. El Espíritu Santo había estado tratando conmigo sobre este acuerdo, y súbitamente me di cuenta de que Él ya no estaba allí. Yo había estado orando por este acuerdo, con mi habitual modo autocentrado, de la siguiente manera: Quería pedirlo, pero realmente no esperaba una respuesta. De esa manera cuando hice lo que quería, podría decir que no había desobedecido, simplemente no había oído. Ahora escuché: "Si haces esto, correrá por tu cuenta".

Debí haberme puesto de pie y decir: "He cambiado de opinión". Pero yo estaba sentado allí. Mi orgullo era demasiado grande para admitir que me había equivocado, así que me senté allí, gobernado por mi orgullo. Cuando el oficial de préstamos regresó, firmé ciegamente los papeles y salí arrastrando los pies. Durante los próximos tres meses tuvimos problemas financieros. ***No hay poder sin sumisión.*** Yo podría haber aprendido escuchando al Espíritu, pero opté por aprender pasando por el fuego. Sin embargo, eso me hizo aprender a escuchar la suave voz del Espíritu.

Esa situación fue creada por mi propia estupidez. En otras ocasiones, Satanás atacará a través de personas o de poderes demoníacos. Esta es la prueba más grande. Puede parecer que todo el infierno está ejerciendo presión para hacernos salir de nuestro lugar de autoridad. Adán cayó bajo este tipo de ataque en el Jardín. Se le ofreció autoridad (lo que él ya tenía) si tomaba una decisión sobre un curso de acción, sin someterlo a Dios. Eso le costó su relación con Dios y toda la autoridad que tenía. Sus descendientes han sufrido desde entonces.

Jesús también estaba bajo ataque en un jardín. Todas las fuerzas del infierno lo presionaban. Fue tentado a tomar la decisión de hacer *su* voluntad, no la voluntad del Padre. Se le ofreció la posibilidad de no romper su relación con Dios y obtener toda la autoridad (que ya tenía) sin el sufrimiento. No es extraño que haya sudado *sangre* (vea Lucas 22:44). Él decidió no ejercer su propia voluntad, sino la de Dios:

"No se haga mi voluntad, sino la tuya" (Lucas 22:42). Esto estaba en línea con lo que el mismo Jesús había enseñando antes: "Pero yo os digo: No resistáis al que es malo; antes, a cualquiera que te hiera en la mejilla derecha, vuélvele también la otra" (Mateo 5:39). En pocas palabras, no trate de justificarse o protegerse. Si no nos sentimos cubiertos o protegidos por alguien, automáticamente tratamos de protegernos a nosotros mismos. Esto es parte de nuestra reacción carnal de autopreservación.

El Señor siempre está desafiando nuestra visión normal del mundo, y nos exhorta a cambiar a una perspectiva del Reino y a someternos al plan de Dios para nuestras vidas. Jesús dijo: Bienaventurados sois cuando por mi causa os vituperen y os persigan, y digan toda clase de mal contra vosotros, mintiendo. Gozaos y alegraos" (Mateo 5:11-12). ¿Por qué? "Porque vuestro galardón es grande en los cielos; porque así persiguieron a los profetas que fueron antes de vosotros" (Mateo 5:12). Esto es parte de nuestro llamado: soportar con alegría los ataques del enemigo. Durante esta persecución no solo vamos a sufrir, la vamos a aprovechar con alegría por la recompensa que Dios nos promete.

En una ocasión fui empleado como supervisor para construir una dragalina de arrastre, que es una máquina muy grande, como una grúa, que se utiliza en operaciones de minería a cielo abierto. A mitad de la construcción, la alta gerencia cambió, y en la lucha resultante que se produjo, fui reemplazado como supervisor. Yo lo sentía como un descenso de categoría (y lo era), pero Dios dijo: "Relájate. Yo tengo el control". Así que no peleé ni traté de defenderme. En mi nuevo puesto de capataz general, pasé de un salario fijo a uno basado en las horas trabajadas. Las horas extras que estaba trabajando ahora se me remuneraban, y ganaba 25 000 dólares más de lo que habría ganado si no hubiera sido "degradado". Al someterme a Dios, tuve la oportunidad de permitirle controlar mi destino.

Cuando tratamos de protegernos a nosotros mismos, estamos tratando de controlar la situación. El control se basa siempre en el miedo a perder el control. Para que Dios tome el control, nosotros debemos perderlo. Jesús dijo: "No se turbe vuestro corazón" (Juan 14:1). ¡Dios conoce nuestros corazones; nosotros no! "Engañoso es el corazón más que todas las cosas, y perverso; ¿quién lo conocerá?" (Jeremías 17:9).

La victoria sobre el pecado y nuestra carne debería causarnos alegría, pero nos resistimos a admitir que nuestros corazones son malvados. Necesitamos discernir adecuadamente el estado de nuestros corazones antes de poder arrepentirnos y lograr la victoria. Humillarnos para permitir que Dios tome el control es la clave para tener autoridad sobre nuestra propia carne y dejar de ser esclavos de sus demandas.

Satanás es nuestro enemigo, pero su quinta columna (su aliado oculto o secreto) es nuestra carne. Es en esas zonas rebeldes de nuestra carne donde Satanás puede alcanzarnos y engancharnos. Esos son lugares reales, verdaderos ámbitos de autoridad desde los que puede ejercer su dominio. Paul Keith Davis una vez me relató una visión en la que había visto 18 tronos en su alma. Yo había tenido un sueño similar y estaba interesado en discutir el sueño con él. Relató que para su sorpresa, algunos de estos tronos tenían demonios sentados en ellos. Esos demonios habían accedido porque los tronos (dominios), no habían sido puestos bajo la autoridad de Dios. Como se supone que todo lo que somos está sometido a Dios, nuestro intento de gobernar en esas áreas es un ejercicio de autoridad ilegítima. Dios me dijo que estos tronos de demonios eran áreas de mi vida donde Satanás me había enganchado.

Jesús no tenía áreas donde los ganchos de Satanás lo pudieran agarrar porque había sometido completamente al Espíritu Santo todos los ámbitos de su alma, y podía decir "...se acerca el que gobierna este mundo. Él no tiene ningún poder sobre mí" (Juan 14:30, NTV). Tenemos que lograr que estas áreas nuestras sean sanadas de manera que puedan ser sometidas a la autoridad de Dios y puestas fuera del alcance de Satanás.

La verdadera autoridad viene porque estamos bajo autoridad. El centurión con quien Jesús se encontró reconocía la autoridad porque él estaba operando bajo autoridad. Anunció: "Porque también yo soy hombre bajo autoridad, y tengo bajo mis órdenes soldados" (Mateo 8:9). La autoridad de este centurión venía de los funcionarios que estaban sobre él. También la autoridad que hay sobre nosotros establece nuestra autoridad. ***Si usted no tiene ninguna autoridad sobre usted, usted no tiene ninguna autoridad.***

Dondequiera que permitamos operar a la autoridad ilegítima, atraerá una influencia demoníaca, como lo demostró la visión sobre los 18 tronos. Parte de lo que Dios está haciendo es exponer las áreas que no le sometemos para que podamos arrepentirnos y someterlas a su autoridad. Mientras tanto, tenemos que funcionar en este cuerpo carnal, que no puede humillarse a sí mismo. "Porque la manera de pensar de la carne...no se sujeta a la Ley de Dios, porque tampoco puede. Así que, los que están en la carne no pueden agradar a Dios" (Romanos 8:7-8, BTX). Tenemos que ser humildes y reconocer que no hay ***reino de uno mismo. Estamos sometidos al Reino de Dios o al reino de las tinieblas.*** Satanás sabe esto y siempre trata de bajarnos a su nivel.

Posicionalmente estamos sentados "en los lugares celestiales con Cristo Jesús" (Efesios 2:6). Es desde el lugar de fe que tenemos que luchar. La provocación es a que usted luche por sus derechos a un nivel inferior, en el reino de este mundo. Esta fue la última tentación que Jesús enfrentó: "Si eres Hijo de Dios, desciende de la cruz" (Mateo 27:40). En otras palabras: "Baja (abandona tu reino propiamente dicho), y reclama tus derechos en este reino". Jesús estaba demasiado comprometido con los negocios de su Padre para preocuparse de lo que le estaba pasando a Él en la cruz.

Nosotros también tenemos una cruz que cargar. Jesús murió por nuestras almas; nosotros debemos morir a nuestras almas. Esto significa que no podemos estar ocupados por nuestro estatus, reputación o derechos en este reino. Jesús ya ha vencido a Satanás, tenemos autoridad y estamos sentados con Cristo. Satanás sabe esto, pero nos va a provocar a que bajemos a su nivel como lo hizo con Cristo. Hace esto mediante la acusación y la mentira. Si nos ofendemos (la palabra griega para ofensa, *skandalon*, literalmente significa tragarse el cebo, que emerge de la trampa[1]) y tratamos de defender nuestro nombre (reputación o derechos), Satanás va a ganar. ¿Por qué? Por que somos culpables de violar la ley tal como nos acusa. La Biblia dice: "Porque cualquiera que guardare toda la ley, pero ofendiere en un punto, se hace culpable de todos" (Santiago 2:10). Hay una sola ley. Esta ley tiene diez enlaces. Usted solo tiene que romper un eslabón de la cadena para romper la cadena. Todos sabemos que somos culpables de pecado. Satanás simplemente acusa, sea cierto o no, para sacarnos de nuestro lugar de autoridad. Será en vano que tratemos de defender ese lugar por nuestra propia rectitud.

Daré un ejemplo. Supongamos que tenemos un sargento del ejército que está a cargo de un grupo de nuevos reclutas. Ahora bien, este sargento es bastante pequeño, por ejemplo mide 5'6" y pesa alrededor de 160 libras. Ahora bien, supongamos que un beligerante recluta de 6'4" y 240 libras, lo desafía. Si el sargento se queda en su lugar de autoridad, que está representado por los galones de su uniforme, puede aprovechar todos los recursos del ejército, incluida la Policía Militar, para ejercer su autoridad y hacer que este recluta obedezca. Pero si él se siente ofendido y reacciona al recluta diciéndole que se quite la chaqueta del uniforme, y "Resolvamos este asunto detrás de los cuarteles", ha salido de su posición de autoridad. Ahora él está solo y es probable que reciba una paliza. El recluta tiene poder, el sargento tiene autoridad. ***No luchamos contra el poder con poder. Luchamos contra el poder con autoridad***. Satanás tiene más poder que el que tenemos por nosotros mismos, ya que puede aprovechar el poder de todos los que le obedecen. Sin embargo, nosotros tenemos la autoridad que puede aprovechar el poder del cielo, si nos quedamos bajo la autoridad del cielo. Jesús dijo que no debemos resistir al mal y que debemos amar a nuestros enemigos (vea Mateo 5:39,44). Protegernos no es tarea nuestra; es tarea de Dios.

La Biblia nos da un par de capítulos con maneras prácticas de cómo resistir al mal y cómo amar a nuestros enemigos (vea Mateo 5-7). Estas instrucciones parecen imposibles a menos que podamos confiar en que Dios nos cubra. Siempre había pensado que estos mandamientos me harían una alfombra y me pasarían por encima, si actuara de acuerdo a las instrucciones de Jesús. Tuve que recordar que ***la humildad o la mansedumbre no es debilidad. Es la fuerza bajo control, el control de Dios***. Jesús dice que la manera de derrotar las acusaciones de Satanás es humillarnos y colocarnos por completo bajo su capacidad de interceder por nosotros. Por tanto, cuando Satanás lo acuse, "Ponte de acuerdo con tu adversario pronto…no sea que el adversario te entregue al juez…y seas echado en la cárcel" (Mateo 5:25).

¡Pero Dios es el juez! ¿Por qué un Dios justo nos metería en la cárcel? ¡Porque somos culpables! Satanás está de pie ante un tribunal en el cielo y apela a la ley para decir que usted hizo algo mal. Usted tiene dos opciones. Se declara culpable y se confía a la misericordia de la corte, o lucha contra la acusación y se declara no culpable, en cuyo caso habrá un juicio. En el primer caso, el juez (Dios) toma su admisión de culpabilidad y su respuesta humilde, al pedir misericordia y gracia, como una respuesta bíblica adecuada. "Así que acerquémonos confiadamente al trono de la gracia para recibir misericordia y hallar la gracia que nos ayude en el momento que más la necesitemos" (Hebreos 4:16, NVI). ¿Cuándo necesitamos la misericordia y la gracia? Cuando somos culpables. Jesús ya pagó la pena por nosotros, y podemos aplicar su sangre a nuestra culpa de modo que, por lo que a la ley concierne, podemos salir libres.

Si alegamos no ser culpables, se despliega un segundo escenario. Satanás apela a la ley y demanda lo que hicimos mal. Si protestamos: "No, lo hice bien", también nosotros estaremos apelando a la ley. Al optar por este camino: "Si ustedes pretenden hacerse justos ante Dios por cumplir la ley, ¡han quedado separados de Cristo! Han caído de la gracia de Dios" (Gálatas 5:4, NTV). La ley no fue añadida para justificarnos, sino para convencernos de nuestro pecado (vea Gálatas 3:19). Cualquier intento de usar la ley nos condenará. Por lo tanto, la única manera de mantener nuestra autoridad, cuando Satanás nos acusa, es estar de acuerdo con él, arrepentirnos ante Dios, y arrojarnos a su misericordia. Debemos dejar que Jesús coseche o asuma las consecuencias de lo que hemos estado sembrando en nuestra carne, en su cuerpo puesto en la cruz.

Jesús dijo: "No penséis que he venido para abrogar la ley...No he venido para abrogar, sino para cumplir" (Mateo 5:17). Tragarnos nuestro orgullo y confesar nuestra culpa es humillante, pero sabemos que es importante, porque "Dios resiste a los soberbios, y da gracia a los humildes" (Santiago 4:6). Satanás quiere usar el poder de nuestra alma, de nuestra propia carne, para luchar contra él, porque eso nos acarreará orgullo y vamos a terminar peleando contra Dios, no contra él.

Jesús mismo "...por lo que padeció aprendió la obediencia" (Hebreos 5:8). Este es un concepto difícil: Jesús, el Hijo, siendo Dios, tuvo que aprender la obediencia. Su Espíritu era Dios, pero su cuerpo y alma eran humanos. Tuvieron que aprender a obedecer al Espíritu como nosotros. Él tenía que ser cien por ciento hombre para redimir al hombre, porque era al hombre a quien Dios le había dado la autoridad sobre la tierra (vea Génesis 1:28). "...Y estando en la condición de hombre, se humilló a sí mismo, haciéndose obediente hasta la muerte, y muerte de cruz" (Filipenses 2:8).

Hay dos muertes mencionadas aquí. Jesús murió a sí mismo mucho antes de ir a la cruz. Él es nuestro ejemplo. Su disposición a morir le permitió a Dios exaltarlo y darle un nombre que es sobre todo nombre (vea Filipenses 2:9). También nosotros debemos seguir este camino de la cruz. Debemos permitir que Dios nos haga morir para que podamos ser resucitados "en gloria…en poder" (1 Corintios 15:43, NVI).

El camino es permitir que Dios nos lleve hacia abajo. Debemos renunciar a tener el control, rendirnos a Dios, y dejar que Él nos moldee como el alfarero moldea el barro. En realidad, somos arcilla. Fuimos hechos del polvo de la tierra. Dios quiere poner su gloria "en vasos de barro" (2 Corintios 4:7). Dios pregunta: "¿No podré yo hacer de vosotros como este alfarero oh casa de Israel?…He aquí que como el barro en la mano del alfarero, así sois vosotros en mi mano" (Jeremías 18:6).

La arcilla, para ser flexible y moldeable, debe ser trabajada y golpeada para romper los enlaces que naturalmente la mantienen unida. Este trabajo y quebrantamiento de la arcilla puede ser comparado con el moldeo de nuestros propios corazones. Dios no está tan preocupado porque hagamos las cosas bien, como por la condición de nuestros corazones. Como el alfarero, Dios no puede trabajar con un corazón terco, difícil, de arcilla dura, sino que requiere un corazón maleable, quebrantado o contrito. Precisamente, Dios busca a esas personas: "Miraré a aquel que es pobre y humilde de espíritu, y que tiembla a mi palabra" (Isaías 66:2).

Antes de que existieran los modernos polvos y maquillaje, las damas solían usar un polvo fino llamado contrito o talco, que se hace moliendo silicato de magnesio. La palabra *contrito* significa molido o quebrantado.[2] Dios ama un "corazón contrito y humillado" (Salmos 51:17). Mi abuela usaba polvo contrito. Cuando éramos niños, solíamos entrar a escondidas a su habitación, abrir el envase y soplar sobre él. El polvo contrito cubría la parte superior de la cómoda, y podíamos dibujar en esa superficie empolvada.

Dios quiere grabar su imagen en nosotros, por lo que debemos caer sobre la piedra, pues "cualquiera que caiga sobre la piedra... quedará hecho pedazos. Y si la piedra cae sobre alguien, lo dejará hecho polvo" (Mateo 21:44, TLA). Como cristianos, hemos hecho un pacto con Dios para que forme la imagen de su Hijo en nosotros. Él va a mantener su parte del trato, aunque nosotros tratemos de retroceder, porque fue un pacto sellado con sangre. Básicamente, Jesús está diciendo que hay dos maneras de ser moldeable: o nos sometemos y somos quebrantados por nuestra propia voluntad, o su mano nos hará contrito. Dios no nos aplasta porque esté enojado con nosotros, sino porque nos ha dado su palabra de hacernos "instrumentos para honra" (vea 2 Timoteo 2:21).

En el Libro de Ezequiel Dios dice: "...cuando haga con vosotros por amor de mi nombre, no según vuestros caminos malos ni según vuestras perversas obras" (Ezequiel 20:44). Dios hizo este pacto con Israel para prosperarlo en la tierra de Canaán, pero como sembraron rebelión, cosecharon corrupción. Dios había profetizado a Israel que "si ustedes contaminan la tierra, ella los vomitará como vomitó a las naciones que la habitaron antes que ustedes"

(Levítico 18:28, NVI). Al igual que con una nación es con una persona; la autoridad y el poder vienen cuando nos sometemos a la voluntad de Dios. Si no podemos hacer lo correcto, debemos humillarnos y caer bajo la gracia. De lo contrario nos encontraremos excluidos de la bendición y de la promesa de prosperidad. Eso es una ley.

Entonces, ¿qué hace Dios cuando no podemos y no queremos hacer lo correcto? "Y busqué entre ellos hombre que hiciese vallado y que se pusiese en la brecha delante de mí, a favor de la tierra, para que yo no la destruyese; y no lo hallé" (Ezequiel 22:30). El corazón de Dios iba a perdonar, pero su justicia exigía el juicio. Su solución era un intercesor que llevara la carga por el pueblo. "Si mi pueblo... se humilla y ora, y me busca y abandona su mala conducta, yo lo escucharé desde el cielo, perdonaré su pecado y restauraré su tierra" (2 Crónicas 7:14, NVI).

Dios no solo está hablando de la tierra, sino también de las relaciones en la tierra. Para interceder adecuadamente, debemos ser capaces de identificarnos con el grupo de personas a cuyo favor nos paramos en la brecha.

Frecuentemente, cuando oramos o profetizamos sale como acusación. Si las personas por quienes estamos orando están en la habitación, nuestras oraciones a menudo les son de tropiezo. Recuerdo haber estado en una reunión de oración en una iglesia donde había muchas rivalidades. Una de las señoras oraba: "¡Señor, haz a nuestro pastor más amoroso y dale sabiduría!". Después tomé café con el pastor y su esposa, y él estaba disgustado. Su esposa se rió y comentó: "Fue una buena oración. ¿No es eso lo que quieres, ser más amoroso y tener sabiduría?". Su esposo le replicó: "¿Sabes lo que estaba diciendo? Ella le decía a Dios y a todos los demás que soy falto de amor y estúpido. Eso no era una oración, era un editorial".

Para interceder adecuadamente, tenemos que humillarnos. ¿Cómo nos humillamos, si, en nuestra opinión, nunca hemos hecho eso por lo que estamos orando? Por ejemplo, si estamos clamando a Dios sobre el asesinato en la tierra, sin que nosotros mismos hayamos participado jamás en uno, ¿cómo podemos humillarnos en nuestra experiencia?

El asesinato en sí, como cualquier otra acción pecaminosa, no es el verdadero problema, es el fruto del problema. La raíz principal está más allá de las acciones. Algunas de las raíces de asesinatos son: *la venganza*, "Les haré pagar por lo que me hicieron"; *la avaricia monetaria*, "Voy a estar mejor si él desaparece"; *la ira y la falta de perdón, hirviendo en odio*, "Pensar en ella me crispa los nervios"; *el miedo*, "Pensé que me iba a doler"; *el racismo*, "Ustedes son un cáncer para la tierra", y muchas más.

¿Alguna vez hemos hecho algo que no era correcto por causa de pensamientos de venganza, problemas de dinero, ira y rencor, miedo o prejuicios raciales? Por supuesto que sí. Entonces no podemos decir: "No sé cómo ellos pueden hacer eso". Sabemos exactamente por qué lo hicieron, porque hemos hecho muchas cosas por la misma razón. Una vez que hemos localizado las mismas raíces pecaminosas en nosotros, podemos identificarnos en nuestra experiencia y humillarnos e interceder como Daniel y Moisés y Samuel lo hicieron. Todos fueron tentados exactamente de la misma manera que aquellos por quienes oraban (aunque no pecaron de la misma manera). Como estaban dispuestos a humillarse, tenían autoridad para liberar y sanar. Del mismo modo, nuestra decisión de humillarnos e interceder romperá el poder del acusador.

Dios nos llama a doblar las rodillas y reconocer lo que realmente somos y lo que realmente nos merecemos. Él quiere llevarnos a un lugar donde su bendición será un indicador de nuestra obediencia, por lo que tendremos la capacidad de corregir nuestro rumbo.

Satanás ha tratado de inducirnos al error de creer que Dios no existe y no hay maldición ni bendición en una situación. Nos quiere hacer creer que todo lo que ocurre es "natural". No quiere que pensemos que nuestras acciones afectan incluso a cosas como el clima. Satanás quiere hacernos creer que la naturaleza es solo natural y no resulta afectada por lo sobrenatural.

Cuando Dios llevó a Israel a Canaán, les dijo que las cosas serían diferentes. Incluso la forma en que crecerían los cultivos sería diferente. Les dijo: "Esa tierra, de la que van a tomar posesión, no es como la de Egipto, de donde salieron; allá ustedes plantaban sus semillas y tenían que regarlas como se riega un huerto" (Deuteronomio 11:10, NVI). Ya no sería el propio esfuerzo el que les daría prosperidad. Dios quiso vincular su bendición con la rectitud de ellos para poder bendecirlos y corregirlos. "La tierra a la cual pasáis para tomarla…bebe las aguas de la lluvia del cielo…Si obedeciereis cuidadosamente a mis mandamientos que yo os prescribo hoy, amando a Jehová vuestro Dios, y sirviéndole con todo vuestro corazón, y con toda vuestra alma, yo daré la lluvia de vuestra tierra a su tiempo" (Deuteronomio 11:11, 13-14).

Dios quiere que seamos dependientes de Él y quiere que nuestra relación con Él determine nuestra bendición, para que no nos volvamos orgullosos e independientes. Lo había ejemplificado antes para Israel en el desierto. Moisés le recordó a Israel que Dios los humilló para ponerlos a prueba, y les permitió tener hambre, y los alimentó con el maná (vea Deuteronomio 8:2-3). Moisés les advirtió que debían mantener el recuerdo de cuál era la fuente de su provisión para que no se hicieran orgullosos "y digas en tu corazón: Mi poder y la fuerza de mi mano me han traído esta riqueza. Sino acuérdate de Jehová tu Dios, porque él te da el poder para hacer las riquezas" (Deuteronomio 8:17-18).

Jesús hizo hincapié en esta idea de la dependencia de Dios y su deseo de que andemos como Él anduvo. Sin embargo, para actuar como Jesús, debemos ser capaces de pensar como Jesús. Jesús dijo de sí mismo, después de haber sanado a un hombre cojo: "No puede el Hijo hacer nada por sí mismo, sino lo que ve hacer al Padre" (Juan 5:19). Esta dependencia es un signo de verdadera humildad. La independencia es un signo de orgullo.

Nuestra independencia suele manifestarse de modo similar a la independencia que tenía el labrador rico en la historia que Jesús contó. El agricultor de la historia, dijo para sus adentros:

> ***Se** dijo a **sí** mismo: "¿Qué **debo** hacer? No tengo lugar para almacenar todas **mis** cosechas". Entonces pensó: "Ya **sé**. **Tiraré** abajo mis graneros y **construiré** unos más grandes. Así tendré lugar suficiente para almacenar todo **mi** trigo y **mis** otros bienes. Luego **me** pondré cómodo y **me** diré a **mí** mismo: 'Amigo **mío,** tienes almacenado para muchos años. ¡Relájate! ¡Come y bebe y diviértete!'". Pero Dios le*

dijo: "¡Necio! Vas a morir esta misma noche" (Lucas 12:17-20, NTV).

Hay 13 autorreferencias en solo tres versículos. "Todo es asunto mío". El propio Satanás, en su declaración de rebeldía de Isaías 14, solo hizo cinco referencias a sí mismo en dos versículos. La arrogante declaración de independencia del agricultor lo llevó a perder todo lo que Dios había acumulado para él. Dios había inclinado a la naturaleza a bendecir a este hombre.

Jesús mismo, que como hombre anduvo en una autoridad mayor que la de este agricultor, no atribuyó su autoridad a su propia justicia o poder. Con esta actitud humilde, Jesús pudo demostrar su autoridad sobre las fuerzas de la naturaleza y no pensó que fuera algo espectacular. En realidad, con frecuencia sus respuestas asombraban a sus discípulos: "—¿Por qué tienen tanto miedo?—dijo a sus discípulos—. ¿Todavía no tienen fe?" (Marcos 4:40, NVI), pero sus discípulos estaban espantados y se decían: "—¿Quién es éste, que hasta el viento y el mar le obedecen?" (Marcos 4:41, NVI).

Fue un hombre humilde, sumiso, obediente tal como nosotros podemos ser a través de su poder. Jesús no vino a demostrar lo que Dios podía hacer sino más bien lo que un hombre sometido a Dios podía hacer.

No debemos pensar de nosotros mismos más alto de lo debido, y no debemos ser sabios en nuestra propia opinión (vea Romanos 12:3,16). De hecho, Dios ha escogido lo necio del mundo para confundir a los sabios, lo débil para confundir a los fuertes, y lo vil y lo menospreciado y lo que no es, Dios ha elegido "para deshacer lo que es, a fin de que nadie se jacte en su presencia" (1 Corintios 1:28-29).

Dios quiere que lo exaltemos a Él, no a nosotros mismos: "Mas por él estáis vosotros en Cristo Jesús, el cual nos ha sido hecho por Dios sabiduría, justificación, santificación y redención...El que se gloría, gloríese en el Señor" (1 Corintios 1:30-31).

Muchas veces somos como niños ayudando a su padre a levantar un objeto pesado. Por el hecho de poner un poco de esfuerzo para levantarlo, piensan que "ayudaron". Se nos dice que no confiemos en la carne. En realidad, eso no ayuda. La carne siempre está tratando de abrirse camino hacia la aceptación. Algunas personas solo ayudan para crear una deuda cuyo pago puedan exigir más adelante, eso no es amor. Dios da en amor. No somos salvos por deuda, sino por gracia (favor injustificado, inmerecido) "por medio de la fe; y esto no de vosotros, pues es don de Dios; no por obras, para que nadie se gloríe" (Efesios 2:8,9).

Debemos desaprender nuestra idea de que debemos trabajar por lo que tenemos. Jeanne y yo tenemos algunos amigos a quienes Dios había estado enseñando este principio. No habían crecido en familias que los apoyaran fuertemente. Esto había creado en ellos el patrón de pensamiento de que todo lo que necesitaran, tendrían que proveérselo por sí mismos. Sin embargo, Dios estaba a punto de romper esa fortaleza.

Tenían una pequeña casa antigua en Edmonton, pero querían mudarse a las afueras de la ciudad donde se encuentra su iglesia. Ellos se rompían la cabeza sobre si comprar una casa usada o construir una nueva. Dios los guió a construir aunque esto parecía extravagante y volverían a tener una hipoteca. Cerraron precio con un contratista y comenzaron a construir. Las cosas tardaron más de lo esperado porque el trabajo escaseaba, y pasaron muchos meses sin poder mudarse. Este problema se convirtió en una bendición. Durante el tiempo que se quedaron en su antigua casa, los precios se dispararon. El valor de su antigua casa aumentó tanto que al momento en que se mudaron habían intercambiado una pequeña, antigua casa de 160 000 dólares por una nueva, enorme casa, de 585 000 dólares. ¡Ni siquiera necesitaron la temida hipoteca! ¡Debían cero! Este aumento de 425 000 dólares que acumularon, no fue ganado con esfuerzo o razonamiento financiero. Fue la bendición que Dios usó para cambiar su forma de pensar.

No podemos salvarnos a nosotros mismos. Tampoco podemos hacer nada para crecer o cambiar. He dicho muchas veces, "lo haré mejor, voy a cambiar", pero la verdad es que no puedo. "¿Puede el etíope cambiar de piel, o el leopardo quitarse sus manchas? ¡Pues tampoco ustedes pueden hacer el bien, acostumbrados como están a hacer el mal! (Jeremías 13:23, NVI).

La respuesta es no. Es un hecho humillante para el cual solo Jesús tiene una respuesta. El cambio no ocurre por nuestro esfuerzo ni por la conciencia de nuestra debilidad. No sucede mediante la gimnasia mental o el pensamiento positivo; como Jesús señaló: "¿Y quién de vosotros podrá con afanarse añadir a su estatura un codo? Pues si no podéis ni aun lo que es menos, ¿por qué os afanáis por lo demás?" (Lucas 12:25-26). Jesús está hablando de intercambiar la gloria que tenemos como personas por la gloria que Él tiene como Dios. No podemos trabajar por su gloria. Él tiene que vestirnos.

> *Considerad los lirios, cómo crecen; no trabajan, ni hilan; mas os digo, que ni aun Salomón con toda*

> *su gloria se vistió como uno de ellos. Y si así viste Dios la hierba...¿cuánto más a vosotros, hombres de poca fe?...Mas buscad el reino de Dios, y todas estas cosas os serán añadidas* (Lucas 12:27-28,31).

La prosperidad no es el signo de la autoridad de Dios. El que piensa esto "es un obstinado que nada entiende...es de los que piensan que la religión es un medio de obtener ganancias" (1 Timoteo 6:4-5, NVI). Sin embargo, la ganancia (la prosperidad) reflejará la condición de (crecimiento) de nuestras almas: "Que...seas prosperado en todas las cosas, y que tengas salud, así como prospera tu alma" (3 Juan 2).

Si entendemos que "...todo es tuyo [de Dios], y de lo recibido de tu mano te damos" (1 Crónicas 29:14), no vamos a estar orgullosos de nuestra prosperidad y podremos utilizarla libremente como Dios nos guíe, tanto para el Reino como para nosotros mismos. Este reconocimiento de Dios como nuestro proveedor resulta difícil para algunas personas. Recuerdo que se me pidió orar antes de una comida y bendecir los alimentos. El hombre de la casa se enojó mucho porque di gracias a Dios por suministrar los alimentos. En su opinión, él había trabajado por la comida y no estaba dispuesto a reconocer que Dios hubiera tenido algo que ver con ella. Solo quería que Dios bendijera lo que él había hecho. La carne se enorgullece mucho de sus logros.

La humillación de la carne y el alma le causará sufrimiento, porque la carne por sí misma no puede sujetarse a la ley de Dios (Romanos 8:7). El alma (voluntad, intelecto y emociones), también debe renunciar a su preeminencia, lo cual le provoca un sin fin de dolor. Este sufrimiento no está diseñado para ser permanente ni más de lo que Cristo fue llamado a sufrir: "y *no* para ofrecerse *muchas veces*...pero ahora, en la consumación de los siglos, se presentó *una vez* para siempre por el sacrificio de sí mismo...Cristo fue ofrecido *una sola vez* para llevar los pecados de muchos" (Hebreos 9:25-26,28).

La humildad del sufrimiento está diseñada para *matar*, no para mutilar. Dios no quiere hacernos daño ni arreglarnos, Él quiere destruirnos (nuestra vida propia). No importa cómo lo intentemos, necesitamos ayuda para clavar ese último clavo en nuestra propia "cruz". Pero, como estoy seguro de que usted ha notado, hay un montón de candidatos que están dispuestos a ayudar a que sufra clavando esa púa por usted. Y Dios está dispuesto a dejar que ayuden. La pregunta es: ¿lo haremos? ¿Estamos más interesados en el avance de otros o en el nuestro? Si hemos de juzgar a otros, no sobre la base de lo que hacemos bien, sino más bien de lo que hacemos mal, entonces podríamos no tener de nosotros mismos un concepto más importante de lo que debemos tener, y podríamos, con humildad de mente, estimar a los demás como mejores que nosotros mismos (vea Romanos 12:3; Filipenses 2:3). Nuestra postura, si hemos muerto a nuestra propia ambición, será la buena disposición a permanecer ocultos hasta que el Padre quiera que seamos vistos. Esta es la verdadera muerte que va a terminar en verdadera vida.

Si entendemos que la muerte debe preceder a la resurrección y a la nueva vida, podremos entender cuando la Escritura dice: "Si somos muertos con él, también viviremos con él; si sufrimos, también reinaremos con él..." (2 Timoteo 2:11-12). Cuando reinemos gobernaremos y tendremos autoridad. Este es el completo propósito de Dios para nuestros sufrimientos; no es un purgatorio impuesto, sino la puerta de acceso al poder.

Cuando yo era un joven cristiano, Dios me hizo atravesar una experiencia interesante. Terminé con un desgarramiento en la espalda. Tenía que moverme lentamente hacia abajo para agacharme y otra vez lentamente hacia arriba para levantarme. No estaba cómodo en ninguna posición. Una noche estábamos en una reunión de oración, y le pedí a un amigo que orara por mí. Él no tenía ninguna fe, así que tuve que orar por su incredulidad, antes de que él orara por mi sanidad. ¡Éramos un grupo fabuloso! Él oró por mí, y la reunión terminó. Al día siguiente fui a trabajar, pero mi espalda seguía estando dolorida. Yo había creído que sería sanado, y más tarde, después del trabajo, le pregunté a Dios por qué no lo era. Él me preguntó: "Cuando la gente en el trabajo te preguntó cómo sentías tu espalda, ¿cuál fue tu respuesta?"

"Les dije que estaba mal".

"Ese es tu problema", respondió Dios.

Me dejó reflexionando en mi próximo movimiento. Me di cuenta de que Dios estaba buscando que reclamara mi sanidad, no solo que la pidiera. Yo tenía que participar en ella. Entonces Dios me hizo otra pregunta: "¿Qué vas a decir mañana acerca de tu espalda?".

Empecé a revisar en mi mente el escenario del día siguiente. Casi no puedo moverme, pero estoy afirmando que estoy curado. Eso me hace ver genial. Finalmente, Dios me tenía donde me quería: preparado para la muerte, la muerte de mi orgullo. Yo podría tener mi orgullo, o podría tener mi sanidad. Elegí la sanidad. Estaba dispuesto a parecer un tonto, un verdadero fanático religioso, alegando mi sanidad cuando apenas podía moverme. Me fui a dormir sabiendo lo que tenía que hacer. Por la mañana, me desperté y estaba completamente curado. La muerte había ocurrido en privado; no tengo que hacerlo públicamente, solo por voluntad propia.

Por eso Dios nos llama a regocijarnos cuando somos partícipes de los sufrimientos de Cristo. Si somos vituperados por el nombre de Cristo, Él nos llama "bienaventurados" porque el espíritu de gloria y de Dios reposa sobre nosotros (vea 1 Pedro 4:13-14). Si queremos la gloria, debemos estar dispuestos a pasar por lo que Dios sabe que necesitamos para obtenerla. Dios en realidad establece una fórmula para entrar en su favor: "Si cuando hacéis lo bueno sufrís *por ello* y lo soportáis con paciencia, esto *halla* gracia con Dios" (1 Pedro 2:20, LBLA). Entonces, ¿qué tenemos aquí? Hacer lo correcto (tomar su responsabilidad), sufriendo por ello (no obtener una respuesta correcta), y soportar pacientemente (relajándose o reposando).

Fórmula: Responsabilidad - Nuestros derechos + Reposo (o Paciencia) = Favor con Dios

La parte que suele ser más difícil es la de "menos nuestros derechos". Cambié de la construcción de dragalinas a su mantenimiento. Por alguna razón, esto causó problemas cuando me afilié al sindicato de la mina. Me odiaron. Me robaron mis herramientas, mis overoles estaban llenos de grasa, y quejas constantes se presentaron en mi contra. Dios me dijo que mantuviera la boca cerrada y Él me reivindicaría. Por último, el sindicato llevó a un abogado para ver si me podían echar. Se convocó una reunión especial y fui citado a comparecer. Todo esto era muy extraño, porque por lo general es la empresa la que trata de echar al trabajador y el sindicato trata de proteger su trabajo, no al revés.

Lanzaron un montón de acusaciones respecto a que no estaba calificado, no tenía educación, que no tenía experiencia, y que debía toparme con alguien con más antigüedad (que tampoco estaría capacitado). El humor de la reunión era feo. Luego fue mi turno de hablar.

Simplemente expuse mis antecedentes y experiencia. Añadí que siendo un compañero el sindicato debería estar preocupado por mi trabajo y no solo apurarse a cobrar los cheques de mis cuotas. Luego me senté, y ocurrió lo más extraño. Todos comenzaron a aplaudir y aclamarme, y la reunión terminó. La gente se acercó y me felicitó y estrechó mi mano. Toda la persecución se detuvo. Desde ese momento en adelante, Dios me dio gran favor para compartir mi testimonio y permitirme hablar a sus vidas y traer a muchos al Señor. Mi actitud de humildad y paciencia mientras seguía haciendo mi trabajo permitió que Dios me diera favor.

El favor es mejor que la posición. Por ejemplo, en la escuela primaria, si usted era el preferido de la maestra, no tenía por qué ser el más inteligente para obtener privilegios. Si tiene el favor del jefe, usted no tiene que trabajar más duro o ser el más productivo para obtener la promoción. De hecho, usted ni siquiera tiene que tener una posición para obtener los beneficios, especialmente si usted es el hijo del jefe. En esta cultura occidental, el nepotismo está mal visto, pero en la cultura oriental, que es la cultura de la Biblia, se considera una obligación. El que no mostrara favor al hijo y a la hija, sobrinos y sobrinas y cuñados, sería considerado como un pagano.

Los hijos de Dios reciben favor. Tomemos "como ejemplo de paciencia durante el sufrimiento a los profetas que hablaron en nombre del Señor. Honramos en gran manera a quienes resisten con firmeza en tiempo de dolor" (Santiago 5:10-11, NTV). Eran hombres comunes y corrientes que tenían autoridad y poder, y nosotros también podemos seguir los mismos caminos que ellos siguieron. Ellos conocían a Dios como un Padre que los amaba. Dios es el autor del nepotismo. Él elige los llamamientos de sus hijos sobre la base de su actitud de corazón. El corazón humilde que se somete a la elección de Dios será exaltado.

Es por eso que se hizo una elección entre Jacob y Esaú:

- ***No sobre la base de la posición.*** Tradicionalmente, el hijo mayor iba a ser preeminente, pero Dios tomó la decisión de que "el mayor servirá al menor" (Romanos 9:12);
- ***No sobre la base de las obras.*** "Pues no habían aún nacido, ni habían hecho aún ni bien ni mal, para que el propósito de Dios conforme a la elección permaneciese, no por las obras sino por el que llama" (Romanos 9:11);
- ***No sobre la base de la voluntad.*** "Así que no depende del que quiere, ni del que corre, sino de Dios que tiene misericordia" (Romanos 9:16).
- ***Más bien de acuerdo a sus propósitos.*** "Porque la Escritura dice a Faraón: Para esto mismo te he levantado, para mostrar en ti mi poder, y para que mi nombre sea anunciado por toda la tierra" (Romanos 9:17).

Por lo tanto, si queremos que los propósitos de Dios se cumplan en nosotros, tenemos que humillarnos y estar bajo su principio de sumisión (la ecuación): Responsabilidad - Derechos + Paciencia = Favor. En estructura relacional primaria de Dios, la familia, es donde este principio operó por primera vez. Jeanne lloró cuando se enteró de que debía someterse a mí. Sin embargo, a medida que Dios la entrenaba, descubrió que le gustaba el favor que Dios le dio cuando se sometió.

Jeanne lo llama el pacto Sara/Abraham. Sara se sometió a la ridícula demanda de Abraham de que dijera de él: "Es mi hermano" (Génesis 20:13, LBLA). Esta declaración la puso en un harén, no una sino dos veces. En el corto plazo, su sumisión no parecía llevarla a un lugar de favor sino más bien al desastre. Dios, sin embargo, hizo que las cosas obraran en ella y por ella. Cerró todos los vientres de la casa de Abimelec por lo que ninguna de las mujeres—su esposa y las servidoras—quedaba embarazada. Ahora bien, en solo uno o dos meses no sería evidente que nadie quedara embarazada, por lo que podemos deducir que Sara estuvo en el harén durante un largo tiempo, pero Dios la protegió. Finalmente Dios vino en un sueño al rey Abimelec, y lo amenazó de muerte si no la dejaba ir. Abimelec le dio a Abraham regalos y dinero y reivindicó a Sara (vea Génesis 20).

Sara no debe haberse sentido muy contenta con Abraham por dejarla pasar tal situación para salvar su pellejo, sin embargo, ella "obedecía a Abraham y lo llamaba su señor. Ustedes son hijas de ella si hacen el bien y viven sin ningún temor" (1 Pedro 3:6 NVI). Ella recibió protección y abrió la puerta de autoridad para que Abraham sanara la casa del rey Abimelec de la esterilidad. Sara misma, a los 90 años de edad, también recibió fuerza para concebir.

Israel como nación tenía que someterse, tal como lo hizo Sarah, al instrumento del juicio de Dios: el rey de Babilonia. Dios le dijo a Israel: "Someted vuestros cuellos al yugo del rey de Babilonia, y servidle...y vivid. Cuando en Babilonia se cumplan los setenta años, yo os visitaré, y despertaré sobre vosotros mi buena palabra...Porque yo sé los pensamientos que tengo acerca de vosotros...pensamientos de paz, y no de mal, para daros el fin que esperáis" (Jeremías 27:12, 29:10-11).

Los que no se humillaron ni renunciaron a su nación murieron. Los que se sometieron "al yugo" vivieron (vea Jeremías 27:12). Dios estaba preparando a la nación para recibir cosas más grandes (el Mesías). La cautividad babilónica fue diseñada para limpiar a Israel de la idolatría.

La cautividad de Israel fue un tiempo de sometimiento forzado bajo Babilonia. Dios había querido que se sometieran a Él con un corazón confiado, pero no estaban dispuestos. Como resultado, *debieron* someterse, aunque nunca se humillaron. Tan pronto como el castigo terminó, volvieron a sus antiguos caminos. Olvidaron la lección, o incluso el hecho de que habían tenido una corrección. Incluso en tiempos de Jesús los judíos se negaban a recordar su cautiverio y por lo tanto no podían aprender de sus experiencias. Jesús los desafió a conocer la verdad y ser libres, pero los judíos le respondieron: "Linaje de Abraham somos, y jamás hemos sido esclavos de nadie" (Juan 8:33).

Habían estado 400 años en Egipto, 70 años en Babilonia, y ahora estaban bajo la ocupación romana y, sin embargo afirmaban que nunca estuvieron en cautiverio. El orgullo siempre nos ciega para que no podamos ver lo que está justo ante nuestras caras. La humildad nos da la perspectiva correcta de la verdad: la verdad sobre nuestra situación y la verdad sobre nosotros mismos. Nuestro objetivo en el aprendizaje de la sumisión es reconocer que "no hay autoridad sino de parte de Dios, y las que hay, por Dios han sido establecidas" (Romanos 13:1). Por lo tanto es necesario "estarle sujetos, no solamente por razón del castigo, sino también por causa de la conciencia" (Romanos 13:5) Nuestra conciencia es una de las funciones de nuestro espíritu. Si nuestro espíritu está despierto y trabajando, no solo será capaz de arrepentirse cuando hagamos algo mal; seremos capaces de detectar por anticipado cuándo una acción le dolerá a Dios o a algún otro y resistirnos humildemente a ese particular, impulso de la carne.

Humillarnos es uno de los pasos necesarios si vamos a caminar en el espíritu. Persistir en el orgullo es una indicación de que en realidad estamos caminando en la carne. Somos siervos de Dios, y tenemos que actuar como tales. Nuestras circunstancias no deben dictar el funcionamiento de nuestra conciencia. Nuestras circunstancias no deben dictar nuestra libertad pues "el que en el Señor fue llamado siendo esclavo, liberto es del Señor; asimismo el que fue llamado siendo libre, esclavo es de Cristo" (1 Corintios 7:22). No estamos esclavizados por nuestras circunstancias, sino que somos siervos de Cristo. Ligados en amor, somos libres de estar "sujetos a los gobernantes, a las autoridades…", de ser "obedientes" (Tito 3:1, LBLA).

Esta actitud de libertad en sumisión debe estar en nosotros si vamos a cumplir el llamado de Dios. Primera de Juan 4:20 declara que no podemos amar a Dios a quien no podemos ver, si no podemos amar a los que podemos ver. De ello se sigue, entonces, que no podemos obedecer a Dios a quien no podemos ver, si no podemos obedecer a los que están sobre nosotros a quienes podemos ver. Jesús se sometió totalmente a la malvada autoridad que trataba de destruirlo porque estaba realmente sometido a Dios, a quien esos poderes del mal tenían que responder. Esto requiere una gran humildad y el fin de la propia voluntad. El sometimiento de Jesús ganó la mayor de todas las victorias y recuperó nuestra autoridad y libertad para nosotros.

Nosotros también podemos liberar a otros humillándonos. El ayuno escogido por Dios es una manera de hacer libres a otros.

> *¿No es más bien el ayuno que yo escogí, desatar las ligaduras de impiedad, soltar las cargas de opresión, y dejar ir libres a los quebrantados, y que rompáis todo yugo?... Entonces nacerá tu luz como el alba, y tu salvación se dejará ver pronto; e irá tu justicia delante de ti, y la gloria de Jehová será tu retaguardia* (Isaías 58:6,8).

¡Eso es autoridad y poder! Este acto de humillar nuestra carne por otros, entregar nuestras vidas por otros, es la más alta forma de amor. Esta acción libera a Dios para actuar a nuestro favor, porque Él dice que "muestra su favor a los humildes" (Proverbios 3:34 NVI).

No somos nuestros; fuimos comprados por un precio, no para ser esclavos, sino para ser coherederos con Cristo. El camino a esta carretera ascendente de Dios es el sendero descendente de la humildad. La parábola sobre los arreglos de los asientos en la fiesta era una exhortación de

Jesús a sus discípulos a ocupar los asientos más bajos, ya que "cualquiera que se ensalce, será humillado, y el que se humilla será enaltecido" (Lucas 14:11). Dios nos quiere exaltar, y es su "buena voluntad darles el reino" (Lucas 12:32), pero no podrá, si no nos humillamos primero. Uno de los recipientes del poder y la autoridad de Dios es nuestra humildad. Jesús anduvo en ella, así que nosotros podemos hacerlo.

Capítulo 2

Caminar sobre el agua: **FE**

La fe es el lenguaje que utiliza el cielo para traer el cielo a la tierra. Leemos en la Palabra: "La muerte y la vida están en poder de la lengua" (Proverbios 18:21), pero no debemos creerlo. Si lo hiciéramos, no podríamos decir muchas de las cosas que decimos, tales como:

- "Estoy tan enfermo y cansado de…"
- "Me acabas de matar…"
- "No me gusta este trabajo…"
- "Este dolor de cabeza me está matando…"
- "¡Soy tan estúpido!

Decimos frecuentemente estas y muchas otras expresiones similares, que en realidad son maldiciones. Justificamos nuestro discurso negativo, diciendo que son solo maneras de decir y que realmente no significan nada. Tales declaraciones simplistas adquieren un significado mucho mayor cuando las dice una persona con autoridad. Las palabras "te odio", gritadas por alguien de tres años de edad, no tienen el mismo peso para una madre que si se las dijera su marido. Un trabajador de la construcción puede declarar: "Creo que los estadounidenses deberían salir de Irak", y nadie va a tomar nota. Si el Primer Ministro del Canadá dijera eso, podría haber un incidente internacional. ¿Por qué las respuestas serían diferentes, aunque ambos hayan dicho la misma cosa? La razón es que uno tiene más autoridad, y sus palabras, como jefe del gobierno, tienen peso político. El trabajador de la construcción no tiene prácticamente ninguna autoridad en el país, por lo tanto lo que él piense tiene menores consecuencias.

En su propia vida, usted es la autoridad absoluta. Usted se sienta como rey o reina sobre su ámbito personal. Nadie puede obligarlo o coaccionarlo a adoptar su punto de vista. Dios mismo no va a violar los límites de su reino. Él declaró: "He aquí yo estoy a la puerta y llamo: si alguno oye mi voz y abriere la puerta, entraré" (Apocalipsis 3:20). Satanás y la gente pueden tratar de cruzar sus límites, pero Dios no lo hará. Jesús es un caballero y no empuja, sino que espera a ser invitado a las áreas que le ha asignado a nuestra administración. Dios dio la tierra a los "hijos de los hombres" (vea Salmos 115:16), y sigue utilizando al hombre como la autoridad de la tierra (vea Génesis 1:28). Es por eso que Jesús tuvo que venir como un hombre para tener autoridad aquí por razón de origen. Pablo habló del *metron* o medida de su gobierno o reino de autoridad o los límites dentro de los cuales le fue permitido funcionar.[1] Ese reino, o medida de la regla (vea 2 Corintios 4:13), era su parte de la tierra sobre la que Dios lo hizo gobernador. Hasta al océano se le dieron fronteras y se le ordenó a actuar dentro de ellas (vea Job 38:11). El respeto de nuestras fronteras es una de las maneras en que podemos determinar si algo es de Dios o no.

Dios nos ha dado un ámbito de autoridad en la tierra y nos designó como soberanos absolutos de nuestras propias vidas. Nos ha creado a su imagen para funcionar como él (lo ideal es hacerlo bajo su cobertura). Debemos ejercitar fe para que nuestras palabras, repitiendo las palabras de Él, tengan peso y activen sea a demonios o a ángeles para llevarlas a cabo. Esto puede sonar extraño, pero la Biblia es clara: "La boca del necio es quebrantamiento para sí, y sus labios son lazos para su alma" (Proverbios 18:7). Lo contrario también es cierto: "La lengua apacible es árbol de vida" (Proverbios 15:4). Santiago dice: "La lengua es un miembro pequeño...Y la lengua es un fuego...y contamina todo el cuerpo, e inflama la rueda de la creación, y ella misma es inflamada por el infierno" (Santiago 3:5-6).

Estas son palabras fuertes respecto a un miembro pequeño. Sin embargo, la lengua solo es el mensajero. Después de todo, "de la abundancia del corazón habla la boca" (Lucas 6:45). Es nuestro corazón el que es la sede de nuestro carácter, y es el corazón lo que Dios ve. En realidad no conocemos nuestro propio corazón. Dios es consciente de que "engañoso es el corazón más que todas las cosas, y perverso; ¿quién lo conocerá? Yo Jehová, que escudriño la mente, que pruebo el corazón, para dar a cada uno según su camino, según el fruto de sus obras" (Jeremías 17:9-10). Nuestra boca es el único indicador real de lo que tenemos en nuestros corazones. Las palabras son el fruto que indican las raíces ocultas en nuestros corazones.

Dios juzga nuestra fecundidad, no nuestro potencial, no nuestra fidelidad. La promoción viene de la fecundidad; crecemos en las áreas de nuestra fecundidad. La parábola de los talentos pone de manifiesto esta particular ley del Reino de Dios. El rey reprendió al siervo que no produjo nada con su talento y ordenó "quitadle el talento y dádselo al que tiene los diez talentos. Porque a todo el que tiene, *más* se le dará, y tendrá en abundancia" (Mateo 25:28-29, LBLA). ¡Dios recompensa la fecundidad! El siervo malvado, en la misma parábola había demostrado lo que había en su corazón al hablar mal del rey. Dijo, en esencia: "Tuve miedo de ti, porque eres un hombre severo que tomas lo que no pusiste, y siegas lo que no sembraste" (véase Lucas 19:21). En otras palabras: "Tú eres duro, duro y ladrón". Fue una tontería decirle eso a su jefe, pero era lo que había en su corazón.

Debemos ofrecer "siempre sacrificios de alabanza a Dios, es decir, fruto de labios que glorifiquen su Nombre" (Hebreos 13:15, Biblia Peshitta), pero si nuestros corazones son ingratos, en algún momento nuestras bocas lo expresarán. El corazón y la boca están entrelazados. Esa conexión es la clave para todo lo que recibimos de Dios. Jeanne y yo hemos aprendido este principio, así que decidimos declarar que Dios es bueno. Ha llegado a ser parte de nuestro carácter creer que todo lo que hace es bueno y que podemos confiar en Él. Hablar lo contrario sería aceptar lo contrario. El libro de Romanos dice: "Si confesares con tu boca que Jesús es Señor y creyeres en tu corazón que Dios le levantó de los muertos, serás salvo. Porque con el corazón se cree para justicia, pero con la boca se confiesa para salvación" (Romanos 10:9-10). Este es el proceso por el cual entramos en el Reino de Dios. Esta es la salvación. Oímos a Dios, le creemos, y declaramos lo que creemos. Este es el proceso de activación primaria que funciona en todos los ámbitos del Reino de Dios. Usamos este proceso: escuchar, creer y declarar para acceder a la sanidad, las finanzas, la liberación, o cualquier otra cosa que deseemos activar; eso es fe.

La Biblia dice que "la fe es por el oír, y el oír, por la palabra de Dios" (Romanos 10:17). Así es como Dios dice que su fe funciona. En primer lugar, tenemos que oír una palabra de Dios. Esto puede venir de innumerables maneras: la Biblia, la oración, una palabra profética, alguien diciendo algo que le llame a usted la atención, la radio, un libro, una película, un pájaro en un árbol. Cualquier cosa puede ser un vehículo para la palabra de Dios. En segundo lugar, tenemos que creer con todo nuestro corazón lo que Dios ha dicho. Esto no es mero asentimiento mental, sino que es el conocimiento en nuestros espíritus de que lo que Dios dice es verdad. En tercer lugar, debemos declarar en nuestro ámbito de autoridad lo que creemos.

Esta respuesta de fe moverá montañas en nuestras vidas. Sin embargo, debemos decir lo que creemos, no solo pensarlo. "Cualquiera que dijere…y no dudare en su corazón, sino creyere que será hecho lo que dice, lo que diga le será hecho" (Marcos 11:23). ¡Eso es poder! El problema es que la mayoría de las veces parecemos no poder dominar este poder, porque no podemos dominar nuestras bocas (vea Santiago 3:8). Parte del problema es que realmente no creemos o no creemos lo correcto.

Marcos continúa diciendo: "Creed que lo recibiréis, y os

vendrá" (Marcos 11:24). ¿Qué debemos creer? ¡Creer que recibimos! Mi problema personal era creer. No podía creer en mi sanidad si todavía me sentía enfermo. Yo necesitaba una manifestación para creer o no estaba sanado. Lo que debía creer era que recibí lo que pedí. Tengo que decirlo que otra vez. La diferencia es sutil, pero profunda. Yo creo que recibí, no creo en la sanidad, sino creo que la recibí: "Creed que lo recibiréis, y os vendrá" (Marcos 11:24). Si lo creo, yo declaro, "recibí". Es la declaración de haber recibido lo que establece el acuerdo, la sanidad lo seguirá. "Estas señales seguirán a los que creen" (Marcos 16:17).

Jeanne y yo hemos comprado y vendido muchas propiedades en nuestras vidas. Cada una de esas operaciones tenía una cláusula "sujeto a" ligada a la venta. Puede ser: sujeto a financiamiento, sujeto a inspección, sujeto a la reparación del horno, etc. La venta no fue definitiva hasta que estas cláusulas "sujeto a" fueron quitadas. Lo mismo ocurre con el acuerdo de fe. A menos que eliminemos nuestro "sujeto a condiciones", la transacción no se completará y no vamos a conseguir lo que queremos. Podemos tener una cláusula que dice: sujeto a mi sensación de haber recibido; sujeto a ver algunos resultados, sujeto a alguna línea de tiempo o lo que sea. Eliminar esos "sujeto a" cierra el trato. Diga: "Me lo llevo. Recibo".

Satanás trata de hacernos racionalizar lo que la Palabra dice. Nosotros tendemos a ajustar nuestra doctrina a nuestra experiencia en vez de hacer al revés. También escuchamos lo que queremos. Si no nos gusta lo que oímos de parte de Dios, sencillamente lo ignoramos. Dictamos lo que nuestros pensamientos dicen acerca de una situación. Esto es presunción. Usamos la presunción cuando sentimos que nosotros tenemos el control.

Yo acostumbraba hacer esto todo el tiempo. Podía orar, conocer lo que Dios pensaba sobre un asunto, pero seguir queriendo lo que yo quería. Jeanne me preguntaba lo que Dios había dicho, y le daba una vaga explicación de lo que yo pensaba. Esa era mi artimaña. Luego iba y lo hacía a mi manera. Eso es presunción. La *presunción* se define como actuar arrogantemente o con orgullo. No hay sacrificio en el Antiguo Testamento para el pecado de presunción, solo juicio. Mis experiencias presuntivas también han tenido graves consecuencias. Sin una palabra, yo no tenía fe y por lo tanto ninguna autoridad. Mis planes se resistían y el desastre fue el resultado.

Autoridad

A menudo nos movemos en ámbitos en los que no tenemos autoridad para funcionar. Dios tiene autoridad en todo el universo y más allá, así que cuando Él habla, las cosas cambian. Nosotros solo tenemos autoridad donde se nos ha asignado y hemos sido fructíferos. Dentro de nuestro ámbito de autoridad, no importa cuán limitado sea, nosotros, como Dios, podemos crear nuestro propio universo. Dios es soberano sobre todo. Lo que Él dice sucede porque su autoridad es absoluta. Ha creado a los hombres a su imagen para que funcionen como Él. Jesús fue la exacta representación del Padre, y desafió a sus discípulos, diciendo: "El que en mí cree, las obras que yo hago, él las hará también; y aun mayores hará..." (Juan 14:12). Levantó a los muertos, dio vista a ojos ciegos, restauró miembros, creó alimentos a partir de casi nada, produjo dinero, y ordenó obediencia a la atmósfera y a los elementos. Era creativo con solo hablar lo que veía hacer al Padre. Nosotros, asimismo, podemos hacer lo que oímos de Él, creyendo y declarando la voluntad del Padre que está en nuestra esfera de autoridad.

Al hombre le fue ordenado originalmente: "Sed fecundos y multiplicaos, y llenad la tierra y sojuzgadla; ejerced dominio sobre los peces del mar, sobre las aves del cielo y sobre todo ser viviente que se mueve sobre la tierra" (Génesis 1:28, LBLA). El ámbito de toda la tierra requiere más de una pareja para someterlo. En nuestras vidas personales, somos monarcas absolutos, pero en entornos corporativos, debemos llegar a un acuerdo con otros miembros de esa comunidad antes de que podamos aprobar la voluntad de Dios. Es como elegir un gobierno, debe haber una mayoría que esté de acuerdo para aprobar una decisión. En el Reino, la mayoría no es necesaria, solo un grupo central, un remanente de creyentes, para promulgar la legislación de Dios. Cuanto mayor es el ámbito (participa más gente), más corporativa debe ser la declaración para que las cosas cambien.

Abraham no tenía autoridad en Sodoma, pero sí Lot porque él vivía allí. Abraham no podía detener la destrucción de esa ciudad porque no tenía ninguna autoridad en ella. Lot necesitaba el acuerdo de al menos otras nueve personas para poder cambiar un juicio, pero no pudo conseguir ese acuerdo (vea Génesis 18:32). Por lo tanto él no tuvo poder para detener la destrucción. Abraham pudo interceder por Sodoma, pero Lot, y la entidad corporativa de creyentes de Sodoma, tuvo que adoptar el acuerdo que Abraham había negociado. Por desgracia no hubo suficiente fe en la comunidad. Todas las funciones del Reino siguen el mismo principio de la fe: oír, creer, declarar. Estamos diseñados para funcionar, literalmente, como lo hace Dios, pero no podemos ejecutar "la venganza y el castigo" a nuestro placer. No podemos obligar a "reyes y nobles", como se nos da la gana. Debemos escuchar lo que Dios está diciendo, lo creo, entrar en un acuerdo con él, y os lo anunciará a fin de ejecutar "el juicio decretado: esto es gloria para todos sus santos." (Salmos 149:7-9).

Así como podemos crear nuestro propio universo hablando positivamente cuando ejercemos la fe, también creamos cosas negativas cuando declaramos incredulidad. Dios le dijo a Israel: "Según habéis hablado a mis oídos, así haré yo con vosotros. En este desierto caerán vuestros cuerpos" (Números 14:28-29). ¿Qué habían dicho los israelitas para que Dios les respondiera con tanta dureza? Dijeron: "¡Más nos valdría morir en este desierto!" (Números 14:2, NVI). Estoy seguro de que no querían ser puestos en fila y fusilados. Eso era solo una expresión de su incredulidad, pero no tenían la autoridad para crear su propio universo, y sucedió precisamente lo que hablaron.

Nosotros también debemos tener cuidado de cómo bromeamos o nos quejamos porque "de toda palabra ociosa que hablen los hombres, de ella darán cuenta en el día del juicio" (Mateo 12:36). Nosotros siempre expresamos lo que está en nuestros corazones. Exhibamos "el mismo espíritu de fe, conforme a lo que está escrito: Creí, por lo cual hablé, nosotros también creemos, por lo cual también hablamos" (2 Corintios 4:13). Sea fe o miedo, confianza o disgusto, va a salir y bendecirá o maldecirá nuestra situación. Es por eso que "El corazón del sabio hace prudente su boca, y añade gracia a sus labios" (Proverbios 16:23). Debemos aprender a hablar solo la fe, porque "todo lo que no proviene de fe, es pecado" (Romanos 14:23). Dios nos entrena para que hablemos como Jesús, el "Sumo Sacerdote de nuestra profesión" (Hebreos 3:1). Él nos está preparando para ser proactivos, no reactivos en nuestro discurso. Esta actitud proactiva nos hace creativos. Debemos tomar la iniciativa y "lo que tú determines se realizará" (Job 22:28, RV95).

Nuestra hija adoptiva mayor, Vicky, tenía un terrible eczema en sus manos cuando era una jovencita. Jeanne y yo orábamos por ella y, como padres, declaramos su sanidad. Una vez las llagas abiertas, sangrantes, se curaron completamente delante de nuestros ojos, en menos de media hora. Otras veces nada sucedía. Era confuso tener ese poder que sanaba en un minuto y parecía no hacer nada al siguiente, pero Dios nos entrenaba a pensar de un modo no convencional. La gracia nos ha permitido promulgar un milagro creativo cuando Vicky fue sanada, pero Dios estaba tratando de enseñarnos a descubrir las raíces que había detrás de los frutos del eczema y que le permitían volver. La enfermedad es uno de los resultados de la caída de Adán, y si la enfermedad es demoníaca, o simplemente activada por el demonio todavía se está debatiendo.

Jesús usó ambos métodos, reprender y sanar enfermedades. Vicky es en parte inuit (esquimal) y viene de una cultura que tuvo un historial de animismo (adoración de espíritus animales). Ella era una artista fantástica, pero sus dibujos solían ser grotescos y llenos de una violencia que una niña de ocho años de edad, normalmente no imagina. Jeanne comenzó a notar un patrón, cada vez que Vicky se entusiasmaba en dibujar estas imágenes de animales en sus libros de texto, su eczema empeoraba. Empezamos a sospechar actividad demoníaca. Un sábado fuimos como familia al museo provincial para ver una exposición de arte inuit. Allí, delante de nuestros ojos, estaban los dibujos de sus dioses que eran idénticos a los que Vicky había dibujado.

Éramos muy jóvenes, y la iglesia a la que asistíamos no creía en este tipo de conexiones demoníacas. El pastor se mostró reacio a abordar el problema desde este ángulo, después de todo, Vicky era tan dulce, ¿cómo podía albergar demonios? Él acordó orar un domingo por su curación. El pastor oró por ella en el servicio de la mañana, y esa noche me llevó aparte y me mostró sus brazos. ¡Estaban todos cubiertos con eczema! El pastor dijo: "El diablo me habló esta mañana y me dijo que si yo oraba por ella me iba a poner el eczema a mí. Pero es una mentira, él no me puede tocar". Efectivamente, dos días después la erupción se había ido.

Debemos tener la suficiente sabiduría y ser lo bastante humildes como para recibir instrucción de Dios. Con las armas adecuadas, podemos ser poderosos. Como con Vicky: en la medida en que ella se negó a dibujar las imágenes inspiradas por demonios, su eczema se mantuvo alejado. Tenemos un papel que desempeñar en la sanidad y debemos cooperar con Dios.

Hace veinte años, tuve una revelación personal de este principio. Yo estaba en un momento muy bajo de mi caminar cristiano y tenía poca fe. Me había herido una rodilla varios años antes y necesitaba cirugía del cartílago. Cada vez que utilizaba la rodilla, se hinchaba tanto que parecía que tuviera dos rótulas. Jeanne y yo fuimos a un campamento esa primavera. Un expastor nuestro estaba predicando, y al final de su sermón hizo un llamado para orar por los enfermos. Yo no tenía intención de pasar adelante. Estaba de baja en la fe y era demasiado orgulloso para admitir que necesitaba ayuda. La ministración de sanidad en el frente tomó unos 20 minutos. Cuando todo terminó, el orador dijo: "Siento que hay una persona más a quien Dios quiere tocar. Hay un problema con su rodilla, pero usted es demasiado orgulloso para presentarse. Si usted responde, Dios dice que lo sanará".

Algo como una luz parpadeó en mi cabeza. Yo sabía que tenía que ir, pero seguía sin esperar nada. No fui decepcionado; obtuve justo lo que esperaba, nada.

Pasaron varios meses, y mi condición espiritual estaba mejorando. Tuve una palabra de Dios de que iba a entrar en la competencia del Rey de Klondike. Este era a la vez un hombre forzudo y un concurso de resistencia. Yo no estaba en buena forma, así que empecé a entrenarme para estar en condiciones. Me puse unos pantalones cortos y me dirigí hacia la puerta. Había andado unos 100 metros cuando mi rodilla dejó de funcionar. Recuerdo que trataba de sacudir mi pierna y manipular la rodilla para siquiera poder caminar. Mientras cojeaba en círculo por un momento sin saber qué hacer, meditaba en las palabras que Dios me había dicho. Sabía que Dios había dicho que estaba curado, y yo sabía que me había dicho que fuera a esta competición. Aquí estaba yo en medio de un camino de grava pudiendo apenas caminar. Tuve que tomar una decisión. O las palabras eran ciertas o los síntomas eran ciertos. ¿Qué iba a creer?

Finalmente levanté mi ánimo y me arrepentí. Le pedí a Dios que me perdonara por ser tan orgulloso e independiente. Proclamé mi sanidad y declaré: "Sobre la base de tu Palabra, voy a entrenar para esta competición, aunque la pierna me falle". Comencé a correr, y nunca he tenido problemas con mi rodilla desde entonces. Yo tenía que cooperar con la palabra para crear la sanidad que Dios había dicho meses atrás.

Estoy aprendiendo a no decir solamente lo que tengo; estoy aprendiendo a tener lo que digo. A comienzos de los 80, Jeanne y yo fuimos enviados a Inglaterra para explorar la posibilidad de vivir allí, mientras yo trabajaba en un par de proyectos de construcción. Mientras estábamos buscando casas y apartamentos, ¡nos dimos cuenta de que las tasas de interés eran más del 20 por ciento! Eso era astronómico, aun para entonces. La hipoteca que teníamos en nuestra casa de Alberta debía ser renovada cada cuatro años. Nos pareció una advertencia del Señor para saldar nuestra hipoteca, pero no estábamos obteniendo la cantidad de dinero que lo hiciera posible. Dios dijo: "Llámenlo".

Nuestras oraciones a menudo parecen quedar sin respuesta, porque estamos orando nuestros propios pensamientos y deseos. La verdadera oración siempre nace en el corazón de Dios. Solo tenemos que escuchar y llegar a un acuerdo. ***Para obtener una respuesta específica debemos orar una oración específica***. Dios nos llevó a pedir la cantidad específica de dinero extra que podríamos pagar por la hipoteca para cada fecha de vencimiento. Cada año clamamos por una cantidad determinada, y cada año apareció. Una vez olvidamos cuándo se debía hacer el pago y preguntamos la fecha al banco. Por alguna razón, nos dijeron que era en julio en vez de junio. No teníamos dinero en junio pero, milagrosamente, en julio apareció. Cuando fuimos a pagar, el banco no aceptaba el dinero y decía que era demasiado tarde. Cuando se enteraron de que había sido su error, tomaron el dinero. Dios trabaja incluso cuando nosotros no podemos hacerlo. Al final de los cuatro años, la hipoteca entera había sido cancelada. Estábamos libres de deudas y no tuvimos que renovarla cuando la tasa aumentó a más del 20 por ciento aquí. "No tienen lo que desean porque no se lo piden a Dios" (Santiago 4:2, NTV).

Nosotros somos "coherederos con Cristo" (Romanos 8:17). Dios nos pone en la misma categoría que a Jesús, y recibimos nuestra herencia con él. Siendo así, tenemos que empezar a sonar como Él y ponernos de acuerdo con Él. Para hacerlo debemos entender cómo Dios usa las palabras y la fe juntos. "Por la fe entendemos que el universo fue constituido por la palabra de Dios" /Hebreos 11:3). "Envió su palabra, y los sanó" (Salmos 107:20). Dios usa las palabras para crear las cosas que están en su corazón.

Dios también opera en fe. Se nos dice: "Tened fe en Dios" (literalmente, la fe de Dios) (vea Marcos 11:22). La Divinidad está siempre de acuerdo cuando habla, por lo que ellos son uno. Esta unidad de corazón y voz es la fe. Ellos están de acuerdo y dicen la misma cosa; eso es la fe. Nuestra fe es exactamente lo mismo: escuchar a Dios, estar de acuerdo, y decir la misma cosa.

Esta conexión entre fe-poder y palabras fue demostrada por el centurión cuando le dijo a Jesús: "Solamente di la palabra, y mi criado sanará. Porque también yo soy hombre bajo autoridad, y tengo bajo mis órdenes soldados; y digo a éste: Ve, y va; y al otro: Ven, y viene; y a mi siervo: Haz esto, y lo hace. Al oírlo Jesús, se maravilló, y dijo…ni aun en Israel he hallado tanta fe" (Mateo 8:8-10). El centurión reconoció la verdadera autoridad y la capacidad de ejercer esa autoridad con palabras. Jesús expresó que creer y operar en esa relación era fe. El poder de las palabras viene de confiar en Aquel en quien tenemos fe.

"Sin fe es imposible agradar a Dios; porque es necesario que el que se acerca a Dios crea que él existe y que recompensa a los que lo buscan" (Hebreos 11:6, RV95). Debemos creer que vamos a recibir una recompensa por lo que hacemos en el Señor, o Dios no se complace. No estoy hablando del tipo de fe de "nómbralo y reclámalo" o "repítelo y agárralo", sino de una relación de amor con aquel con quien estamos de acuerdo.

¿Cómo se sentiría si el día de Navidad, sus hijos se levantaran y se prepararan para ir a la casa de los vecinos? Si les preguntara qué están haciendo y uno respondiera: "Oh, yo creo que hoy no vamos a tener ninguna diversión aquí, así que quería ir al lado", usted quedaría desolado. Tengo un amigo, Jozsi, que realmente hizo eso cuando era niño. Me contó que el vecino le enseñó cómo construir cosas al dejarlo a él hacer el trabajo. El padre de Jozsi hacía que lo mirase mientras él trabajaba. Al vecino no le importaba si Jozsi cometía errores. Ellos desarrollaron una relación que Jozsi no tenía en casa. Fue una relación basada en el amor y la aceptación.

En la mañana de Navidad, después del tiempo de familia alrededor del árbol, Jozsi se dirigiría al lado y pasaría el día con su familia adoptiva. Yo me habría sentido desolado como padre si mis hijos lo hubieran hecho. Los padres quieren bendecir a sus hijos y tratan de inculcarles una expectativa de cosas buenas. Los padres no se molestan cuando sus niños esperan regalos, más bien es lo contrario. Lo mismo ocurre con Dios. No hemos comprendido el corazón del Padre si no reconocemos que Él quiere bendecirnos. "Al Padre le da mucha felicidad entregarles el reino" (Lucas 12:32, NTV). La fe verdadera, basada en la relación, espera recibir lo bueno de la mano de Dios. Las relaciones verdaderas se pueden relacionar de corazón a corazón. Tenemos que ver el corazón de Dios, para llegar a un común acuerdo y actuar en fe.

Por lo tanto, para que la fe sea activada, se debe ver desde la perspectiva del cielo. No podemos hacer la obra de Dios a menos que la veamos como Dios la ve, y para ver como Él ve, debemos pensar lo que Él piensa. Si estamos relacionados, si somos amigos, Dios nos mostrará lo que piensa y está a punto de hacer (vea Juan 15:15). Si no estamos en relación, Dios dice: "Porque mis pensamientos no son vuestros pensamientos, ni vuestros caminos mis caminos...Como son más altos los cielos que la tierra, así son mis caminos más altos que vuestros caminos, y mis pensamientos más que vuestros pensamientos" (Isaías 55:8-9).

La fe no es una fórmula. La fe es una expresión de confianza, de nuestra amistad con Dios. Una vez que entendemos nuestra relación, entonces podemos confiar en su palabra de la misma forma en que confiamos en Él. Dios dice: "Mi palabra...no volverá a mí vacía, sino que hará lo que yo quiero, y será prosperada en aquello para que la envié" (Isaías 55:11). La Palabra de Dios tiene poder que reside en ella para cambiar situaciones, incluso en la naturaleza. Jesús le habló a la tormenta y aun los vientos y el agua le obedecieron (vea Lucas 8:25). Jesús nos propone funcionar de la misma manera y hacer "las obras que yo hago; y...otras todavía más grandes" (Juan 14:12, DHH). Sus palabras, pronunciadas por nosotros, también tienen poder para influir en la naturaleza y en las pequeñas tormentas de nuestras vidas.

Nuestro hijo Shannon tuvo neumonía cuando era pequeño, y estuvo lo bastante mal como para tener que ser hospitalizado. Por la mañana Jeanne fue al hospital para estar con él. Ella había estado orando por Shannon y esa mañana sintió que Dios lo había sanado, así que le dijo al médico que lo iba a llevar a casa. El médico se puso furioso, pero Jeanne se impuso y trajo a Shannon a casa. Ese viernes lo volvió a llevar al consultorio del médico como él le había pedido. El doctor trajo un asociado para consultar con él, y Jeanne relató que había mantenido a Shannon dentro de la casa esa semana como medida de precaución. Después de examinar a Shannon, el médico respondió: "¿Por qué está adentro este chico? Él debe estar afuera jugando". Jeanne había activado su fe y como resultado recibió una sanidad para nuestro hijo. La fe debe ser activa. Tiene que salir de la barca. Sin embargo, usted debe tener una palabra para actuar o de lo contrario estará actuando por presunción y eso no va a cambiar nada.

Dios quiere que sus palabras cambien las cosas. No solo su palabra, sino también la nuestra mezclado con la suya. Jeanne se encontraba en una escuela profética en Redding, California, cuando sufrió una infección de la vejiga. Se puso tan mal que tenía que salir de la clase cada hora para ir al baño. Siendo de Canadá, no estaba segura de tener algún tipo de cobertura médica en los Estados Unidos, así que no quería ir a un médico. Fue a una farmacia, pero no podían darle nada para combatir la infección sin tener una receta. Así que oró y reclamó su curación. Inmediatamente comenzó a mejorar, y cuando llegó a casa estaba completamente mejor.

Los milagros tienen siempre dos caras: la natural y la espiritual, Dios y el hombre. Este principio se ilustra en la historia de Pedro caminando sobre el agua. Pedro tuvo suficiente sentido común para entender el poder de la palabra de Jesús, así que le pidió: "Señor... manda que yo vaya a ti" (Mateo 14:28), y Jesús le contestó: "Ven" (Mateo 14:29). Sobre la base de la palabra, Pedro bajó de la barca y comenzó a caminar. Ahora, si usted lo piensa, Pedro en realidad no hizo nada extraordinario. Hizo lo que podía haber hecho si el barco hubiera estado en tierra seca. Caminó. Pedro tuvo la capacidad de hacer eso. Ejerció su fe al confiar en la palabra y salir de la embarcación. Los otros once discípulos, si hubieran creído, también podrían haber ido, pero no lo hicieron. La parte de Dios en el milagro fue mantener a Pedro sin que se hundiera. El agua no lo sostuvo. No se endureció de repente, como se evidencia por la continua acción de las olas. Pedro estaba en la Palabra por fe. Cuando la fe fue sustituida por la vista, "al ver el fuerte viento, tuvo miedo... comenzando a hundirse" (Mateo 14:30) El viento no había cambiado, pero la respuesta de Pedro sí.

Hebreos explica lo que pasó. Como a Pedro, "no les aprovechó el oír la palabra, por no ir acompañada de fe" (Hebreos 4:2). El miedo de Pedro se mezcló con la palabra, y esa palabra no pudo seguir sosteniéndolo, porque no estaba mezclada con fe. Nuestras batallas se producen porque estamos tratando de caminar en dos reinos. Eso es similar a tener un pie en el muelle y el otro en el barco. Esa postura terminará por causar un desastre. Pablo dijo: "Queriendo yo hacer el bien, hallo... que el mal está en mí" (Romanos 7:21). Tenemos dentro de nuestras almas áreas inconversas que no hemos rendido al Señor. La sangre limpia nuestros pecados, pero tenemos que poner nuestra carne en la cruz para que muera. Demasiadas veces revivimos nuestra carne justo antes de que se descargue el golpe mortal. El pecado y la enfermedad forman parte de la expiación (vea Isaías 53:4). El hecho de que el pecado y la enfermedad nos sigan atacando no significa que la expiación no haya dado resultado; significa que no hemos sido capaces de aplicar su virtud en cada área de nuestras vidas.

De esto es de lo que trata la batalla: de nuestra redención total. La guerra ya está ganada, pero hay que hacerla valer en nuestro propio campo de batalla. Nuestra parte en la lucha es operar en luz. Traemos luz de la misma manera que Dios trajo la luz: lo declaramos. Jeanne siempre dice: "Yo camino en la salud divina, tengo la sanidad divina". Debemos guardar nuestro propio templo, porque hay un ataque contra nosotros.

Dios nos creó como los administradores de esta tierra "para que...labrara y...guardase" al huerto (Génesis 2:15). La palabra *guardar* significa cubrir o mantener o proteger.[2] Dios sabía que iba a ser atacado, y le advirtió a Adán que se protegiese del ataque. Adán fue negligente en sus deberes, y Satanás se coló, ganando la primera batalla. Satanás no tiene autoridad real. Ocupa un cargo de autoridad vacante. Escuché una historia que contó John Dawson, comparando a Satanás con un conserje que limpia una torre de oficinas por la noche. Cuando todo el mundo se va a su casa, él entra en la oficina de la esquina y se sienta en el escritorio del gerente. Se instala en el cuero suave, toma un cigarro de la caja que hay sobre la mesa, y mira las luces de la ciudad. Desde allí puede imaginar que es el señor de todo lo que ve. Por la mañana, cuando los ascensores empiezan a zumbar y el personal vuelve, debe desalojar la oficina o convencer al personal de que ahora él está al mando. Si el personal es ingenuo, esta farsa podría continuar hasta que aparezca el verdadero gerente. Eso es lo que les sucedió en el jardín a Adán y Eva, y eso es lo que sucede a menudo en nuestras vidas.

Jeanne y yo compramos nuestra primera casa, cuando éramos veinteañeros. En esa etapa yo seguía luchando con la lujuria en mi vida, pero trataba de mantenerlo oculto de mi esposa. Empecé a tener algunos sueños lujuriosos y luchaba tanto como mi limitado conocimiento me lo permitía, pero las cosas fueron empeorando. Entonces Jeanne me dijo que había tenido un sueño lujurioso. Ahora sabía que estaba en problemas, mi esposa, que es genuinamente profética, estaba interceptando mis sueños. A través de toda esta confusión, yo me seguía levantando temprano para pasar tiempo con Dios y leer la Biblia.

Una noche tuve un sueño pornográfico, y mientras me estaba despertando, vi a un espíritu, una especie de nebulosa nube negra, salir por la puerta de atrás. Me sentí muy mal y me arrepentí. Esa mañana, más tarde, tuve una de las mejores revelaciones que Dios nunca me haya dado. Pero estaba confundido. ***¿Por qué, si yo era tan malvado y lujurioso que estaba atrayendo demonios, Dios me dio tal revelación?***

Hasta entonces no le había dicho nada a Jeanne. Ella estaba orando esa mañana después que me fui a trabajar y sintió que el Señor la guiaba a subir al desván. Tenía miedo y no quería hacerlo al principio, pero Dios fue insistente. No teníamos escalera, por lo que trepó entre las dos paredes del pasillo y abrió la escotilla. En el desván encontró una caja que el dueño anterior había escondido y olvidado. Estaba llena de pornografía. Jeanne oró sobre todas las cosas mientras las arrancaba y tiraba a la basura. Cuando llegué a casa me dijo lo que había sucedido, así que le confesé mi problema. Lo interesante fue que los sueños se detuvieron de inmediato. Aunque pensé que me había dejado, el espíritu no se iría hasta que su material fuera removido. Las cosas espirituales pueden ser objetos reales con una ubicación física, como lo fue en este caso, o cosas que están en nosotros. La mayor parte de nuestras batallas desaparecería si estuviéramos dispuestos a hacer frente a nuestras cosas y dejar de aferrarnos a toda la basura que está dentro de nosotros. Dios quiere que hagamos una limpieza de la casa para que haya espacio suficiente para que Él ponga algunas cosas buenas en nuestras vidas.

Jesús ha recuperado la posición que Adán perdió y restaurado todas nuestras posesiones. Dios nos ha dado autoridad sobre la tierra y ordenó que el hombre tenga "dominio" sobre todas las criaturas de la tierra (vea Génesis 1:28). La Iglesia no está caminando en esa experiencia de tener dominio sobre la tierra. Hemos ajustado nuestra doctrina para adaptarnos a lo que vemos. Decimos: "Jesús no debe haber querido decir eso", o "¿Realmente Él estaba diciendo esto...?" No debemos hacer eso. Nuestro trabajo sigue siendo proteger el jardín y tener dominio sobre la tierra.

Si realmente creemos eso, y todavía no funciona, vamos a buscar la razón por la cual sucede. Si yo sé que tengo la llave correcta para una puerta, pero la puerta no se abre, voy a seguir intentando hasta lograrlo. Si solo espero tener la llave correcta, y la puerta no se abre, que es probable que suponga que tengo una llave equivocada y deje de intentarlo. ¡Las llaves que tenemos son las correctas! Jesús nos dio las “llaves del reino” (Mateo 16:19). Tenemos que alinear nuestro pensamiento con lo que la Palabra dice si vamos a operar en fe. La fe es: escuchar una palabra de Dios, creer la palabra, confesarla o ponernos de acuerdo con la palabra, y luego actuar como que la palabra es verdadera y tiene el poder necesario.

Con frecuencia esto nos obliga a cambiar nuestra forma de pensar, nuestra cultura o nuestra actual visión del mundo. Abraham tuvo que dejar su país y sus familiares para entrar en la cultura de Dios (vea Génesis 12:1). Una cultura es una manera corporativa de pensar, hablar y actuar. Jesús le dijo al hombre ciego que no volviera a entrar en la ciudad de Betsaida, ni hablara de su sanidad (vea Marcos 8:22-26) por la cultura negativa que existía allí. El habla negativa afecta nuestra fe (vea 1 Corintios 15:33). Tenemos que ser gente de fe y permanecer cerca de gente que habla con fe. Tan vital como es creer, también debemos hablar nuestra fe como Dios, “el cual da vida a los muertos, y llama las cosas que no son, como si fuesen” (Romanos 4:17, NVI). Esa es la cultura de Reino. Dios llama las cosas a la existencia, y nosotros lo podemos hacer.

Jeanne encontró una casa que sintió que Dios le había dicho que sería nuestra. Era una casa grande y un 50 por ciento más cara que la que teníamos. Yo oré y obtuve la misma palabra que ella había recibido, pero no sentía que debiéramos pagar tanto. Necesitábamos una estrategia de parte de Dios sobre cómo proceder. Él dijo: “Reclámala. Es tuya, pero no hables con nadie al respecto”.

Nuestra agente de bienes raíces era cristiana, así que le dijimos que Dios había dicho que no íbamos a negociar con nadie sobre la propiedad. Obedecimos a Dios y no tratamos con ninguna inmobiliaria durante tres meses. Nadie nos llamó, y no hicimos preguntas. El mercado inmobiliario era bueno en ese momento, pero nadie ofertó por esta casa. Un día, de repente, nuestra amiga llamó y nos dijo que los vendedores estaban tan molestos con la forma en que iban las cosas que fueron cambiando de agentes de ventas y bajando el precio. Dijo que, si queríamos la casa, debíamos obtener un plazo del nuevo agente antes de que la casa volviera al mercado.

Pronto hice una oferta ridícula (60 por ciento del precio original). El vendedor respondió que con solo subir 5000 dólares, la casa sería nuestra. La nueva casa era 1000 metros cuadrados más grande que la casa en que habíamos estado pero costó 8 000 dólares menos. Eso es financiamiento creativo, la financiación creada por la palabra de Dios.

Parte de la fe es hablar en nuestra situación las palabras que Dios nos ha hablado. La fe y la incredulidad están sentadas en los extremos opuestos de un balancín. Si la fe está subiendo, la incredulidad va hacia abajo y viceversa. Dios nos dijo una vez a Jeanne y a mí que estábamos entrando en una época de cosecha. Dijo que estaríamos cosechando las semillas que habíamos sembrado en los últimos treinta años. Fue emocionante. Bajamos una deuda de 130 000 dólares a 17 000 dólares en solo trece meses. Testimoniando de la provisión de Dios, cometí el error de decir que Dios había dicho que este era un año de cosecha. Al finalizar el año, el dinero se acabó. Tengo lo que digo. Jeanne me corrigió, y yo me arrepentí de poner en boca de Dios palabras que Él no había dicho, y reclamé la palabra "época de cosecha". Durante los siguientes 18 meses, hemos pagado los restantes 17 000 dólares y 150 000 dólares de una casa que compramos. Todo esto ocurrió después de que me retiré y trabajando solo unos tres meses al año. No es nuestra justicia la que produce la cosecha; es declarar correctamente la palabra de Dios.

Con frecuencia pensamos que tenemos más fe si creemos que estamos caminando en más justicia personal o haciendo las cosas bien. Lo inverso es la verdad: se nos imputa la justicia si mostramos más fe. Abraham "tampoco dudó, por incredulidad, de la promesa de Dios, sino que se fortaleció en fe...por lo cual también su fe le fue contada por justicia. Y no solamente con respecto a él se escribió que le fue contada, sino también con respecto a nosotros a quienes ha de ser contada" (Romanos 4:20,22-24). Nuestra justicia depende de nuestra fe, no nuestra fe de nuestra justicia.

Los grandes santos que figuran en el capítulo 11 de Hebreos, por fe, fueron trasladados, prepararon el arca, recibieron herencia, ofrecieron su único hijo, profetizaron acerca de lo que vendría, escogieron ser maltratados, conquistaron reinos, hicieron justicia, detuvieron leones, no se quemaron en el fuego, sacaron fuerzas de debilidad, recibieron sus muertos mediante resurrección, mientras que otros fueron torturados, escarnecidos, azotados, encarcelados, apedreados y muertos. Todos ellos recibieron un informe favorable mediante la fe. Algunos tuvieron éxito, otros no. No fueron los resultados los que determinaron si tuvieron fe, sino creerle a Dios y caminar con Él, pasara lo que pasara.

Una vez escuché a Graham Cooke decir que no hay días buenos y días malos, sino más bien solo días de gracia. Hay días de gracia para disfrutar y días de gracia para soportar. Ambos son útiles en la mano de Dios. A nuestro hijo James se le diagnosticó esquizofrenia hace casi quince años. Al principio, él estaba en el hospital durante varios meses a la vez, muchas veces al año. La esquizofrenia es una enfermedad debilitante, y la mayoría de las personas con esta enfermedad tiende a empeorar, no a mejorar. Mientras buscábamos claridad de Dios sobre por qué ocurrió esto, Jeanne leyó en la Biblia que la enfermedad mental era parte de una maldición (vea Deuteronomio 28:28). Retrocedió un capítulo y encontró la causa de la maldición (vea Deuteronomio 27:15-26; Deuteronomio 28:15,18). Era generacional. En algún lugar del pasado, nuestras familias habían entrado en cosas que llevaron juicio a la línea familiar. Jeanne intercedió y pidió perdón hasta cuatro generaciones y rompió la maldición. Desde entonces, James no ha vuelto a estar en el hospital y está mejorando progresivamente. Nuestro Dios es fiel y da gracia para soportar y fe para vencer.

Según lo afirmado, nuestra fe nos permite ver las cosas como Dios las ve. El soldado atrapado en una trinchera no tiene la mejor perspectiva de cómo va la guerra. Si está en comunicación con alguien a quien puede ver, él puede tener la gracia de soportar. Estamos en comunión con Dios, por lo que podemos soportar. Él ha prometido que nunca nos dejará ni nos desamparará (vea Hebreos 13:5). Mediante la fe, entonces, creemos que "por la palabra de Jehová fueron hechos los cielos, y todo el ejército de ellos por el aliento de su boca" (Salmos 33:6) y que "no hay autoridad sino de parte de Dios, y las que hay, por Dios han sido establecidas" (Romanos 13:1) y que Jesús tiene "toda potestad...en el cielo y en la tierra" (Mateo 28:18). "¿Qué, pues, diremos a esto? Si Dios es por nosotros, ¿quién contra nosotros?" (Romanos

8:31). La fe confía en Dios, no en nuestros sentimientos ni en nuestras situaciones.

He aquí una analogía para ayudarnos a entender lo que Dios quiere decir cuando dice que Él tiene todo el poder. Supongamos que nos encontramos en una torre de oficinas y Dios dice que Él tiene *todo* el aire de esta torre. Si Él tiene todo el aire, ¿cuánto queda para nosotros? Nada. Si Dios es todopoderoso, ¿cuánto poder puede tener Satanás? Nada. Si Dios hizo todo, y todo sirve a su propósito, y Él tiene todo el poder, entonces se sigue que Dios realmente tiene el control. No ocurre nada que Él no vea y por lo cual no se interese.

Dios está tratando de movernos hacia el lugar en que podemos confiar en Él, no importa cuán adversas puedan parecer las cosas (vea Juan 7:24). La verdad es que siempre hay un problema entre la promesa y la provisión. Siempre hay un desierto entre Egipto y Canaán. El desierto es un lugar que parece exactamente opuesto a la Tierra Prometida. ***La fe no se desanima o desalienta por los retrasos.*** La fe cree y declara la provisión, en realidad la llama a la existencia.

A Jeanne le fue diagnosticado cáncer de intestino hace ocho años. Buscamos una palabra del Señor sobre la cual apoyarnos. ¿Él quiere que reclamemos la sanidad, hagamos frente a alguna causa raíz, o qué? En realidad, no oímos nada, así que seguimos el curso que los médicos sugirieron que era la cirugía.

Cuando no podemos ver o escuchar lo que Dios quiere, cuando estamos en la niebla, por así decirlo, debemos mantener el mismo curso. Cuando los pilotos de aerolíneas entran en una nube, se les enseña a mantener la dirección original hasta que se puedan ver nuevos rumbos. Necesitamos una palabra clara de Dios para cambiar de dirección. Así que seguimos adelante con la cirugía. Los médicos le extirparon un tumor grande y 12 pulgadas del intestino grueso y 12 pulgadas del intestino delgado. Ahora se enfrentaba a la quimioterapia y los tratamientos de radiación.

En este punto, Jeanne y yo tuvimos una gran reacción negativa en el espíritu. Ninguno de nosotros quería que ella atravesara este régimen, pero seguíamos sin tener una palabra. Mucha gente había estado orando por ella, y Dios utilizó el Cuerpo para traer lo que no pudimos conseguir por nosotros mismos. Dos diferentes miembros de la iglesia tuvieron diferentes visiones; pero los dos dijeron lo mismo: el cáncer está contenido. En otras palabras, el cáncer no se había extendido más allá de la pared intestinal.

El cirujano había sacado 37 ganglios linfáticos del abdomen ya que, en su opinión, todos eran cancerosos y no deseaba realizar una segunda operación. Estos nodos fueron enviados a la clínica de cáncer para hacer las biopsias. Armados con nuestro propio sentido de lo que el Espíritu quería y la confirmación de las dos palabras de contención, Jeanne desafió al cirujano en su diagnóstico. Le preguntó qué pasaría si las pruebas dijeran que todo estaba normal. Él respondió que había estado haciendo esto durante 20 años y conocía un ganglio linfático canceroso cuando lo veía y no consideró su pregunta. Este era el mejor cirujano de cáncer de la zona, y aparte de que el Espíritu dijo lo contrario, yo no tenía ninguna razón para dudar de su diagnóstico.

Dos semanas más tarde fuimos a la clínica del cáncer

para iniciar la terapia de radiación. El médico jefe entró en la sala de examen y miró a Jeanne. Quiero decir la *miró*. No la examinó, sino que simplemente se quedó mirándola durante unos buenos 20 segundos. Jeanne se armó a sí misma en oración para resistir un espíritu de temor que era tan fuerte en el edificio. Alegría y fe vinieron sobre ella. Usted podría decir que él estaba mirando algo alrededor de ella o en su rostro que no podía explicar. Finalmente, le habló.

Le dijo: "Normalmente en este tipo de operaciones, tomamos 5 o 6 ganglios linfáticos solo para comprobar su estado. Aunque estos nodos estuvieran limpios, seguiríamos aplicándole radiación y quimioterapia solo para estar seguros de que cubrimos todo. Sus ganglios linfáticos se veían tan mal que el cirujano los extirpó a todos. Como sacó muchos, y todos volvieron limpios, no es necesario ningún tipo de radiación o quimioterapia. Nos vemos dentro de seis meses para un chequeo".

Eso fue hace ocho años. La fe tiene la capacidad de cambiar los "hechos" y reemplazarlos por la verdad. Los hechos sugirieron que los ganglios linfáticos eran cancerosos; la verdad era que Jesús había sanado a Jeanne. Siempre tenemos que pasar por el valle de las pruebas después de haber recibido la promesa, pero Dios va con nosotros.

A menudo he oído a Joyce Meyer decir que Dios quiere llevarnos desde la tierra de lo apenas suficiente (desierto) a la tierra de lo más que suficiente (Tierra Prometida). Para lograr esto, Dios instituyó un pacto. En este pacto, Él promete hacer ciertas cosas de su parte y luego se compromete a ayudarle a usted a hacer su parte: "Y este será mi pacto con ellos, dijo Jehová: El Espíritu mío que está sobre ti, y mis palabras que puse en tu boca" (Isaías 59:21). Nuestro poder y autoridad no vienen solo del Espíritu que está en nosotros, sino a través de nuestras declaraciones. Sin embargo, nuestras lenguas no siempre declaran lo que Dios está diciendo. Queremos decir mucho de lo que estamos sintiendo. Este discurso ambiguo es una buena indicación de cuánta mezcla hay en nosotros.

Los hijos de Israel no eran las únicas personas que dejaron Egipto en el Éxodo. Una multitud mixta de muchos pueblos lo dejó con ellos. Fue esta mezcla la que causó que se quejaran. "Y la gente extranjera que se mezcló con ellos tuvo un vivo deseo, y los hijos de Israel también volvieron a llorar" (Números 11:4). Ellos comenzaron a mirar hacia atrás a los "buenos viejos tiempos". "Nos acordamos del pescado que comíamos en Egipto de balde, de los pepinos, los melones, los puerros, las cebollas y los ajos" (Números 11:5). Dios les había prometido la libertad y la tierra de leche y miel. Ellos se quejaban mientras atravesaban el desierto. Esta queja fue una señal de su falta de fe en la palabra que Dios les habló. Como Dios quería trabajar a través de ellos, estas quejas causaron un cortocircuito del poder que iba a ser de ellos y los cortó de la promesa. Es la mezcla de carne en nosotros lo que produce nuestras quejas.

Entonces, ¿cómo vencer a la carne en nosotros? Derrotamos los pensamientos de la carne con palabras, no con otros pensamientos. Jesús hizo esto cuando Satanás vino a tentarlo. "Él respondió y dijo: Escrito está" (Mateo 4:4). Dios espera que nosotros hablemos de la misma manera. Se nos dice que los loores de Dios estén en nuestras bocas para ejecutar la venganza y el castigo, para unirse, para ejecutar sobre ellos el juicio decretado porque "...Gloria será esto para todos sus santos..." (vea Salmos 149:6-9). Los pensamientos negativos siempre nos asaltan, estamos en una guerra. Es una guerra de palabras. Las armas que utilizamos para combatir los pensamientos negativos son palabras positivas, palabras espirituales, palabras como las que Jesús usó. "Las armas de nuestra milicia...son...poderosas...llevando cautivo todo pensamiento a la obediencia a Cristo" (2 Corintios 10:4-5). Tenemos que trabajar junto con Jesús para mantener los pensamientos correctos.

Desde el principio, Dios y Adán trabajaron juntos en el ejercicio de la autoridad creativa en la tierra. Dios creó los animales y los trajo a Adán "para ver qué nombre les pondría. El hombre les puso nombre a todos los seres vivos, y con ese nombre se les conoce" (Génesis 2:19). El mismo principio actúa ahora; Dios tiene el poder creativo, y nosotros tenemos la autoridad para llamar a ser. Así que de nuevo, no es tanto decir lo que tenemos, sino tener lo que decimos. Nuestra palabra es la respuesta de la fe, declarándola sobre aquellas áreas donde se nos ha dado autoridad.

Tengo un amigo, Ron, que tenía en los pies una artritis tan mala que le causaba dificultad para caminar. Le compartí la sanidad que recibí en mi rodilla. No tenía mucha fe para creer que Dios haría lo mismo por él. Después de mucho animarlo, oró y recibió su sanidad. Cuando le pregunté si había sido sanado, me dio la respuesta más común: "Yo creo que sí". Repasamos nuevamente la enseñanza sobre su participación en su propia curación al expresar con su voz una confesión positiva (no un tal vez). Esta vez dijo: "Estoy curado". Yo lo desafié: "Si estás sano debemos salir a correr". Estuvo de acuerdo y nos fuimos a correr una milla. Su fe y la correspondiente acción han permitido que mantenga su sanidad desde hace 25 años.

Tenemos autoridad para llamar a las cosas a que sean porque Dios le dio esa autoridad a Adán, y luego, después que la perdió, Dios la volvió a comprar para nosotros a través de Jesús. Jesús dijo que Él tiene las llaves del infierno y la muerte (vea Apocalipsis 1:18). Esas llaves nos abren las puertas a la libertad.

Satanás ya no puede intimidarnos, porque no puede dictar nuestra muerte. Este poder está en manos de nuestro amoroso Dios. Ahora tenemos el poder de una vida indestructible. Jesús dijo que "todo aquel que en él cree, no se pierda, mas tenga vida eterna" (Juan 3:15). ¡Piense en eso! Si estamos caminando en la voluntad de Dios, nadie puede hacernos daño de ninguna manera. Saber esto crea audacia, que es el signo de la real autoridad. Esta fe en nuestra autoridad nos hace actuar y hablar como teniendo autoridad. Las personas y las situaciones responden a la autoridad legítima, simplemente acatándola.

Los sumos sacerdotes y los fariseos enviaron guardias para arrestar a Jesús. Cuando los oficiales acataron la autoridad de las palabras de Jesús, no pudieron obedecer la autoridad menor de los sacerdotes. Regresaron a los sacerdotes con las manos vacías. El jefe de los sacerdotes preguntó: "¿Por qué no le habéis traído? Los alguaciles respondieron: ¡Jamás hombre alguno ha hablado como este hombre!" (Juan 7:45-46). Jesús sabía quién era, y cuando Él hablaba, otros respondían a su autoridad. Si no sabemos quiénes somos, vamos a caminar en incredulidad y sin ningún poder.

Incredulidad

Lo contrario de la fe es la incredulidad. La incredulidad se manifiesta en la desobediencia y la incapacidad de confiar en Dios. La incapacidad para operar en fe lleva a un resultado completamente diferente a la operación en fe. Por la fe, Israel pasa a través del mar Rojo sobre tierra seca, pero cuando los egipcios intentaron lo mismo, se ahogaron (vea Hebreos 11:29). Los egipcios trataron de hacer lo mismo que Israel, pero sin fe, y perecieron.

Hoy en día gran parte del movimiento de la Nueva Era ha recogido algunos principios, pero ellos no caminan en una relación con Dios y, por lo tanto, no operan en fe. La Iglesia no debe tener miedo de las filosofías de la nueva era. Tenemos que reconocerlas como lo que son: falsificaciones. Las buenas falsificaciones son casi indistinguibles de lo auténtico. Si hay una falsificación, es porque hay algo auténtico. Nosotros, como Iglesia hemos abandonado muchos de los reinos de lo sobrenatural, porque son utilizados por la nueva era. Debemos arrepentirnos y recuperar estas áreas de la verdad.

El movimiento de la Nueva Era vio lo que Dios estaba haciendo y ocupó esas áreas, mientras que la Iglesia estaba estancada en la tradición. Ellos pueden ver a través de una lente distorsionada, pero ven. Nosotros, los Iglesia, debemos ver con claridad, pero no miramos y hemos asignado muchas áreas espirituales a lo oculto. Es por eso que parece que tienen más poder que la iglesia, aunque no lo tenga.

Hay tres raíces principales de incredulidad o rechazo de la verdad:

1. Malas experiencias

Justo en el tiempo previo a que la Iglesia surgiera, se habían producido varias insurrecciones en Israel. Líderes carismáticos, que habían apartado a muchos, llevaron a estos levantamientos. Debido a sus malas experiencias, el liderazgo del templo no estaba dispuesto siquiera a esperar que esta secta nazarena no fuera un problema. Así que cuando Pedro y Juan se presentaron ante ellos, los líderes quisieron matarlos (vea Hechos 5:33).

2. Tradición

Nuestro modo de pensar (el patrón establecido de nuestros pensamientos) se opone a recibir la verdad en cualquier forma que no se ajuste a nuestras expectativas o tradiciones. Jesús trató de explicarle a Pedro respecto a su crucifixión. La teología tradicional de Pedro, acerca de un Mesías conquistador, no le permitió comprender un Mesías sufriente a pesar de que estaba en las Escrituras. Fue tan lejos como para decirle a Jesús (de quien sabía que era el Mesías) que se había equivocado: "Pedro le tomó aparte y comenzó a reconvenirle" (Marcos 8:32). Es interesante que, aunque los sumos sacerdotes y los escribas sabían que el Mesías debía nacer en Belén (vea Mateo 2:4-5), ninguno de ellos fue con los hombres sabios para encontrar a Jesús. Sus tradiciones no daban cabida a un Mesías bebé, a pesar de que todos los otros reyes tuvieron que ser un bebé en algún momento. ***Nuestras tradiciones y teología a menudo nos ciegan a un examen adecuado de la verdad y todas sus implicaciones.***

3. Temor

Pedro, aparentemente no tenía miedo. Por propia iniciativa, se puso de pie para luchar contra la turba en el jardín la noche en que Jesús fue traicionado. Pero el miedo, que en realidad tiene sus raíces o ganchos en la duda (sobre el amor y cuidado de Dios, acerca de nuestro lugar, acerca de lo que dice el mundo), es un espíritu. Él elige cuándo va a atacar y de qué manera. Si hay un área no sanada que permite la existencia de dudas, eso se convierte en el lugar donde el espíritu puede poner un gancho y manifestarse. Pedro fue lo suficientemente valiente como para salir de la barca y caminar sobre el agua (vea Mateo 14:28-31). Sin embargo, el miedo surgió cuando vio que el viento era tan fuerte. Jesús identificó la raíz: "Hombre de poca fe, ¿por qué dudaste?" (Mateo 14:31). En la barca de Pedro había una palabra "Ven" (Mateo 14:29). Esa sola palabra, cuando se añadió a su fe, fue capaz de permitirle desafiar las leyes de la naturaleza y caminar sobre el agua. Cuando dudó, anuló su fe y "no les aprovechó el oír la palabra, por no ir acompañada de fe" (Hebreos 4:2). ¿El resultado? Se hundió.

Aprendí un acrónimo bueno para el miedo (*fear* en inglés):

Falsa
Evidencia
Apariencia
Real

La falsa evidencia, para Pedro, fueron el viento y las olas, y declaró con lógica que no podían soportar su peso. La realidad era que el Creador del universo le había dicho a Pedro que él podría hacer lo mismo que su Maestro estaba haciendo. Nuestra decisión acerca de qué voz obedecemos dicta lo que podremos hacer. Cada uno de nosotros tiene que hacer frente a este conflicto.

Durante años he tenido gota en ambos dedos gordos de mis pies. Estaba tan mal que no podía subir una escalera sin mucho dolor. Yo sabía cómo obtener sanidad y la busqué con fuerza. Oraba y oraba. Oré durante diez años hasta que me di cuenta de que seguía escuchando al dolor. Estaba tratando de dictarle a Dios lo que se supone que se vería mi curación. Así que dejé de orar (que en realidad se parecía más a lloriquear y quejarse) y solo reclamé salud. Dos años más tarde, el dolor seguía allí, y los dedos de los pies todavía no se doblaban, pero yo no iba a cambiar mi postura.

Entonces, una noche, justo antes de Navidad, me desperté a las 2 de la mañana. No sabía por qué estaba despierto. No había habido ningún ruido, pero algo me hizo salir de un sueño profundo. Entonces me di cuenta de que los dedos gordos de mis pies podían moverse, y no me dolían. Mi curación se había manifestado 12 años después que comencé a orar, y mis dedos de los pies son perfectos hoy en día. Dios es fiel, pero algunas semillas tardan más en madurar. La mayoría de las veces es a nosotros a quienes nos lleva tiempo madurar.

Es por eso que Dios le dijo a Moisés cuál iba a ser la reacción de Faraón a su petición de libertad de Israel y por qué permitiría la resistencia. Moisés tuvo miedo porque no sabía quién era. Había tratado 40 años antes de salvar a Israel suponiendo que "sus hermanos comprendían que Dios les daría libertad por mano suya; mas ellos no lo habían entendido así" (Hechos 7:25). Ahora era enviado de nuevo con la misma misión a las mismas personas. Su falta de fe se levantó de su herida concerniente al primer intento, cuando fue rechazado. Dios lo armó con señales y prodigios, pero también con las palabras: "Y yo endureceré el corazón de Faraón...mas yo pondré mi mano sobre Egipto, y sacaré a mis ejércitos, mi pueblo, los hijos de Israel, de la tierra de Egipto, con grandes juicios" (Éxodo 7:3-4). Estas palabras fueron diseñadas para ayudar a Moisés a través de los tiempos difíciles que se avecinaban.

Dios también preparó a Israel, a través de progresivas dificultades después de salir de Egipto, para que fuera capaz de conquistar la tierra de Canaán. Esto fue para construir su fe, porque Dios conocía su modo de pensar. No les hizo tomar el camino más corto hacia la Tierra Prometida "Para que no se arrepienta el pueblo cuando vea la guerra, y se vuelva a Egipto" (Éxodo 13:17). Nuestra fe es construida de forma incremental para que seamos capaces de soportar un enemigo más y más fuerte. Pasar todas las pruebas de grado 1, nos habilita para tomar las pruebas de grado 2. Se ha dicho, "nuevo nivel, nuevo diablo". La voluntad de Dios es que no temamos a las dificultades, porque Él nos fortalecerá en ellas (Isaías 41:10).

He escuchado a gente decir: "No ore por paciencia, porque entonces le llegarán situaciones para tratar su paciencia". Ellos no tienen idea del propósito de nuestra existencia. Hemos sido creados en presencia de un enemigo; la serpiente estaba en el Jardín. Estamos diseñados a imagen de Dios: "Jehová es varón de guerra" (Éxodo 15:3), y vamos a ser "mi maza, mi arma de guerra; contigo destrozaré naciones, contigo destruiré reinos" (Jeremías 51:20, LBLA). No debemos tener miedo e incredulidad. Necesitamos un enemigo verdadero para obtener una victoria verdadera. Cuanto mayor es el conflicto, mayor es la victoria. Por eso Dios le dijo a Moisés: "Yo endureceré el corazón de los egipcios para que los sigan; y yo me glorificaré" (Éxodo 14:17). Los israelitas entraron en pánico cuando vieron que Faraón los perseguía. No se dieron cuenta de que Dios estaba construyendo una reputación para Israel, que en el futuro pondría miedo en los corazones de sus enemigos. La primera persona que encontró Israel en Canaán, dijo: "El terror vuestro ha caído sobre nosotros... Porque hemos oído cómo YHVH hizo secar las aguas del Mar Rojo delante de vosotros" (Josué 2:9-10, BTX). Tenemos que confiar más en Dios y darnos cuenta que los problemas que enfrentamos hoy están diseñados para resultarnos muy útiles más tarde.

Queremos honrar a Dios, y estar al lado de Él en una buena pelea es una de las mejores maneras de hacerlo. Por supuesto, ¡solo una pelea que usted gane es una buena pelea! Así que Dios nos prepara gradualmente para la guerra. Todo comienza con nuestros pensamientos, que dictan nuestras acciones. La consistencia en las acciones se define como hábitos. Nuestros hábitos influirán en nuestra disposición a hacer lo correcto. Nuestra disposición a lo correcto se alinea con nuestra voluntad. La fuerza de nuestra voluntad se convierte en nuestro carácter. El carácter apropiado nos hace ver como Jesús, porque somos "hechos conformes a la imagen de su Hijo" (Romanos 8:29). Si lucimos y actuamos como Él, no tendremos miedo de poner nuestras vidas como Él lo hizo. Y si nosotros "sufrimos, también reinaremos con él" (2 Timoteo 2:12). Esa es la verdadera autoridad, pero hay que mezclar la semilla de la palabra con fe para cosechar.

Nuestra justificación es por fe (vea Romanos 5:1). La fe es la puerta de la gracia (vea Efesios 2:8) que permite que Dios camine con nosotros y nos cambie. Él es un Dios santo, y sin gracia (favor inmerecido) recibiríamos juicio. Dios usa situaciones para cambiarnos. La mayoría de nuestras oraciones son para que cambien nuestras situaciones, pero Dios quiere que *nosotros* cambiemos. Las situaciones no son nada. Las situaciones están diseñadas para ser el cañamazo sobre el que inscribimos el Reino de Dios. Tenemos que cambiar nuestra forma de ver las situaciones en que Dios nos pone para que nos beneficien, no para que nos derroten.

Una vez que estamos convertidos (cambiados en nuestra forma de pensar), podemos gloriarnos en "las tribulaciones, sabiendo que la tribulación produce paciencia; y la paciencia, prueba; y la prueba, esperanza" (Romanos 5:3,4). La esperanza nos permite creer que llegaremos al carácter y el amor necesarios para pasar al siguiente nivel de autoridad. Jesús habla su autoridad: "De su boca sale una espada aguda [la palabra], para herir con ella a las naciones" (Apocalipsis 19:15). Tenemos que tener fe en lo que la Palabra dice si vamos a operar en ese tipo de autoridad. Podemos hablar así si reconocemos que somos embajadores de Dios. Cuando se declara la guerra, el embajador entrega la declaración. Cuando se aprueba un tratado, la firma del embajador sella el acuerdo. Él es la voz oficial del país que representa. No somos pobrecitos cristianos atrapados en este mundo malo orando desesperadamente para ser liberados. Somos emisarios del cielo, y tenemos inmunidad en el país donde residimos. De hecho, la embajada es considerada territorio extranjero, y los que escapan a su santuario están seguros. El embajador puede entender el idioma del país en que vive, pero su lengua materna es (generalmente) diferente. Somos embajadores (vea 2 Corintios 5:20). No solo somos libres de mantener las costumbres de nuestro Rey, a quien representamos, sino que se espera que mantengamos esas costumbres.

El embajador de un país que ha conquistado a la otra nación se encuentra en una posición aún más fuerte para hacer cumplir los términos de la victoria. Él puede dictar a los dirigentes de ese país los deseos del vencedor. Él los puede encarcelar si lo desea. Por lo tanto, puede "encadenar a sus reyes con grilletes y a sus líderes, con cadenas de hierro...ejecutar el juicio que está escrito contra ellos. Éste es el privilegio glorioso que tienen sus fieles" (Salmos 149:8-9, NTV). Pero al igual que un embajador, no tenemos opiniones propias. Simplemente representamos al que nos ha enviado. No permita que ninguna "doctrina de demonios" haga que usted piense que a la Iglesia no le esperan tiempos difíciles y de gran persecución, incluso en Norteamérica. Debemos hablar de nuestra victoria, no porque la batalla haya terminado, sino porque recién está comenzando. Deje "que lo digan los redimidos del SEÑOR, a quienes redimió del poder del adversario" (Salmos 107:2, NVI).

Dios no está sujeto al tiempo y al espacio. La victoria puede ser publicada porque ya se ha logrado. Nuestra fe es la que trae una manifestación de esa victoria a nuestro ámbito de autoridad (la tierra). "Tened fe [la firme convicción que viene por el oír] en Dios" (Marcos 11:22). La fe es un lenguaje que emana del cielo. Nuestra capacidad para oír y para declarar lo que oímos activa esas palabras. La fe es futurista. Puede ver el pasado, pero está diseñada para enmarcar el futuro, y nos permite disfrutar el presente.

Jesús es nuestro ejemplo en todo, y miramos a "Jesús, el autor y consumador de la fe, el cual por el gozo puesto delante de él sufrió la cruz" (Hebreos 12:2). Tenemos que confiar nuestras almas a Dios. Él nos dará una alegría para hoy, si podemos, con fe, ver la promesa como una realidad. Cada uno de nosotros tiene una cruz que debe soportar. Dios está formando nuestras vidas, y todo lo que atravesamos es parte del desarrollo de nuestro carácter. Por lo tanto, ¡soportémoslo! Dios es el Dios de nuestras situaciones. Podemos confiar en Él. Él nos llama a edificarnos a nosotros mismos en nuestra fe, orando en el Espíritu Santo (orar en lenguas), y a guardarnos en el amor de Dios, esperando la misericordia de nuestro Señor Jesucristo para vida eterna (vea Judas 20-21).

Este es nuestro trabajo:

> Edificar nuestros propios espíritus.
> Guardarnos en el amor de Dios.
> Buscar (esperar) la misericordia de Dios.

Gran parte de la Iglesia ha estado en cautiverio y en casas de servidumbre, bajo una maldición, porque confiamos en otras cosas aparte de Dios (vea Isaías 42:18-25). Pero Dios, en quien nuestra fe está fijada, está a punto de hacer algo nuevo (vea Isaías 42:9). Nuestra parte es escuchar lo que está diciendo y no despreciar el día de los pequeños comienzos (vea Zacarías 4:10), sino que debemos reconocerlos como las semillas. También debemos emitir palabras para regar estas semillas de restauración (vea Isaías 42:22).

Dios nos ha mostrado lo que viene. Debemos devolverle a Él sus palabras en acuerdo para que pueda obrar a nuestro favor. Dios desea que trabajemos con Él. Él está dispuesto, proféticamente, a mostrarnos cosas. "Preguntadme de las cosas por venir [y Él quiere expresar y activar estas imágenes proféticas]; mandadme acerca de mis hijos, y acerca de la obra de mis manos" (Isaías 45:11).

Algunos traductores no podían comprender que Dios realmente quiere que le demos órdenes respecto a la tierra, y en cierto modo, tienen razón. Lo que Dios quiere hacer es cambiarnos a nosotros tan completamente que nuestra voluntad esté totalmente alineada con la suya. En ese estado, Él puede hacer nuestra voluntad. El original hebreo, *tsavá*, no está haciendo una pregunta. La raíz hebrea de la palabra *mandar* significa estar a cargo o enviar un mensajero, y poner en orden.[3] Así es como Dios quiere que actuemos después de conocer su voluntad.

Hacemos eso, por ejemplo, cuando vamos a un restaurante. La camarera y el cocinero están dispuestos a servirlo. Usted no está a cargo del establecimiento; ellos lo están pero están allí para servirlo. Ellos no pueden darle nada de lo que han preparado hasta que usted haga una cosa: darles su orden. Dios tiene muchas cosas buenas preparadas para los que lo aman. Solo hable sus palabras y vea lo que Dios hará. Dios nos está diciendo que escuchemos su palabra, la creamos, y volvamos a decírsela a Él como una declaración para que Él pueda avanzar en nuestro nombre. Eso es fe, y es una de las características que Dios ama.

Capítulo 3

Un ancla en la tormenta: ***La esperanza***

La esperanza nos sostendrá

Dios me habló en una ocasión de que hay tres cosas que permanecerán para siempre: la fe, la esperanza y el amor (vea 1 Corintios 13:13). Dijo que el mundo tiene a la esperanza como un acontecimiento futuro, un deseo de lo mejor, y que tiene fe basada en lo que sucedió en el pasado. Dios me dijo: "Ese es el orden equivocado". El mundo utiliza la palabra *esperanza* en el contexto de expresiones de deseos o expectativas dudosas acerca de lo que ocurrirá. Utiliza *fe*, enraizada en el pasado, para lo que ha sido. Un ejemplo podría ser: "Tengo fe en los bancos porque nunca han perdido mi dinero", o "Tengo fe en la estabilidad del gobierno porque no ha habido disturbios últimamente". Sin embargo, ninguno de estos conceptos puede producir poder. El concepto cristiano es completamente diferente, o debería serlo.

Dios dijo que la verdadera función de la fe debería ser futurista, y la esperanza debería estar basada en el pasado, en lo que Jesús ya logró en la cruz. Esta esperanza entonces llega a ser una "segura y firme ancla del alma" (Hebreos 6:19). En esta configuración, tanto la fe como la esperanza ahora son creativas y tienen sustancia, "la certeza de lo que no se ve" (Hebreos 11:1, NVI). Aunque la esperanza trata de algo que estamos buscando, tiene su expectativa basada en algo sólido y ya cumplido: la muerte y la resurrección de Jesús.

"Aún hay esperanza para todo aquel que está entre los vivos; porque mejor es perro vivo que león muerto" (Eclesiastés 9:4). Siempre y cuando pueda respirar puedo esperar. No termina hasta que termina; y aunque termine, no ha terminado si la esperanza está viva. Vemos esto en la vida de Abraham que fue enviado por Dios al Monte Moria para ofrecer a Isaac como sacrificio. Cuando Isaac preguntó a su padre por el cordero para el sacrificio, Abraham dijo proféticamente que Dios "se proveerá de cordero" (Génesis 22:8). Dios respondió a la fe de Abraham al ofrecer "un carnero trabado en un zarzal" (Génesis 22:13).

De modo que Abraham llamó al lugar, Jehová Jiré (el Señor verá y proveerá). Pero Abraham ya había sacrificado a Isaac en su corazón. Había pensado que Dios quería que matara a su hijo, sin darse cuenta de que era su propia muerte la que Dios quería lograr.

La principal lucha de Abraham en los primeros tiempos de su fe era tener un hijo (simiente) que fuera su heredero. La promesa original de Dios a Abraham, cuando él tenía 75 años, fue que, si iba adonde Dios le enviaría, haría de él una gran nación. La batalla de Abraham para producir esa simiente (de la cual se levantaría Cristo) dominó todos los aspectos de su vida. Trató de convencer a Dios para que aceptara a su siervo Eliezer como su heredero, porque había nacido en su casa (vea Génesis 15:2-3). Después trató de tener un hijo por medio de la sierva de Sara. Intentó de nuevo convencer a Dios para que aceptara a Ismael (vea Génesis 17:18), pero Dios tenía otros planes. Abraham había oído la promesa y creyó que Dios haría de él una gran nación, pero la comprensión del cumplimiento vino a él progresivamente.

Abraham respondió a las promesas de Dios como nosotros lo hacemos tratando de ver cómo funcionará.

"¿Tal vez Eliezer?"

"¡No! Tu simiente".

"¿Tal vez Ismael?"

"¡No! Tu simiente y la simiente de Sara".

"¿Isaac?"

"¡Sí! ¡Ahora sacrifícalo!"

Abraham llevaba cuarenta años en este viaje para producir lo que Dios quería, y ahora, después del nacimiento de Isaac, otra vez tuvo que dejar morir la promesa. Había crecido en confianza (para entonces) tanto que no hesitó cuando fue llamado a sacrificar a Isaac, sino que respondió inmediatamente. Sin embargo, pensó que había entendido en su propia mente lo que iba a suceder.

Dios había hecho lo imposible para permitir que Sara y Abraham tuvieran un hijo, y ahora Abraham estaba procurando ver a Dios hacer milagros. Él había razonado que "Dios es poderoso para levantar aun de entre los muertos" (Hebreos 11:19). Por lo tanto, en su propia mente, Isaac había muerto y él lo recibiría de nuevo de allí (del lugar de los muertos) cuando lo sacara del altar.

La esperanza de Abraham le permitió creerle a Dios y producir una nación. Abraham "creyó en esperanza contra esperanza, para llegar a ser padre de muchas gentes" (Romanos 4:18). Su *fe*, al realizar su parte del acuerdo con Dios, se le contó por justicia; pero su *esperanza* produjo su simiente. Como mencioné antes, el libro de Hebreos confirma que la fe y la esperanza se entrelazan: "Es, pues, la fe la certeza de lo que se espera, la convicción de lo que no se ve" (Hebreos 11:1). La esperanza entonces no se ve. "Porque en esperanza fuimos salvos; pero la esperanza que se ve, no es esperanza; porque lo que alguno ve, ¿a qué esperarlo? (Romanos 8:24). Sin embargo, "el universo fue formado por la palabra de Dios, de modo que lo visible no provino de lo que se ve" (Hebreos 11:3, nvi).

¿Qué se dice aquí? La esperanza que Dios nos da no tiene una manifestación visible en el momento en que Dios habla. Nuestros amigos, Clint y Karen, aprendieron a recurrir al poder que la esperanza manifiesta para su propio hijo. Ellos habían estado tratando de tener un bebé durante ocho años, cuando a Clint se le diagnosticó cáncer testicular. Necesitaba una operación y radioterapia para erradicar el cáncer. Cualquier curso de acción habría sido suficiente para hacer que tener un bebé, una esperanza ya insostenible, fuera imposible. Dos años más tarde, el cáncer de Clint reapareció. Esta vez se presentó como dos tumores del tamaño de pelotas de golf en los ganglios linfáticos del cuello. El médico cambió el tratamiento a un régimen de quimioterapia, que acabó el cáncer, pero también sus últimas esperanzas respecto a su capacidad para tener hijos. Ahora no podían ver ninguna esperanza en absoluto.

Sin embargo, hay otra forma de ver, en un plano

diferente. Es este ver, de la promesa en el espíritu, la que nos da esperanza. Un profeta y su esposa llegaron a la conferencia de nuestra iglesia un año después de la quimioterapia de Clint. La esposa del profeta llamó a Clint y a Karen adelante para orar. Ella le preguntó a Clint: "¿Quieres un hijo?". Él tuvo que recurrir a la profundidad de su carácter para ver si había suficiente fe siquiera para esperar más. Finalmente, respondió: "Sí". Ella oró para que Dios hiciera un milagro y les diera un hijo, y luego agregó: "Marca este día. Este niño será una señal para la iglesia de la capacidad de Dios para cumplir su palabra y mantener sus promesas".

Un año después, nació Farrah: ¡una bebé sana, de 10 libras y 14 onzas![1] Clint tuvo que ejercitar la fe y actuar como Abraham, que "creyó en esperanza contra esperanza, para llegar a ser padre..." (Romanos 4:18). La fe es el vehículo que permite que lo que se ve en el espíritu se manifieste a nuestra vista. La declaración de Abraham de que Dios proveería un cordero le permitió ver ese carnero en el matorral "detrás" de él: "Entonces alzó Abraham sus ojos y miró, y he aquí a sus espaldas un carnero" (Génesis 22:13). ¿Dónde estaba el carnero antes? ¿Por qué podía verlo ahora?

La respuesta se encuentra en una situación similar, que ocurre justo antes de esta historia, con Agar, concubina de Abraham. Por órdenes de Dios, Agar e Ismael, su hijo, habían sido enviados lejos de Abraham e Isaac, pero se habían quedado sin agua y se morían de sed. Ella comenzó a llorar, y un ángel trajo una respuesta del cielo y le dio una palabra de esperanza diciendo: "No temas; porque Dios ha oído... Levántate... porque yo haré de él una gran nación" (Génesis 21:17-18). En medio de su problema, Dios llegó y cambió todo. Entonces, "Dios le abrió los ojos, y vio una fuente de agua; y fue...y dio de beber al muchacho". (Génesis 21:19).

¿Qué sucedió? Leemos estos relatos, pero a menudo no reconocemos lo que se está diciendo. Allí estaban, muertos de sed, desesperados por agua, pero ¿ella no podía ver el pozo? ¿O el pozo estaba en otra dimensión: al otro lado del velo?

Esta expresión, "Dios le abrió los ojos", aparece en otro lugar en la Biblia que aclara su significado. El rey de Aram había enviado un ejército para capturar al profeta Eliseo. Cuando su siervo vio al ejército, entró en pánico, pero Eliseo no estaba preocupado porque él podía ver lo que el siervo no veía. Después de intentar dar esperanzas a su siervo, Eliseo le pidió a Dios: "...'que abras sus ojos para que vea'...y miró...el monte estaba lleno de gente de a caballo, y de carros de fuego alrededor de Eliseo" (2 Reyes 6:17).

La "apertura" de los ojos del siervo le permitió ver en el ámbito espiritual y el vasto ejército de ángeles que estaba allí con ellos. La apertura de los ojos de Agar le permitió no solo ver, sino también atravesar el velo (que cubre ese reino) y obtener sustento. Hay un reino en el que está aprovisionado todo lo que necesitamos. Jesús entró en ese reino para alimentar a los 4000 y a los 5000. En la tierra, Él tenía recursos limitados, pero en el cielo tenía abundancia. Jesús no era más pobre por alimentar a las multitudes, y no habría sido más rico si no las hubiera alimentado. Su provisión no dependía del dinero que había en su tesorería. Jesús incluso colocó a un ladrón (Judas), como su tesorero, porque esa no era la fuente de su provisión; Dios lo era. No necesitamos riqueza; necesitamos abundancia al igual que Jesús.

El velo

Jesús hizo un camino para que nosotros pasemos a través del velo para que podamos tener "un fortísimo consuelo los que hemos acudido para asirnos de la esperanza puesta delante de nosotros. La cual tenemos como segura y firme ancla del alma, y *que penetra hasta dentro del velo*, donde Jesús entró por nosotros como precursor" (Hebreos 6:18-20). Jesús abrió el camino a través del velo para nosotros en la cruz, porque cuando Él entregó su espíritu, el velo del templo se rasgó en dos, de arriba abajo (vea Mateo 27:50-51). Ahora no era solo a un sacerdote, con un sacrificio de sangre a quien se le permitía entrar; ahora *nosotros* también podríamos entrar al lugar santísimo "por la sangre de Jesucristo, por el camino nuevo y vivo...a través del velo, esto es, de su carne" (Hebreos 10:19-20).

El libro de los Hechos declara que esta situación es la que Dios quiere que prevalezca al fin de la era. Dios declaró que reconstruiría el tabernáculo de David en los últimos días. La diferencia importante entre el tabernáculo de David y la tienda de reunión o el templo, era que no había ningún velo en el tabernáculo de David; no había separación entre Dios y el hombre. Esa diferencia permitió al pueblo *ver* realmente en las dimensiones espirituales.

"Vieron tus caminos, oh Dios; los caminos de mi Dios, de mi Rey, en el santuario" (Salmo 68:24).

¿Cuál es la herramienta o la actitud necesaria para acceder a esta puerta al cielo? ¡La esperanza! La esperanza entra a través del velo (vea Hebreos 6:19). Este velo se puede cruzar de dos maneras. Jeanne y yo tuvimos una experiencia espiritual durante un tiempo de verdadera crisis financiera. Yo había hecho una inversión sin escuchar a Dios, y había resultado mal, realmente mal. Íbamos a perder más de $100 000 dólares. Jeanne nunca estuvo de acuerdo con esta inversión, pero había orado y sintió que debía aceptar mi decisión, después de expresar su opinión. A continuación, invocó lo que ella llamó el pacto de Abraham y Sara. Sara creyó que Dios la protegería de sufrir los errores de Abraham. "Sara...obedecía a Abraham y lo llamaba su señor. Ustedes son hijas de ella si hacen el bien...sin ningún temor" (1 Pedro 3:6). Jeanne reclamó esta promesa y pudo entonces tener esperanza sin importar la situación de la inversión.

Buscamos a Dios (más vale tarde que nunca) en la sala. Mientras orábamos, Jeanne vio a Abraham en una visión abierta. Él entró a la sala y le habló. Le dijo: "Dile a tu marido que Dios es redentor, y Él redimirá todo lo que les han robado a ustedes". Ella me dijo lo que había visto y oído. Empecé a reflexionar sobre lo que acababa de suceder. Recordé lo que Abraham había hecho, poniendo a Sara en un harén, por segunda vez. Me sentí como si Abraham dijera: "Todo lo que Dios me había prometido, lo tiré, no una sino dos veces. Dios la redimió para mí, y hará lo mismo por ti".

Comencé a llorar mientras sentía lo desesperado que Abraham debe de haberse sentido en ese momento, pero yo tenía esperanza a causa de la palabra que había hablado la visión de Abraham. Ahora sabía que Dios quería mostrar su poder y su misericordia para con nosotros. Poco tiempo después, Dios me dio una palabra. Dijo: "Este es un tiempo de cosecha. Las semillas que han sembrado en los últimos 30 años están a punto de dar fruto". Por el par de años siguientes, Dios nos dio más del doble de la cantidad que yo había perdido. Nunca fue devuelta la inversión original, pero Dios fue fiel a su palabra y restauró lo que fue robado. Ese es el poder de la esperanza, esperanza que estaba basada en lo que el Padre hizo por otros. Yo podía tener fe en que Él haría lo mismo para mí, porque me ama.

Esta esperanza entonces, nos permite ver lo invisible, ver las promesas, ver al Señor. Nuestro caminar como cristianos, no consiste en *hacer* algo, sino en *ser* algo. Debemos ser "semejantes a él, porque lo veremos tal como él es" (1 Juan 3:2, NVI). Parte del ser como Él es, es tener la capacidad de verlo. Para poder verlo, tenemos que ser capaces de penetrar el velo. Para atravesar el velo, debemos tener esperanza. "Todo el que tiene esta esperanza en Cristo, se purifica a sí mismo, así como él es puro" (1 Juan 3:3, NVI). Esta pureza nos permite verlo. "Bienaventurados los de limpio corazón, porque ellos verán a Dios" (Mateo 5:8). Así que la pureza nos permite ver, la esperanza nos permite ver, y el ver nos da esperanza y hace que nos purifiquemos, lo cual nos da la capacidad de ver más, y así sucesivamente. Este es el llamado de la Iglesia, así como también el de los individuos.

La primera mención de la Iglesia (la casa de Dios) en el Antiguo Testamento tiene un parecido sorprendente a la descripción que Jesús hace de sí mismo operando bajo un cielo abierto. "Y soñó [Jacob]: y he aquí una escalera...y su extremo tocaba en el cielo; y he aquí *ángeles de Dios que subían y descendían por ella*" (Génesis 28:12). "Es...casa de Dios, y puerta del cielo" (Génesis 28:17). Jesús dijo: "...De aquí adelante veréis el cielo abierto [una puerta], y a *los ángeles de Dios que suben y descienden* sobre el Hijo del Hombre" (Juan 1:51).

En ambas descripciones, vemos que el velo, que separa el cielo de la tierra, es quitado, permitiendo que la actividad angélica opere bajo ese cielo abierto. Ambos aspectos de la Iglesia como el Cuerpo de Cristo y la morada de Dios indican que tiene que ser una puerta o un lugar de apertura. El velo o cubierta fue instituido por Dios y se mantiene en su lugar por el que originalmente fue ungido para eso: Satanás o lucifer. Cuando la Biblia describe a Satanás, dice: "Tú, querubín grande, cubridor: y yo [Dios] te puse" (Ezequiel 28:14, RV 1909). Si Dios creó la cubierta o velo, entonces hay un propósito redentor para su existencia en este tiempo presente.

Dios promete destruir esta cubierta de todas las naciones que les impide ver a Dios. "Y destruirá...la cubierta con que están cubiertos todos los pueblos, y el velo que envuelve a todas las naciones" (Isaías 25:7). Corporativamente esto ocurre cuando en un área geográfica específica una masa crítica de creyentes cae bajo una unción que tiene un motivo puro para revelar a Jesús. Esto ha sucedido durante los importantes avivamientos de los últimos siglos, y últimamente en Toronto, Canadá, y Brownsville, Florida.

He sido testigo de un portal abierto en mi propia ciudad de Edmonton en los últimos cinco años. Un equipo de evangelistas proféticos e intercesores vino bajo la cobertura apostólica del Ministerio Cada Hogar para Cristo. Este es un ministerio dirigido por Rita y Lorne Silverstein que alcanza al mercado con la cooperación de más de treinta iglesias diversas. Un evento de extensión, Los Ángeles Booth, utiliza puestos de ferias como vehículo para el evangelismo. La mayor parte del evangelismo sigue operando a partir de la premisa de que la audiencia a la que se dirige tiene una tradición cristiana en algún lugar de su pasado. En nuestra actual sociedad multicultural y postcristiana, frecuentemente no es así. Sin conocimiento ni valoración de la Biblia, el que la citemos como la fuente de la verdad, solo aleja a la gente. Es necesario que la alcancemos allí donde está: con poco o ningún conocimiento de Jesús o del Padre.

Usábamos el vehículo de la interpretación de sueños y lecturas espirituales (o aliento profético) para despertar su atención. Una vez que manifestaban interés en las cosas espirituales, se les podía presentar a Jesús como el camino al Padre a través del velo. El *stand* tuvo un éxito impresionante. Gente que solo podría haber ganado un puñado de almas para el Señor durante su vida estaba ganando hasta 40 y 50 personas en un turno de cinco horas en el *stand*. Con hasta 85 trabajadores, las salvaciones totalizaron más de 2400 en tan solo diez días. Este fenómeno ha estado ocurriendo durante años. Las salvaciones abarcan todas las religiones y culturas, pero sin esa particular unción que abría el cielo, pocas personas del equipo habrían podido duplicar, en un año, lo que se llevó a cabo allí en una hora. La unción sobre el *stand* quitaba el velo sobre esa área física.

Del mismo modo en las vidas individuales, "el velo está puesto sobre el corazón de ellos. Pero cuando se conviertan al Señor, el velo se quitará" (2 Corintios 3:15-16). Así que el velo está allí porque el corazón del hombre se endurece y no desea que la luz brille sobre sus malas obras. El deseo de evitar la luz es nuestra primera pista de que algo está mal. "El dios de este siglo cegó el entendimiento de los incrédulos, para que no les resplandezca la luz... de Cristo" (2 Corintios 4:4). Satanás no puede hacer lo que quiera. Dios tiene el control, pero Él todavía utiliza Satanás para cumplir sus propósitos.

Los discípulos de Jesús le preguntaron: "¿Por qué les hablas con parábolas?" Y Jesús respondió: "... les hablo por parábolas: porque viendo no ven, y oyendo no oyen... Porque el corazón de este pueblo se ha engrosado, con los oídos oyen pesadamente, han cerrado sus ojos; para que no vean... y oigan... y con el corazón entiendan, y se conviertan, y yo los sane" (Mateo 13:10,13,15).

Yo pensaba que ese era todo el propósito de la venida de Jesús: conseguir que la gente entienda, se convierta y sea sanada. Ahora, este pasaje sonaría más como si Él estuviera cooperando con Satanás en lugar de tratar de liberar a la gente de él, excepto porque sabemos que todo lo que Dios hace tiene un propósito amoroso y redentor. Es la misericordia de Dios que los ciega cuando sus corazones son duros y no tienen ninguna intención de obedecer. Pablo escribió que "... los escogidos sí lo han alcanzado [a la promesa], y los demás fueron endurecidos" (Romanos 11:7) y que "ha acontecido a Israel endurecimiento en parte... Porque Dios sujetó a todos en desobediencia, para tener misericordia de todos" (Romanos 11:25,32). A fin de no tener que llevarlos a juicio, por desobedecer a sabiendas, Dios los ciega a la verdad y los deja en la ignorancia de su pecado, para poder llevarlos al punto de mostrarles misericordia. Él hizo esto por Israel; lo hace también por nosotros, ya que "la misericordia triunfa sobre el juicio" (Santiago 2:13). Esta es la razón por la que la gente no ve: no tiene intención de obedecer. No podemos ver sin revelación, de todos modos, hasta que Dios en su misericordia, cambie esa dureza trayendo problemas a nuestras vidas para disciplinarnos individual y colectivamente. El estado de nuestros corazones determinará nuestra capacidad para ver, ser sanados y liberados. Ese principio es reiterado por Pablo cuando dice acerca de Israel: "Pero el entendimiento de ellos se embotó...y...les queda el mismo velo no descubierto...Pero cuando [los corazones] se conviertan al Señor, el velo se quitará" (2 Corintios 3:14-16).

La disciplina

Este es el propósito de los problemas. Dios nos permite tocar fondo, de modo que no tengamos "confianza en la carne" (Filipenses 3:3). Siempre que intentemos trabajar por nuestra justicia con el esfuerzo propio y el ejercicio de nuestra voluntad, vamos a fracasar. Eso es una obra de la carne, y aunque parece buena, con el tiempo se nos pondrá en pugna con los propósitos de la voluntad de Dios. Israel es nuestro ejemplo, que "iba tras una ley de justicia, no la alcanzó. ¿Por qué? Porque iban tras ella no por fe, sino como por obras de la ley, pues tropezaron en la piedra de tropiezo" (Romanos 9:31-32). "...que ha acontecido a Israel endurecimiento en parte...Porque Dios sujetó a todos en desobediencia, para tener misericordia de todos" (Romanos 11:25,32).

Los problemas o la ruptura de nuestro suelo estéril o en barbecho, tienen el propósito de llevarnos a un punto de desesperación en el cual clamemos a Dios. ¡Esto dará lugar a la esperanza! "La tribulación [problemas] produce paciencia; y la paciencia, prueba; y la prueba, esperanza; y la esperanza no avergüenza; porque el amor de Dios ha sido derramado en nuestros corazones..." (Romanos 5:3-5).

De hecho, esa puerta o entrada (la remoción del velo) se encuentra en el lugar de los problemas. Dios dice: "Yo la atraeré y la llevaré al desierto,... Y le daré... el valle de Acor [problemas] por puerta de esperanza; y allí cantará" (Oseas 2:14-15). El Valle de Acor era el valle de los problemas. Fue allí donde apedrearon a Acán (vea Josué 7) porque había "turbado a Israel". Es en el tiempo de angustia cuando clamamos al Señor por liberación.

> *"Si yo* [Dios] *cerrare los cielos, para que no haya lluvia, y si mandare a la langosta que consuma la tierra, o si enviare pestilencia a mi pueblo; si se humillare mi pueblo, sobre el cual mi nombre es invocado, y oraren, y buscaren mi rostro, y se convirtieren de sus malos caminos; entonces yo oiré desde los cielos, y perdonaré sus pecados, y sanaré su tierra"* (2 Crónicas 7:13-14).

Mi esposa, Jeanne, y yo hemos experimentado el abrirse de esta "puerta de esperanza" en nuestro valle de problemas. Como mencioné en el capítulo anterior, nuestro hijo menor, James, desarrolló esquizofrenia cuando tenía 16 años. La enfermedad progresó rápidamente, y fue hospitalizado durante varios meses por vez, varias veces al año. Nosotros estábamos desolados y sin esperanza, porque el pronóstico era más de lo mismo y peor. Clamamos, pero no pasó nada. Nadie sabía cómo ministrar a James, o a Jeanne y a mí, por lo tanto la gente nos evitaba. El futuro parecía muy sombrío.

James se volvió totalmente paranoico. No podía soportar estar con la gente, ni siquiera con su familia. Tenía que dormir todo el día para evitarnos, solo aparecía de noche. Ni siquiera podía ver la televisión excepto extraños dibujos animados. Cualquier estímulo le causaba un ataque de pánico. James, incluso intentó suicidarse varias veces. No había respuesta, no había esperanza.

Entonces, una mañana, Jeanne estaba leyendo en la Biblia cuando se topó con el versículo que afirmaba: "Jehová te herirá con locura" (Deuteronomio 28:28). ¡Locura, demencia, esquizofrenia! *¿Qué causaba esa maldición?* fue su primer pensamiento. Regresó al capítulo 27 de Deuteronomio y encontró que esa maldición era el resultado de los pecados generacionales. Si hay un lugar de entrada, entonces hay un lugar de salida. Jeanne comenzó a pedir perdón por sus ancestros hasta la cuarta generación como afirma la Biblia, y luego rompió la maldición sobre la familia y sobre nuestros hijos. Yo hice lo mismo.

Dios respondió diciéndome: "He puesto a James en su propio Egipto (cautiverio). Lo protegeré allí y más tarde lo llevaré por el desierto a la tierra de su promesa (su destino)". Al estar nosotros declarando esa palabra, James comenzó a mejorar de forma inmediata. No ha ido al hospital desde entonces. Incluso se graduó de la escuela secundaria. Empezó a tomar empleos de medio tiempo en nuestra compañía y a tener horarios regulares. Comenzó a hacer amigos y a realizar actividades. Durante ese tiempo, nos sentamos con el profeta, Bob Jones, y él dio una palabra profética concerniente a James. Nos animó a empezar a empujar al diablo fuera del territorio de James. Bob demostró esto empujando lentamente un vaso de agua a través de la mesa, un par de pulgadas por vez. Nos animó a exigir más territorio en oración aun cuando hubiéramos ganado una victoria.

Luego los milagros comenzaron a ocurrir. La gente vio el cambio que estaba sucediendo en nuestra familia. Querían saber cómo conseguir esa libertad y esa victoria. Así que empezamos a guiar a nuestros amigos a través de las curas que habíamos encontrado en la Biblia. Profundizamos más para ver si podíamos encontrar más maldiciones que bloqueen las bendiciones. Las cosas empezaron a crecer, y tuvimos que escribir todos los principios en un manual. Gente de la iglesia obtuvo libertad y quiso ser parte de lo que estaba sucediendo. Hemos formado un gran equipo ministerial para conducir los seminarios que ahora estamos dando.

Hasta el momento en que se escribe este libro, hemos enseñado a más de 2000 personas por medio del curso. Hemos presentado esta herramienta de libertad en Guatemala y Cuba, y otros la han llevado a Nicaragua y El Salvador. James ha seguido mejorando y está ayudando en la iglesia incluso con la comunicación social y un poco en el ministerio televisivo.

Una vez alguien me preguntó si yo tuviera la opción, ¿volvería a pasar otra vez por eso? Tuve que pensar: tanto dolor para James y para nosotros mismos, tantas lágrimas, tanta desesperación. Sin embargo, por causa de Dios y su amor, tanto James como miles de personas han recibido liberación y libertad; de modo que admití: "Sí, volvería a hacerlo todo". El sacrificio valió la pena. Dios abrió una puerta de esperanza en nuestro valle de problemas, y ningún hombre podría cerrarla. Ese es el poder de la esperanza.

Jeremías fue todavía más drástico en su interpretación de este principio de que los problemas producen esperanza. Jeremías atraviesa 19 versículos de miseria, problemas, y angustia. Usa palabras como: *aflicción...tinieblas... quebrantó...huesos...amargura y trabajo...me cercó...me despedazó...desolado...amargura...ajenjo...mis dientes quebró...perecieron...y mi esperanza* (vea Lamentaciones 3:1-19). A continuación, se inicia un cambio en su espíritu. Declara: "Lo tendré aún en memoria, porque mi alma está abatida dentro de mí; esto recapacitaré en mi corazón, por lo tanto *esperaré*" (Lamentaciones 3:20-21). ¡Qué cambio!

Jeremías luego sigue adelante y declara la bondad de Dios. "...misericordias...nuevas son cada mañana; grande es tu fidelidad. Mi porción es Jehová...por lo tanto, en él esperaré...Bueno es esperar en silencio la salvación de Jehová" (Lamentaciones 3:22-24,26).

Las circunstancias difíciles se convierten en esperanza si no nos endurecemos contra Dios. Dios no está tratando de cambiar nuestras circunstancias, sino que quiere que muera nuestra naturaleza independiente. Dios puede cambiar nuestras circunstancias en un instante. Llevó a José de ser un esclavo en una cárcel extranjera a ser el primer ministro de Egipto en menos de un día, pero a José le tomó diecisiete años que su alma estuviera preparada para ese tiempo a fin de ser el salvador de su pueblo y de Egipto. El proceso requirió mucho tiempo porque su llamado era muy elevado. Parece que el mayor logro de José, según consta en Hebreos, no fue la fe que requirió para convertirse en el primer ministro, sino la fe que manifestó al profetizar que Israel recibiría su promesa de ocupar la tierra que Abraham había procurado para ellos, y que su propio lugar de descanso final estaría en ella. "Por la fe José, al morir, mencionó la partida de los hijos de Israel, y dio mandamiento acerca de sus huesos" (Hebreos 11:22).

Esa declaración de fe fue lo que impresionó a Dios: que José creyera y viera el triunfo de los planes del Reino de Dios, y su determinación de ser parte de él, ¡aunque estuviera muerto! Egipto no significaba nada. Cualquiera podría ser el primer ministro. En realidad, la naturaleza de José estaba tan cambiada que, cuando sus hermanos se acercaron con lágrimas en los ojos, para rogar por sus vidas, él lloró y respondió: "No temáis…¿estoy yo en lugar de Dios? [de alguna manera sí; él tenía poder de vida o muerte sobre ellos] Vosotros pensasteis mal contra mí, mas Dios lo encaminó a bien…para mantener en vida a mucho pueblo" (Génesis 50:19-20). La posición y el poder no significaban nada; la degradación y la esclavitud tampoco significaban nada. La voluntad y el propósito de Dios, logrados a través de los problemas, eran lo único que le importaba a José.

A diferencia de José, quien se sometió a los propósitos de Dios por medio de la esperanza cuando llegaron los problemas, a menudo nosotros endurecemos el corazón. En lugar de humillarnos y estar contritos y humillados como José, tenemos orgullo y luchamos contra lo que Dios está haciendo. Esa lucha por evitar que nuestro corazón cambie no permite que Dios cambie nuestras circunstancias. La consecuencia de nuestra rebelión es más ceguera. "La soberbia de tu corazón te ha engañado" (Abdías 3).

Endurecimiento

Faraón es el principal ejemplo de la dureza de corazón. Anuncia con orgullo su desconocimiento y desprecio por Dios y por la voluntad de Dios. "Faraón respondió: ¿Quién es Jehová, para que yo oiga su voz y deje ir a Israel? Yo no conozco a Jehová, ni tampoco dejaré ir a Israel" (Éxodo

5:2). Trazó la línea en la arena y declaró orgullosamente sus propósitos. Luego comenzó: una revelación del poder de Dios empezó a desplegarse ante los ojos del faraón, pero su orgullo lo cegó. "Y yo endureceré el corazón de Faraón, y multiplicaré en la tierra de Egipto mis señales y mis maravillas" (Éxodo 7:3).

Dios trabajó con Faraón, sabiendo que cuanto más se lo empujaba, más resistiría. Así que Dios lo empuja y luego retrocede, empuja y retrocede, lentamente, permitiendo que Faraón caiga en la ceguera. Aquí tenemos un recuento de algunas de las plagas que llegaron a Egipto y las respuestas de Faraón a ellas:

Ranas: "...viendo Faraón que le habían dado reposo, endureció su corazón" (Éxodo 8:15).

Piojos: "...los hechiceros dijeron a Faraón: Dedo de Dios es éste. Mas el corazón de Faraón se endureció" (Éxodo 8:19)

Moscas: "...Faraón endureció aun esta vez su corazón" (Éxodo 8:32).

Antrax (una plaga como enfermedad en el ganado): "Entonces Faraón envió, y he aquí que del ganado de los hijos de Israel no había muerto uno. Mas el corazón de Faraón se endureció" (Éxodo 9:7).

Él estaba viendo, pero ya no percibía.

Granizo: "De los siervos de Faraón, el que tuvo temor de la palabra de Jehová hizo huir sus criados y su ganado a casa; mas el que no puso en su corazón la palabra de Jehová [como si no importara], dejó sus criados y sus ganados en el campo..." (Éxodo 9:20-21).

Después de tratar solo con la circunstancia (las plagas) y no con su corazón, el Faraón se mantuvo firme cuando las cosas se calmaron. Dios sabía cuánto podía empujar sin quebrantar la dureza. El principio es claro: si las circunstancias cambian antes de que nosotros cambiemos, vamos a endurecer nuestro corazón. *Es por eso que* ***nunca debemos desear la liberación antes del quebrantamiento.*** *Es demasiado peligroso. La batalla continuó.*

Entonces el granizo "...había cesado...y [Faraón] se obstinó en pecar, y endurecieron su corazón él y sus siervos" (Éxodo 9:34). El orgullo y la obstinación están empezando a extenderse sobre aquellos en quienes él tenía autoridad.

"Jehová dijo...yo he endurecido su corazón, y el corazón de sus siervos, para mostrar entre ellos estas mis señales, y para que cuentes a tus hijos y a tus nietos las cosas que yo hice en Egipto, y...que sepáis que yo soy Jehová" (Éxodo 10:1-2). Los obedientes (los israelitas) comenzaron a ver a Dios y a su poder. Los desobedientes (los egipcios) estaban perdiendo la capacidad de ver (entender los líderes) lo que estaba pasando. Finalmente aparece una grieta en la resistencia de los orgullosos de Egipto.

Langosta: "...los siervos de Faraón le dijeron...Deja ir a estos hombres...¿Acaso no sabes todavía que Egipto está ya destruido?" (Éxodo 10:7). La presión de los problemas ha comenzado a hacer que busquen una esperanza de alivio, pero Faraón sigue optando por ser ciego.

El ángel de la muerte: La última plaga causó una ruptura. "Y se levantó...Faraón,...y hubo un gran clamor en Egipto...no había casa donde no hubiese un muerto" (Éxodo 12:30). Faraón finalmente se quebró, y se humilló y dejó ir al pueblo, pero igual que antes, porque su corazón no había cambiado, la ceguera y la dureza descendieron por última vez.

"Y yo endureceré el corazón de Faraón...y sabrán los

egipcios que yo soy Jehová...y el corazón de Faraón y de sus siervos se volvió contra el pueblo, y dijeron: ¿Cómo hemos hecho esto de haber dejado ir a Israel, para que no nos sirva?" (Éxodo 14:4-5). Al leer eso me dan ganas de decirles: "¡Despabílense! Hicieron esto para salvar su propia vida". Dios solo manifestó impresionante poder, juicio y misericordia, y ellos ahora ya no pueden entenderlo. Esa es la ceguera definitiva.

Para los que se humillan, el problema es una puerta de esperanza; para los soberbios, es una puerta al desastre. Los egipcios siguieron tan ciegos a lo que estaba justo frente a ellos —la columna de nube y fuego, la separación del Mar Rojo— que, buscando venganza, se abalanzaron en medio del mar. No comprendían absolutamente nada de la manifestación de la majestad de Dios que estaba ante sus propios ojos. ¡Impresionante!

Esto volverá a suceder hasta el mismo fin de la era, porque siempre habrá quienes no quieren que Dios gobierne sobre ellos. Incluso después de que Jesús haya reinado sobre la tierra durante mil años, cuando la naturaleza haya sido cambiada, cuando la vida se haya prolongado, y un verdadero paraíso haya florecido, Satanás todavía podrá engañar a la gente. El engaño se realizará por la ceguera que existirá aun entonces. ***Las situaciones no dictan las respuestas; los corazones lo hacen.*** "Cuando los mil años se cumplan, Satanás será suelto..., y saldrá a engañar a las naciones...a fin de reunirlos para la batalla" (Apocalipsis 20:7-8).

Toda esa ceguera se produce porque no queremos ver. "Pero cuando se conviertan [se arrepientan] al Señor, el velo se quitará" (2 Corintios 3:16). Sin embargo, el engaño sigue estando cuando no hay cambio. Podemos llorar y pedir perdón por lo que hemos hecho, pero si nuestros corazones no se han humillado, solo estamos apenados por las consecuencias de nuestro pecado, no por lo mucho que hemos herido a Jesús o a otros. Solamente lo lamentamos por nosotros mismos. Solo queremos que cambien nuestras circunstancias, no nuestros corazones. Eso es un signo seguro de un corazón no arrepentido, y siempre conduce a la ceguera.

Conozco a un hombre que operó como profeta, pero que está en esta misma situación. Tenía una herida profunda que no estaba dispuesto a tratar. Eso afectó su capacidad de funcionar en la intimidad con su esposa, así que la dejó. Las iglesias estaban más interesadas en su don que en él mismo, así que lo siguieron usando en lugar de tratar de sanarlo. Esa herida permitió que Satanás tuviera un asidero de lujuria en él y abusó de algunas chicas.

Lo visité en la cárcel, y hablamos. Él quería salir de allí y quería que su ministerio fuera restaurado. No pensaba en nadie más que en sí mismo y en cómo podía salir de sus problemas. Le sugerí que se humillara, que escribiera a su esposa y a las chicas de quienes había abusado, pidiéndoles perdón, que se declarara culpable de los cargos, y pidiera a Dios que hiciera justicia. Ese sería el fruto de un verdadero arrepentimiento, y entonces Dios podría mostrar misericordia. Él no quería justicia, solo quería misericordia para poder salir de la cárcel, de sus circunstancias.

Podemos exhibir orgullo, y Dios puede humillarnos; o podemos humillarnos, y dejar que Dios nos exalte. ¡Dios es mucho mejor en lo que hace que nosotros! Este hombre no podía ver lo que estaba pasando y no podía arrepentirse; solo se podía lamentar por lo que había hecho. Había perdido la esperanza en el poder transformador de la cruz.

Finalmente, se declaró culpable de algunos de los cargos y cumplió su sentencia, pero aun tiene que ser restaurado a su esposa o a su ministerio.

¿Cómo podemos saber la diferencia entre el arrepentimiento y el remordimiento? ¡Por nuestro fruto! Jesús dijo: "Por sus frutos los conoceréis" (Mateo 7:16). No basta con oír la Palabra; debemos ser "hacedores de la palabra, y no tan solamente oidores, engañándoos a vosotros mismos" (Santiago 1:22). Este engaño, ceguera y endurecimiento del corazón es un profundo agujero. El verdadero problema es que no sabemos cuán profundo es. A menos que alguien encienda una luz en ese agujero, no podemos decir si es de 2 pies o de 200 pies de profundidad. Esa es la condición de nuestro corazón. Jeremías dijo: "Engañoso es el corazón más que todas las cosas, y perverso; ¿quién lo conocerá?" (Jeremías 17: 9).

La historia de Esaú y Jacob es un ejemplo de ello. Dios escogió a Jacob y rechazó a Esaú aun desde el vientre. ¿Sobre qué base se tomó esa decisión? Por elección: Dios sabía de antemano la forma en que iban a reaccionar. Jacob iba a cambiar, como lo indica su nuevo nombre, Israel, pero Esaú no lo haría. Dios no estaba jugando con ellos; Él solo actuaba como Dios, sabiendo lo que harían, porque podía ver sus corazones. "Esaú, que por una sola comida vendió su primogenitura...después...no hubo oportunidad para el arrepentimiento [manera de que cambiara su modo de pensar], aunque la procuró con lágrimas" (Hebreos 12:16-17).

Parte de nuestra capacidad de ver es nuestra disposición a permitir que Dios haga brillar su luz en nosotros. La verdadera luz es vernos a nosotros mismos según el estándar o la plomada de Jesús. Al lado de otros, podemos parecer buenos, pero al lado de Dios, somos un desastre. La actitud de "yo soy mejor que los demás" nunca revela la dureza o la ceguera de nuestros propios corazones.

El corazón

Se nos dice que debemos juzgarnos a nosotros mismos para que no seamos juzgados. Un signo del no juzgarse a uno mismo es el hábito de juzgar a los demás. "...pues en lo que juzgas a otro, te condenas a ti mismo; porque tú que juzgas haces lo mismo" (Romanos 2:1). Cuando Dios me dijo ese versículo a mí por primera vez, pensé: "¡De ninguna manera! Yo no hago esas cosas".

Pero Dios dijo: "Sí, lo haces".

Yo protesté: "¡No, yo no!".

"Sí, lo haces".

Discutir con Dios debería haber sido una señal de ceguera, pero yo no podía verla (me pregunto por qué). Entonces Dios me reveló el estado de mi corazón. Me mostró que yo solo podía reconocer en otros las cosas que también estaban en mí. ¡Nuestros pecados son reflejados en otros! La otra gente está diseñada para ser un espejo para usted. El mundo lo sabe y dice: "Se requiere otro ladrón para identificar a uno". Si usted no tiene tendencia hacia un pecado en particular, no puede verlo en otros. (Bueno usted puede estar en desacuerdo con esta afirmación, pero por favor, siga leyendo para ver cómo es que esto es verdad.) "Todas las cosas son puras para los puros, mas para los corrompidos e incrédulos nada les es puro; pues hasta su mente y su conciencia están corrompidas" (Tito 1:15).

Esta es la razón por la que algunas personas pueden

quedar atrapadas en un fraude. No pueden entender que alguien los engañe deliberadamente porque ellos nunca le harían eso a otra persona. A la gente como ella la llamamos ingenua, pero en realidad solo son puros en esa área. Usted puede protestar, como lo hice yo, que nunca ha cometido un acto homosexual o participado en un aborto, así que ¿cómo, Dios, puedes decir que soy culpable de esas cosas?

Anteriormente leímos Segunda de Crónicas 7:14, que habla de humillarnos para limpiar la tierra. Una persona despiadada es orgullosa y por lo tanto, ciega. Una persona humilde puede ver sus defectos. Dios comenzó a quitar mi orgullo por el hecho de que yo no tenía este o aquel fruto en particular en mi vida. Dios no está interesado en podar el fruto malo. El Espíritu Santo nos llama a algo más drástico que el mero cortar algo de fruto. Jesús dijo, en paráfrasis: "Den frutos dignos de arrepentimiento y no digan que tienen a Abraham como padre, porque les digo que Dios puede levantar hijos de Abraham de estas piedras" (vea Mateo 3:8-9).

Él está diciendo: "No crean que son justos porque usted tiene una historia pasada de aparente justicia, sino más bien den fruto arrepintiéndose". Dios no está considerando la mera poda, sino ir a la raíz. "Y ya también el hacha está puesta a la raíz de los árboles" (Mateo 3:10). Si se poda un árbol, solo dará más y con más fuerza el mismo fruto. Por eso Dios poda los árboles buenos y a los malos los corta. Nosotros, por nuestra parte, queremos podar los árboles malos y dejar en paz a los buenos.

Dios comenzó a hablarme de por qué la gente se involucra en el aborto o la homosexualidad. ¿Cuáles son las raíces? Vamos a tomar el aborto como ejemplo.

La mayoría de los bebés abortados fueron concebidos en un ambiente de lujuria.

Dios dijo: "¿Alguna vez actuaste por lujuria?"

Los padres jóvenes podrían decir cosas como: "No puedo mantener a este bebé".

¿Alguna vez decidió *no* hacer lo que Dios quería, por preocupaciones financieras?

"Esto no es conveniente".

¿Alguna vez tomó una decisión equivocada, porque no era conveniente hacer lo que era correcto?

"Mi novio dice: "¡El bebé o yo!".

¿Alguna vez actuó por miedo al rechazo?

"Esto va a dañar mi carrera y/o cuerpo".

¿Alguna vez actuó por egoísmo?

"¿Qué pensará la gente?"

¿Incluso no obedecer a la verdad para evitar el ridículo?

Hemos hecho todas esas cosas, así que no podemos decir: "Yo no sé cómo ellos pudieron hacer esas cosas", cuando sabemos muy bien cómo, porque también las hacemos. Solo el grado o la manifestación particular del fruto son diferentes. ¡La raíz es la misma! Es por eso que no lo podemos ver. El juicio contra otros, entonces, es evidencia de ceguera, que en sí es indicio de orgullo (una visión poco realista de nosotros mismos). De hecho, la Biblia dice que, si "tú juzgas... no eres hacedor... sino juez" (Santiago 4:11).

Las personas responderán de dos maneras como un juez: "...dando testimonio su conciencia, y acusándoles o defendiéndoles sus razonamientos" (Romanos 2:15). Aunque nos sintamos culpables por lo que se hace, acusaremos (juzgaremos) o excusaremos (justificaremos) en lugar de interceder y exhortar (alentar). El pecado no se evapora. Tenemos que tratar con él. La cruz es el único remedio para el pecado, pero tenemos que llevarlo allí, tanto al pecado de ellos como al nuestro.

Lo contrario de la ceguera, por supuesto, es la vista o el discernimiento. Como se mencionó anteriormente, el velo nos impide ver a Dios, lo que nos permitiría ser capaces de juzgarnos a nosotros mismos adecuadamente usando a Jesús como nuestra plomada. Atravesar el velo en la Biblia era sinónimo de tener el discernimiento apropiado. A los sacerdotes se les permitía ir detrás del velo en determinadas ocasiones. Dios dijo: "...ellos se acercarán para ministrar ante mí..." (Ezequiel 44:15). Después de entrar a la presencia de Dios, Dios dijo que "enseñarán a mi pueblo a hacer diferencia entre lo santo y lo profano, y les enseñarán a discernir entre lo limpio y lo no limpio" (Ezequiel 44:23).

El único verdadero discernimiento proviene de estar en la presencia de Dios. No es solo la capacidad de oír o no oír, sino que el grado en el que oímos es lo importante. La información es poder. Por lo tanto nuestra capacidad de oír a Dios, la fuente suprema de información, depende de nuestra disposición para pasar a través de cualquier velo de nuestra mente o corazón.

"Entonces vino una voz del cielo...Y la multitud que estaba allí, y había oído la voz, decía que había sido un trueno. Otros decían: Un ángel le ha hablado" (Juan 12:28-29). Algunos oyeron a Dios hablar. Algunos pensaban que un ángel había hablado. Algunos solo oyeron el trueno. El mismo sonido; diferente discernimiento. El grado de compromiso de las personas con Jesús determinó lo que podían oír. Algunos no podían comprometerse porque "amaban más la gloria de los hombres que la gloria de Dios" (Juan 12:43). Eran incapaces de ver más allá de lo que estaba ante su rostro. Sus mentes no podían comprender que había más que lo que podían pensar. Ellos no tenían esperanza de que hubiera más, pero hay más.

"....cosas que ojo no vio, ni oído oyó, ni han subido en corazón de hombre, son las que Dios ha preparado para los que le aman" (1 Corintios 2:9). Esta es nuestra esperanza. Hay más que lo que vemos, más que lo que nos sugieren nuestras situaciones. Tenemos que poder oír y creer lo que oímos.

Juan el Bautista había oído hablar a Dios desde el cielo respecto a Jesús como Hijo de Dios, pero ahora estaba en la cárcel. Había esperado ser parte de la venida del Reino que él "sabía" que estaba a punto de establecerse. Ahora parecía que su esperanza se desvanecía. Él se había ofendido porque Jesús no lo había sacado de la prisión (vea Mateo 11:6). Jesús tuvo que decir: "Id, y haced saber a Juan las cosas que oís y veis" (Mateo 11:4). Juan había perdido la esperanza porque se ofendió y ahora dudaba de lo que ya sabía. Eso le costó la vida.

Hasta los discípulos perdieron la esperanza después de la muerte de Jesús. Dos de ellos le dijeron a Jesús en el camino a Emaús: "Nosotros esperábamos que él era el que había de redimir a Israel" (Lucas 24:21); esto ¡después de ver todos los milagros y oír toda su sabiduría! Pero ahora, como habían perdido la esperanza, habían perdido todo el poder en el cual habían operado mediante la fe. Actuaban con temor y se escondían a puertas cerradas: "...estando las puertas cerradas... por miedo de los judíos" (Juan 20:19). Habían perdido la esperanza y por lo tanto había perdido la visión y el poder.

Pablo y Silas estaban en una situación similar: en la cárcel, golpeados, y negándoseles la justicia, pero tuvieron una respuesta diferente. "... a medianoche, orando Pablo y Silas, cantaban himnos a Dios... sobrevino de repente un gran terremoto... y al instante se abrieron todas las puertas, y las cadenas de todos se soltaron" (Hechos 16:25-26). Esto sí es poder. Ellos fueron capaces de ejercerlo, ya que habían oído una palabra para ir a esa ciudad y fueron capaces, en la esperanza, de aferrarse a esa palabra, sabiendo que la palabra tenía poder sobre la situación. Esta esperanza protegerá su mente y su capacidad para ver y oír. Pongámonos todos los días "la esperanza de salvación como yelmo" (1 Tesalonicenses 5:8).

No tenemos que ser perfectos. Dios ama a los vasos imperfectos. "Pero tenemos este tesoro en vasos de barro, para que la excelencia del poder sea de Dios, y no de nosotros" (2 Corintios 4:7). Somos, sin embargo, responsables de actuar en fe, esperanza y amor. Es "Cristo en vosotros, la esperanza de gloria" (Colosenses 1:27). "Y ahora permanecen la fe, la esperanza y el amor" (1 Corintios 13:13).

La esperanza del mundo es una expresión de deseos: "Espero que no llueva"; "Espero conseguir un trabajo", etc. Se dirige siempre hacia el futuro pero no tiene poder para afectar el futuro. La esperanza cristiana se basa en lo que Jesús ya hizo en la cruz, "... según su grande misericordia nos hizo renacer para una esperanza viva, por la resurrección de Jesucristo..." (1 Pedro 1:3) y tiene poder para cambiar nuestras circunstancias.

Sabiendo todo esto, "...despojémonos de todo peso y del pecado que nos asedia, y corramos...la carrera que tenemos por delante" (Hebreos 12:1) y actuemos con autoridad y poder por medio del "Señor Jesucristo nuestra esperanza" (1 Timoteo 1:1).

Capítulo 4

¿Cuándo Dios, cuándo?: ***Paciencia y descanso***

Espere. Tenga paciencia. Dios no es lento; solamente lo parece. Estaba lloviendo cuando Jeanne recogió a los niños de casa de su amiga, situada en una zona rural de nuestro país. Un equipo de construcción de caminos acaba de colocar sus barricadas, lo que obligó a Jeanne a tomar la ruta de desvío. Unos pocos coches iban delante de ella por esa carretera sinuosa que serpenteaba por las colinas cerca de un centro de esquí. Los lugareños llaman a ese pretencioso elogiado vericueto "la senda del Coyote". El camino no tenía mantenimiento y, con la lluvia, se había vuelto resbaladizo y lleno de baches.

Jeanne se deslizaba a unas diez millas por hora, siguiendo la línea de autos que tenía por delante. El vehículo que estaba directamente frente a ella tenía problemas con la tracción, y terminó por atascarse. Jeanne conducía una camioneta grande con mucha tracción, por lo que se ofreció a darle un pequeño empujón. Se las arreglaba para conseguir que él siguiera adelante, solo para tener que repetir el proceso varias veces. El resto de la caravana había desaparecido hacía mucho tiempo antes de que Jeanne llegara por fin a la carretera principal, unos 20 minutos después. El caballero a quien había estado empujando se bajó y le agradeció su ayuda. Justo cuando se daba vuelta para volver a su auto, le preguntó: "¿Este es el camino a Edmonton?" Jeanne se sorprendió y soltó una risita: "No, usted no tiene que ir por este camino. Edmonton está para el otro lado. Tomó el camino equivocado en el desvío. Edmonton está al este, y usted se está dirigiendo hacia el oeste". Lo dejó de pie junto a su coche, mientras él ponderaba sus opciones.

Parte del proceso para tomar decisiones correctas es partir de la premisa correcta. Este pobre hombre había dado un giro equivocado y había pasado por una penosa experiencia simplemente porque se basó en sus propias percepciones para decidir cómo llegar a dónde iba.

Nosotros también podemos llegar a una conclusión equivocada si partimos del principio fundamental equivocado. Dios creó al mundo visible para explicar el reino invisible, oculto. "...las cosas invisibles de él,...se hacen claramente visibles..., siendo entendidas por medio de las cosas hechas..." (Romanos 1:20). Los procesos de la naturaleza están diseñados para darnos las claves para entender cómo operan el Reino de Dios y los sucesos naturales en nuestra propia vida. No deberíamos pensar que podemos cambiar el curso natural de las cosas solo porque no nos gusta el proceso.

La respuesta de Dios a la primera ofrenda de Noé después del diluvio fue que nunca más traería una completa catástrofe sobre la tierra, sino más bien "no cesarán la sementera y la siega, el frío y el calor, el verano y el invierno, y el día y la noche" (Génesis 8:22). Dios estableció las estaciones y los tiempos que habrían de regir los ciclos de la tierra. Siempre hay tiempo entre la siembra y la cosecha. En nuestro mundo moderno, si queremos patatas, nos basta con ir a la tienda y comprarlas. Si queremos algunas frutillas, hacemos lo mismo.

Cuando mi abuelo quería patatas, tenía que plantarlas y esperar a que crecieran. Esa necesidad de cultivar sus alimentos obligaba a las personas a planificar con anticipación de modo que hubiera suficientes provisiones almacenadas para el invierno. Para que las cosas crecieran se requería tiempo, y usted tenía, literalmente, que "hacer heno mientras brillara el sol". Si usted no tenía heno almacenado, estaría en problemas durante el invierno. Sus animales podrían morir y usted también. Creo que Jeremías tenía en mente algo similar cuando dijo: "Pasó la siega, terminó el verano, y nosotros no hemos sido salvos" (Jeremías 8:20). No estamos separados de las consecuencias de las estaciones naturales simplemente porque no cultivemos nuestros propios alimentos. Las estaciones nos siguen afectando.

Debemos aprender a reconocer las estaciones en que estamos. A Jesús le resultaba difícil creer que el pueblo judío de su época pudiera "distinguir el aspecto del cielo, ¡mas las señales de los tiempos no podéis!" (Mateo 16:3). Dios espera que miremos alrededor y veamos lo que está ocurriendo, especialmente en nuestras propias vidas. Cuando Jeanne y yo éramos más jóvenes y teníamos niños pequeños, no podíamos actuar como ahora. Había prioridades diferentes, y la familia era la principal. Recibimos a altas horas de la noche una llamada telefónica de alguien que necesitaba liberación. Sin embargo, Jeanne estaba con la lactancia materna y no deseaba entrar en una guerra espiritual, de modo que dijimos que no. Otra persona del Cuerpo tendría que llevar esa carga. Eso no era egoísmo; eran las prioridades correctas para la época. La Biblia incluso ordena que una pareja recién casada esté libre de toda responsabilidad durante un año (vea Deuteronomio 24:5).

Este reconocimiento de las estaciones nos quitará la presión de necesitar ver siempre los resultados. Un agricultor no espera una cosecha en la época de siembra; ni tampoco espera el crecimiento durante el invierno. Jeanne y yo hemos sido capaces de sembrar financieramente más del diezmo en fe, porque sabíamos que cuando llegara el tiempo de cosechar nuestras semillas se convertirían en fruto maduro. Como resultado, hemos tenido autoridad para clamar por la cosecha cuando Dios dijo que era el momento. Entender los tiempos en las posiciones corporativas con frecuencia requiere que Dios hable de una manera más espectacular.

Jeanne tuvo un sueño profético hace varios años. En el sueño vio a un hombre y se le dio su nombre. Cuando se despertó, solo podía recordar el nombre: Marc. Ella sabía que el apellido era francés pero no podía recordar quién era. Dios la movió a preguntarle a un amigo si sabía de alguien con ese nombre. Él mencionó algunas personas que conocía, y Jeanne reconoció a uno como el nombre que escuchó en el sueño: Brisebois. Llamó a ese completo extraño a Vancouver y dejó un mensaje en su teléfono describiendo el sueño.

Marc escuchó el mensaje, pero al no saber quién era

Jeanne, no respondió. Más tarde, a través de un encuentro casual con un amigo en común, en Ontario, Dios confirmó que el sueño era de su parte. Marc llamó por teléfono, y dos días después estaba sentado en nuestra sala de estar discutiendo sobre el sueño y sobre lo que Dios decía. Dios estaba devolviendo a nuestra iglesia el énfasis de su llamado original. Marc iba a ser una parte importante de ese cambio, y a través de una serie de eventos extraordinarios, llegó a ser nuestro pastor. El sueño ayudó al liderazgo a discernir la estación a la cual el Señor nos introducía.

Conocer los tiempos nos permite descansar mientras otros están preocupados. A Jeremías se le dijo: "No tomarás para ti mujer, ni tendrás hijos ni hijas en este lugar" [Jerusalén] (Jeremías 16:2). Dios dijo que todos iban a morir, y quería evitarle a Jeremías el dolor de la pérdida. A él también se le dijo que no buscara gloria porque se avecinaban problemas, y todo sería un esfuerzo inútil.

Si yo hubiera escuchado al Señor al respecto, me habría ahorrado mucho dolor. Desde temprano en mi vida, dediqué todo mi esfuerzo y esperanzas a lo que mi carne deseaba, que era obtener riqueza y posición. Si hubiera buscado la dirección de Dios primero, no hubiera sufrido al ver que mis sueños se desvanecían. Toda la autoridad que había acumulado por mi propio esfuerzo, se evaporó de la noche a la mañana, cuando perdí el favor de las empresas en las que había colgado mi estrella. La ambición es una característica de la carne, pero "los deseos carnales…batallan contra el alma" (1 Pedro 2:11) y no llevan fruto espiritual. Por otro lado, las semillas que Dios siembra dan "fruto que permanece" (Juan 15:16).

Jim Elliot, un misionero que fue martirizado, dijo una

vez: "No es ningún tonto el que da lo que no puede retener, para ganar lo que no puede perder".[1] Conocer los tiempos nos permite tener paciencia y dejar de luchar. También lo contrario es cierto. Dios quería que los judíos se casaran, criaran hijos, y construyeran casas en su cautividad porque iban a estar allí 70 años (vea Jeremías 29:5-10). Incluso en Jerusalén, después de que la ciudad fue capturada, se les dijo a los residentes que compraran terrenos y firmaran las escrituras, ya que las necesitarían después, cuando Dios los trajera de regreso de la cautividad (vea Jeremías 32:14-20). Dios sabe cómo crear riqueza a través del ciclo inmobiliario: comprar y construir en los malos tiempos, vender durante los buenos. Si somos capaces de escuchar a Dios, en lugar de a nuestro propio razonamiento, podemos dejarnos llevar por Él; si no, siempre vamos a nadar contra la corriente.

Los judíos, al parecer, estaban siempre fuera de sincronía con lo que estaba pasando. Dios estaba declarando la destrucción por Babilonia; ellos declaraban victoria. Cuando el tiempo de juicio cambió a un tiempo de misericordia, Dios les dijo que se quedaran en la tierra, para que no fueran a Egipto, y no temieran a Babilonia, pero ellos decidieron huir. No había discernimiento de lo que Dios estaba haciendo, porque, como se mencionó antes, no tenían intención de obedecer, rendirse y confiar. Incluso en tiempos de Jesús, los judíos no entendían su época (vea Lucas 19:41-42). Si tratamos de resistir o rechazar los tiempos que Dios ha ordenado, no tendremos éxito y en realidad nos encontraremos luchando con Dios.

Gamaliel, en la época de los discípulos, aconsejó el Sanedrín respecto a los cristianos. "...si este consejo o esta obra es de los hombres, se desvanecerá; mas si es de Dios, no la podréis destruir; no seáis tal vez hallados luchando contra Dios" (Hechos 5:38-39). El problema para nosotros es que todo lo que proviene de Dios, y cada nuevo mover de Dios, siempre aparece en forma de semilla, que, como la mayoría de las semillas, no luce como el fruto maduro. Jesús dijo que los conoceríamos (a las personas) por sus frutos, no por sus semillas. Se necesita tiempo para que las semillas maduren lo suficiente como para identificar correctamente qué fruto es.

En la parábola de la cizaña, Jesús ordenó a los ángeles que esperaran hasta que las semillas hubieran madurado antes de separarlas. Preguntaron: "¿Quieres, pues, que vayamos y la arranquemos? El les dijo: No, no sea que al arrancar la cizaña, arranquéis también con ella el trigo" (Mateo 13:28-29). Con demasiada frecuencia, un juicio apresurado ha desarraigado lo que hubiera sido una semilla fecunda. Jesús afirmó que entender la parábola del sembrador y la semilla era de vital importancia para comprender los misterios del Reino. "A vosotros os es dado saber el misterio del reino de Dios…¿No sabéis esta parábola? ¿Cómo, pues, entenderéis todas las parábolas?" (Marcos 4:11,13).

Comprender la naturaleza de la madurez nos permitirá entender adecuadamente la naturaleza del crecimiento. Hoy en día todo es instantáneo. Hay millonarios de lotería instantáneos, comida rápida o de microondas, y viajes casi instantáneos por todo el mundo. El crecimiento, sin embargo, no es instantáneo; es un proceso. Por eso, no se le concede un lugar de autoridad a un novato en la iglesia (vea 1 Timoteo 3:6). La autoridad sobre los demonios viene como un derecho, de forma instantánea después de ser salvos e ingresar al Reino: "…estas señales seguirán a los que creen:

En mi nombre echarán fuera demonios" (Marcos 16:17). La autoridad (liderazgo) sobre las personas requiere madurez y un corazón de siervo. Ese corazón necesita tiempo para desarrollarse: "...primero hierba, luego espiga, después grano lleno en la espiga" (Marcos 4:28).

Parte de la madurez es la capacidad de soportar peso, la disposición a asumir responsabilidades, especialmente por nuestras propias faltas y pecados. Hay una diferencia entre ser malo y ser inmaduro. Los dos pueden parecer lo mismo, pero Dios ve el corazón. Nos cuesta discernir la diferencia, porque todo lo que podemos ver es el fruto. Mientras haya crecimiento, habrá inmadurez. El trigo, cuando está en hoja o simplemente dirigido hacia fuera, es inmaduro, pero es cien por ciento trigo puro. La pureza no es madurez y la madurez no es pureza. El mal también va a madurar (vea Mateo 13: 30). Jesús disfrutaba vivir con inmadurez; nosotros también podemos hacerlo. Es por eso que los niños son tan divertidos; son inmaduros. Si la Iglesia fuera más como una familia, no nos importaría que los niños actuaran como inmaduros; hasta podría gustarnos. Los discípulos mostraron su falta de madurez en medio de las demostraciones de poder, y Jesús los seguía amando. Dios puede ver a dónde estamos yendo, pero esa no es la razón por la que Él nos puede disfrutar.

Nos disfruta porque nos ama. "Mas Dios muestra su amor para con nosotros, en que siendo aún pecadores, Cristo murió por nosotros" (Romanos 5:8). Dios nos ama porque somos sus hijos, no porque nos desempeñemos correctamente. En una sola caminata, Jesús tuvo que reprender tres veces a sus discípulos respecto al orgullo y la ambición (vea Lucas 9:46-48), el territorialismo (vea Lucas

9:49-50), y el juicio áspero (vea Lucas 9:53-56). Yo los habría enviado de vuelta a la escuela bíblica o al seminario para que arreglaran esas actitudes antes de permitirles ninguna otra oportunidad de ministrar, pero Jesús no se inmutó. Él miraba sus corazones, que eran puros, no sus acciones, que eran inmaduras. Podemos ver su confianza en ellos por el hecho de que designó inmediatamente a setenta discípulos más (vea Lucas 10:1) que, hasta este momento, no habían participado. Con esa acción Él decía: "Me gustan estos muchachos. Necesito más exactamente como ellos". La semilla (la Palabra de Dios) y el suelo (sus corazones) eran puros y llenos de la vida necesaria para producir una cosecha. Lo único que faltaba era la atmósfera adecuada (sus patrones de pensamiento o actitudes). Como he oído decir a Rick Joyner: "Cualquier cosa que vale la pena hacer se valora cuando no se puede hacer". Usted no aprenderá a caminar hasta que camine mal. Usted nunca aprenderá a hablar hasta que hable mal. Los hijos de los inmigrantes aprenden a hablar un nuevo idioma mucho más rápido que sus padres porque no se preocupan por cómo suena o si cometen un error. Dios ama esa actitud infantil y afirma que "si no os volvéis [cambian su manera de pensar][2] y os hacéis como niños, no entraréis en el reino de los cielos" (Mateo 18:3). Dios nos ama tal como somos, pero nos ama demasiado como para dejarnos tal como somos.

Jesús les dio poder y autoridad sobre los demonios y las enfermedades (Lucas 9:1). Ellos recibieron revelación, "[Tú eres] el Cristo de Dios" (Lucas 9:20). Luego oyeron a Dios hablar desde el cielo: "Y vino una voz desde la nube, que decía: Este es mi Hijo amado..." (Lucas 9:35). Aunque estaban en medio de todo lo que estaba sucediendo en el

Reino, ellos demostraban su falta de madurez una y otra vez. Se levantó el orgullo. "Entonces entraron en discusión sobre quién de ellos sería el mayor" (Lucas 9:46). La arrogancia mostró su fea cabeza. "...Hemos visto a uno que echaba fuera demonios en tu nombre, y se lo prohibimos, porque no sigue con nosotros" (Lucas 9:49). Por último se manifestó un espíritu asesino. "¿Quieres que mandemos que descienda fuego del cielo, como hizo Elías, y los consuma?" (Lucas 9:54).

Todo esto ocurría en el grupo más maduro de discípulos. ¿Cuál fue la reacción de Jesús a su despliegue de respuestas carnales? "Esto es bueno, necesito más muchachos como ustedes, haciendo el trabajo". "Después de estas cosas, designó el Señor a otros setenta..." (Lucas 10:1). Y Él estaba entusiasmado con los resultados. "Yo veía a Satanás caer del cielo como un rayo" (Lucas 10:18). Usted podría pensar que los discípulos eran inmaduros, pero tenían una relación íntima con Dios y poder en la oración. ¿En serio? Fue después de esa manifestación de poder que le pidieron: "Señor, enséñanos a orar" (Lucas 11: 1). En ese momento, Jesús les dio el "Padrenuestro".

Ellos eran reclutas rasos que creyeron que podían hacerlo porque Jesús decía que podían, pero no estaban preparados para gobernar en el Reino; necesitaban ser podados para remover su carnalidad. Dios dice que va a podar todos los árboles fructíferos y pondrá el hacha a toda raíz sin fruto. Este es un proceso permanente. Incluso en el cielo, parece que Dios sigue perfeccionando en madurez a los santos, ya que todavía se oye ese clamor: "¿Hasta cuándo, Señor...no juzgas y vengas...?...todavía un poco de tiempo, hasta que se completara [muriendo] el número de sus consiervos y sus hermanos" (Apocalipsis 6:10-11).

Lleva tiempo permitir que el fruto madure o que vengan el juicio y la liberación. *La pureza no es madurez.* La más pequeña brizna de trigo es cien por ciento trigo puro, pero no puede reproducirse. *La madurez no es pureza.* Las malas hierbas maduras pueden reproducirse, pero tienen cero por ciento de trigo. Debemos tener paciencia y descansar hasta que el Padre nos haga lo suficientemente maduros como para reproducir la imagen de su Hijo en nosotros.

Cualquier cosa que reprodujéramos antes de ser puros y maduros en el espíritu sería de nuestra carne madura. Dios sabe cuánto durará ese proceso o tiempo. La nación judía tuvo que estar en cautiverio (un lugar para crecer) durante 400 años en Egipto, porque "antes de eso no habrá llegado al colmo la iniquidad de los amorreos" (Génesis 15:16, NVI). Jesús mismo esperó hasta "la plenitud del tiempo" (Gálatas 4:4, LBLA) antes de venir. El poder y la autoridad se manifiestan cuando sabemos cómo descansar y cooperar con Dios en esas estaciones.

Justo en vísperas del Año Nuevo de 2000, nuestro hijo James, que tenía esquizofrenia, fue atacado por una crisis de temor. A medida que el nuevo milenio se acercaba, Satanás iba atormentando a James con pensamientos de que iba a matarlo en el Año Nuevo. Un par de días después de Navidad, la paranoia llegó a lo sumo. James se puso muy molesto e insistió en que debía ir al hospital. Habíamos pasado por eso antes, y sabíamos el resultado: estar sentados durante varias horas en una sala de emergencias, para luego ser enviado a casa porque no había nadie que lo admitiera y no había camas en la sala de psiquiatría. James se volvió más insistente, y Jeanne subió a orar para no tener que presenciar la batalla. Yo estaba tratando de razonar con James, pero no daba resultado. "Dios, ¿qué hago?", supliqué.

Una voz tranquila habló en mi oído las palabras "mal presentimiento". En silencio, até un espíritu de mal presentimiento, y luego pedí a Dios que le diera claridad a James. Inmediatamente se calmó y dejó de gritarme. Yo lo incité a arrepentirse de su temor por ciertas situaciones que lo habían perturbado y a renunciar a sus palabras fatalistas. Para mi sorpresa, él cooperó y se arrepintió. Entonces hice que se dirigiera al espíritu de "mal presentimiento" y le ordenara que se fuera. Una vez más, para mi sorpresa, James cooperó e hizo todo lo que le dije. Luego, con toda tranquilidad, dijo: "Tengo un poco de hambre, papá. Hablemos de esto después". Luego, tomó un refrigerio de la heladera y se fue arriba. Me quedé de pie en la cocina, atónito. Cinco minutos antes, James y yo estábamos en medio de una feroz batalla espiritual, y ahora estaba tomando tranquilamente un refrigerio. Supe que habíamos entrado en una nueva etapa.

Dios también usa el tiempo para hacer madurar o formar el carácter. Parte de esa madurez de carácter es la capacidad de reconocer nuestra propia debilidad y nuestra incapacidad para obtener lo que Dios prometió. Jeanne tuvo que madurar para conquistar los temores que la mantenían encerrada en nuestra casa. Por un tiempo ella no pudo ir a visitar a un vecino y ni siquiera salir de la casa por temor a que un vecino la viera y quisiera hablarle. Le resultaba muy difícil ir al centro comercial por sí misma. Ahora vuela sola por todo el país y disfruta al hablar ante grandes audiencias.

Parte de la madurez es la experiencia. Cuantas más veces Dios prueba su bondad y su protección, más fácil es confiar en Él. También tuve que madurar en la confianza para poder descansar y no luchar siempre. Para mí era importante el rendimiento, que en realidad solo es el temor a no ser aceptado a menos que trabaje para lograrlo. Esa es una manifestación de un espíritu de orfandad. Dios me ha estado liberando de esa incapacidad de ser un hijo y recibir una herencia en vez de trabajar por salario.

Nuestro Dios es un Dios hacedor de pactos. Algunos de sus pactos, Dios los hizo consigo mismo, porque sabía que no estábamos preparados o no podíamos cumplir nuestra parte. En Génesis 15, Abraham le preguntó a Dios: "¿En qué conoceré que la he de heredar?" (Génesis 15:8). Dios dio instrucciones a Abraham acerca de cómo preparar un sacrificio y la forma de organizar los cuerpos muertos después de dividirlos. Eso tenía toda la apariencia de ser parte de una ceremonia para hacer un pacto. Normalmente, ambos participantes del pacto pasarían entre las piezas para iniciar el proceso, pero solo "se veía un horno humeando, y una antorcha de fuego que pasaba por entre los animales divididos" (Génesis 15:17). A Abraham mismo, siendo una de las partes del pacto, ¡no se le pidió que pasara por el medio! Dios se manifestó en dos formas simbólicas e hizo el pacto consigo mismo. "Porque cuando Dios hizo la promesa a Abraham, no pudiendo jurar por otro mayor, juró por sí mismo, diciendo:...te bendeciré...y te multiplicaré..." (Hebreos 6:13-14).

¿Cuál era la parte de Abraham? "Y habiendo esperado con paciencia, alcanzó la promesa" (Hebreos 6:15). Todo lo que tenía que hacer era descansar y esperar con paciencia. El proceso es: ***recibir la Promesa, soportar el Problema, obtener la Provisión***. Con cada promesa, vamos a tener un problema, pero nuestro problema no es el problema. Nuestro problema es que no tenemos el carácter para operar en el plano espiritual más alto, que es el que se requiere para caminar en la promesa. Nuestro carácter se desarrolla en un desierto, que en apariencia es exactamente lo contrario de la promesa, y probablemente, es incluso peor que el lugar donde estábamos antes de recibir la promesa. Los hijos de Israel experimentaron de inmediato este principio cuando el Faraón los hizo buscar su propia paja después de que Moisés profetizó su liberación del cautiverio. ¿Cómo respondieron?

Promesa: "Y el pueblo creyó...se inclinaron y adoraron" (Éxodo 4: 31). Ellos pensaron que eso sería genial.

Problema: "Mire Jehová...y juzgue; pues nos habéis hecho abominables...poniéndoles la espada en la mano para que nos maten" (Éxodo 5:21). Faraón reaccionó e hizo que la vida de ellos fuera peor, así que ahora estaban furiosos. Eso no era lo que Moisés había prometido. Les había prometido leche y miel, y ahora solo tenían más trabajo. Ellos estaban juzgando a la persona equivocada. Estaban enojados con Moisés y con Dios, quienes estaban tratando de liberarlos. El enemigo era Faraón. La reacción de ellos expuso su falta de madurez.

Provisión: La respuesta de Dios fue: "Ahora verás lo que yo haré..." (Éxodo 6:1).

¡El proceso había comenzado! Como los israelitas aceptaron la promesa, se había realizado un acuerdo (un pacto). Eso es como decidir ir en una montaña rusa. Parece que va a ser divertido, pero una vez que se inicia, usted se da cuenta de que ya no tiene el control y que no puede detener el juego, y aparece el miedo. La primera caída abrupta es una señal de que vendrán cosas peores, y comienzan los gritos. El concepto central de una montaña rusa, por supuesto, es utilizar el impulso de la caída para lanzarlo a usted al siguiente nivel: Dios tiene un objetivo similar. Un diagrama puede ayudarlo a entender el proceso:

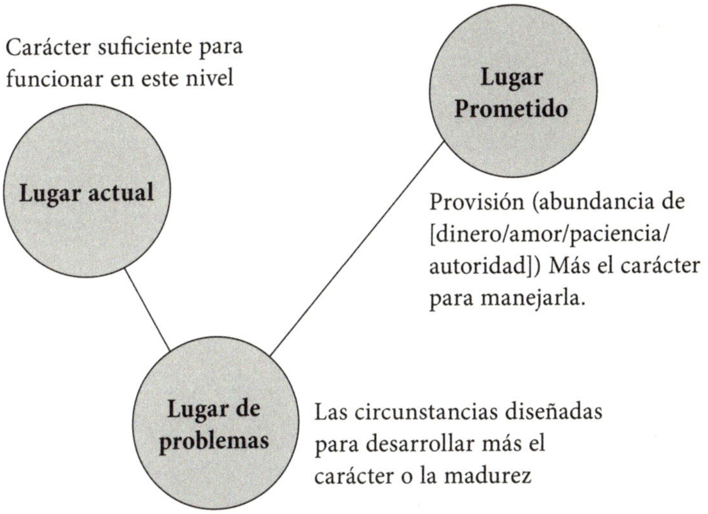

Los problemas desarrollan el carácter

El camino que baja es el que sube. La respuesta de Israel al problema—murmurar y quejarse—, debería haber sido para ellos un indicio seguro de su falta de carácter para creer lo que Dios había dicho. Sus emociones de enojo, miedo, resentimiento y amargura mostraron que tenían más fe en la capacidad de Satanás (Faraón) para afectarlos, que en la capacidad de Dios para liberarlos. Dios no fue disuadido por su exhibición de gritos de protesta. Era demasiado tarde. Mientras los israelitas se preguntaban hasta qué punto llegaría eso, Dios ya les había dicho "Solo mírenme".

Durante las siguientes semanas, Dios los envió en un viaje

que ninguno de ellos podría haber imaginado. El miedo, la alegría, el asombro, todo eso fue diseñado, no para cambiarles sus circunstancias (que estaban garantizadas por la Palabra de Dios), sino su carácter: su capacidad para confiar en que cuando Dios dice algo, ocurrirá, no importa lo que parezca.

Lamentablemente para esa generación, el viaje fue demasiado aterrador (es decir, ellos permitieron al temor tener un punto de apoyo), y aunque sobrevivieron y salieron de Egipto, no estuvieron dispuestos a hacerlo un estilo de vida. Murieron en el desierto, el cual estaba planeado para ser el conducto que los llevaría hasta la Tierra Prometida. Hebreos dice: "No pudieron entrar a causa de incredulidad" (Hebreos (3:19). "Temamos, pues, no sea que permaneciendo aún la promesa de entrar en su reposo, alguno de vosotros parezca no haberlo alcanzado" (Hebreos 4:1).

Así como ellos tenían una Tierra Prometida, nosotros también tenemos una tierra de promesas; para entrar en ella debemos llegar a un estado de reposo y esperar pacientemente que Dios arregle las cosas para nosotros. Por desgracia, con frecuencia tratamos de solucionarlas nosotros mismos. No podemos hacerlo. Si pudiéramos, la promesa no sería de Dios. Él es el único que puede cumplir su propia palabra. "Porque el que ha entrado en su reposo, también ha reposado de sus obras, como Dios de las suyas" (Hebreos 4:10).

Descanso: no más trabajo	}	Usted elige
Trabajo: no más descanso		

El problema es que resulta difícil mantener nuestro estado de reposo cuando todo se está cayendo alrededor de nosotros en el desierto. Hay un chiste patético que dice: "Si usted puede mantener la calma mientras todos a su alrededor la están perdiendo, es obvio que no entiende el problema". Así es como el mundo ve el descanso; no tiene ningún sentido. Su filosofía suele ser: "Cuando estés en problemas o con dudas corre en círculos, chilla y grita".

Dios está moviendo toda nuestra dependencia de nuestra propia carne, y eso es humillante. La humillación que se produce durante esos tiempos de pánico expulsa nuestro orgullo, nuestro temor a lo que piense la gente, nuestra confianza en nuestras propias capacidades, nuestra independencia, nuestro juzgar a los demás, e incluso nuestras ambiciones. Recuerdo que en una ocasión renuncié a un empleo para trabajar más cerca de casa. Asumí un puesto como capataz en el montaje de estructuras de acero, construyendo una dragalina. Ese era un trabajo que realmente había deseado, y estaba en la gloria.

Después de unos meses el encargado del montaje me llamó y me hizo sentar. Me preguntó si me gustaría hacerme cargo del diseño y la fabricación en el trabajo porque no tenían a nadie más que estuviera capacitado para hacer el trabajo con precisión. La construcción de la dragalina requiere diseño y medición de precisión, habilidades que yo poseía.

Respondí que me había contratado para ser capataz del equipo de montaje y, si quería que yo hiciera el diseño, estaba dispuesto, pero quería mantener la categoría de capataz. Entonces se puso interesante.

"No, no puedo justificar eso", dijo el supervisor. "Pero

necesito que acepte este trabajo. Capataces hay muchos, pero un buen operario es difícil de encontrar".

Yo quería renunciar; estaba muy enojado. Entonces Dios empezó a hablarme sobre mis reacciones. "¿Por qué había tomado yo ese empleo?" Había venido para estar cerca de casa. Había dejado otro empleo como capataz para venir, pero el tiempo de viaje aquí compensaba la pérdida de salario. Sabía que Dios estaba tratando con mi orgullo y mi codicia, por lo que me humillé y tomé el trabajo de operario.

Pablo dijo, en paráfrasis, "he aprendido a tener abundancia y a estar humillado, satisfecho en cualquier estado en que me encuentre" (vea Filipenses 4:12) ¿Cómo podía él tener esa actitud? Sabía que Dios tenía el control y estaba dispuesto a descansar en ese conocimiento. Jesús mismo, en el momento de defender la curación de un paralítico, dijo: "Mi Padre hasta ahora trabaja, y yo trabajo" (Juan 5:17). "No puede el Hijo hacer nada por sí mismo [por propia iniciativa], sino lo que ve hacer al Padre; porque todo lo que el Padre hace, también lo hace el Hijo igualmente" (Juan 5:19). Jesús no estaba en las obras. Él estaba en Dios, y las obras fluían de su amor, no de su esfuerzo.

Jesús reprendió a la iglesia de Éfeso por sus prioridades: "Yo conozco tus obras...trabajo...paciencia...por amor de mi nombre, y no has desmayado...Pero.... has dejado tu primer amor...arrepiéntete..." (Apocalipsis 2:2-5). La paciencia misma, si no es por amor, no da beneficios, y no cambia nuestro carácter. La independencia es una característica que hace difícil obedecer e indica lucha y no reposo.

El sacrificio es también un substituto de la obediencia. El sacrificio es obras: mi trabajo, mi labor, mi esfuerzo, pero siempre porque no quiero hacerlo a la manera de Dios. Las sectas y religiones falsas existen porque la gente no quiere entrar en contacto con Dios por sí misma y ser cambiada. Quieren cambiar sus circunstancias, el gobierno, la moral de los demás, o las acciones que les afectan, pero no cambiar ellos mismos. Eso es obra; requiere un esfuerzo constante y no merece la aprobación de Dios. Él está más interesado en lo que somos que en lo que hacemos. "Mejor es el que tarda en airarse que el fuerte; y el que se enseñorea de su espíritu, que el que toma una ciudad" (Proverbios 16:32). Esa fue la razón de la reprensión a la iglesia de Éfeso, porque el trabajo y el esfuerzo continuo por hacer lo que es correcto nos distraen de la verdadera razón de nuestra existencia. El primero y más grande mandamiento es amar al Señor con toda tu alma y todas tus fuerzas y con toda tu mente.

Dios no quiere que trabajemos para Él; quiere trabajar Él a través de nosotros. Para hacerlo tenemos que ser uno con Dios como lo fue Jesús. Usted no puede hacer las obras de Dios a menos que tenga los pensamientos de Dios. Eso requiere tiempo de calidad: todos los días en todas las situaciones buscar lo que Él quiere hacer, para que podamos actuar en conjunto.

David aprendió eso pronto. "David volvió a consultar a Dios, y Dios le dijo:... rodéalos, para venir a ellos por delante de las balsameras. Y así que oigas venir un estruendo por las copas de las balsameras, sal luego a la batalla, porque Dios saldrá delante de ti y herirá el ejército de los filisteos" (1 Crónicas 14:14-15). Si Dios va a la guerra, vamos a la guerra. Si Dios descansa; descansamos.

Me costó mucho aprenderlo. Estaba tan ansioso por triunfar que cuando veía una buena oportunidad para invertir, la aprovechaba. Llevaba mucho tiempo esperar en

Dios; y yo no tenía paciencia. Después de varios desastres, descubro que actuar de prisa y después arrepentirme no es divertido. Por fin estoy quebrando la confianza en mi carne. Sé que las ideas de Dios siempre funcionan. La casa en la que ahora vivimos nos llevó tres meses de paciente silencio para obtenerla, como usted leyó antes. En realidad, fue fácil, pues yo ya había comenzado el proceso. El secreto de la espera sin dolor es dejar que las cosas mueran. Debemos perder nuestro deseo carnal y solo confiar en que Dios traerá a nuestra vida cosas mejores que las que nosotros podríamos crear. Si podemos hacer eso, no correremos delante de Él; iremos de paseo juntos.

Marta y María son ejemplos de descanso versus trabajo. Marta quería que Jesús reprendiera a María por no trabajar lo suficiente, pero Jesús dijo que María había escogido la mejor parte, que era sentarse a los pies de Jesús. María tenía el corazón que Jesús amaba. Cuando llegó el momento de que Él hiciera algo por ellas—resucitar a Lázaro—, es interesante ver las diferentes respuestas que Jesús les da.

Con Marta, trató de aumentar la vaga fe de ella a una fe actual, una fe de hoy. Marta tenía fe para ayer: "Si hubieses estado aquí, mi hermano no habría muerto" (Juan 11:21); fe para mañana: "Yo sé que resucitará...en el día postrero" (Juan 11:24), pero no fe para el hoy. "Dijo Jesús: Quitad la piedra. Marta...le dijo: Señor, hiede ya, porque es de cuatro días" (Juan 11:39). Ella no podía ver salida para los problemas del hoy.

María también estaba desesperada, pero podía tocar el corazón de Dios porque ella había decidido simplemente descansar a sus pies. Cuando Jesús la vio llorando "se estremeció en espíritu y se conmovió" (Juan 11:33). El descanso de ella lo movió a la acción, y Él cambió las circunstancias. Marta obtuvo una enseñanza sobre la resurrección; María logró una resurrección. Nosotros también podemos hacer que eso suceda, si podemos simplemente descansar.

Dios siempre está tratando de mostrarnos nuestros corazones para que podamos ver lo que quiere matar y resucitar en nosotros. Pero "engañoso es el corazón... ¿quién lo conocerá?" (Jeremías 17:9). Así que Dios nos da una promesa, una palabra sobre lo que va a hacer. Esa palabra, entonces, comienza a revelar lo que hay en nuestros corazones. "Porque la palabra de Dios es viva y eficaz, y más cortante que toda espada de dos filos; y penetra hasta partir el alma y el espíritu, las coyunturas y los tuétanos, y discierne los pensamientos y las intenciones del corazón" (Hebreos 4:12).

A la larga, la palabra se refiere más a lo que Dios quiere hacer *en* usted, que *por* usted o *a través de* usted. El sacrificio, en el Antiguo Testamento, tenía que dividirse por las coyunturas para no romper ningún hueso. Una parte sería para Dios (para ser quemada en el altar), otra parte para el sacerdote y otra parte para el muladar. Lo mismo sucede con nosotros: la división en nosotros es entre lo que es almático y lo que es espiritual, revelando así los verdaderos pensamientos y las intenciones (motivaciones) de nuestro corazón.

Dios sabe lo que se necesita para hacernos responder. Él quiere que nosotros cooperemos. Es por eso que se nos dice: "que presentéis vuestros cuerpos en sacrificio vivo... transformaos por medio de la renovación de vuestro entendimiento, para que comprobéis cuál sea la buena voluntad de Dios, agradable y perfecta" (Romanos 12:1-2). Él quiere que cooperemos y que no seamos como un caballo o una mula, en cuya boca se debe poner un freno.

La misma palabra puede ir a dos personas, pero tener diferentes resultados. Al que resiste el cambio, la palabra hará que se endurezca. A otro que se rinde, la palabra lo hará quebrantar y pedir misericordia. ***La transformación es un proceso lento. Siempre comienza por la boca.*** Tenemos que hablarnos a nosotros mismos para entrar al cambio. Debemos alentar a nuestras propias almas.

Si cambiamos nuestra forma de hablar:

...afectaremos nuestra forma de pensar,

...nuestras palabras influirán nuestras emociones o nuestros sentimientos,

...nuestros sentimientos nos harán actuar,

...nuestras acciones determinarán nuestros hábitos,

...nuestros hábitos constituirán nuestro carácter,

...y nuestro carácter nos llevará a nuestro destino.

Todos nos dirigimos a alguna parte, pero si queremos cambiar nuestra dirección, debemos tomar tiempo para concentrarnos y meditar en lo que Dios está diciendo.

He estado trabajando en mi andar en amor. Yo era duro y no tenía un concepto de lo que es ser hijo, así que no podía transmitirlo a mis propios hijos. Dios quería enseñarme, y usó a mi hijo mayor, Shannon, para me ayudara a aprender esa lección y la transmitiera a mis hijos.

Shannon había ahorrado para ir a un evento de capacitación para el discipulado de Juventud Con Una Misión (JUCUM). Había trabajado mucho y ahorrado la mitad del dinero necesario: alrededor de 1500 dólares. Yo iba a suministrar la otra mitad. Por una acción tonta, Shannon se puso en una posición en que todo su dinero fue robado. Yo estaba furioso y le dije que estaba muy mal: "Es tu culpa, tú pagas".

Dios tenía una idea diferente. Me habló esa noche y me dijo: "Yo quiero que él vaya, y tú lo vas a enviar". Un par de días más tarde, perdí mi empleo, pero estaba decidido a obedecer a Dios. Al final, ese revés de menor importancia de perder mi trabajo, en realidad me permitió hacer el doble ese año. De hecho, a los dos días ya estaba en un nuevo empleo y ni siquiera perdí un sueldo.

El enviar a Shannon a JUCUM, a pesar de que él lo había arruinado, le demostró la misericordia de Dios. Le mostró que Dios era su padre y que, por tanto, tenía una herencia. Los hijos y las hijas tienen herencia; los asalariados trabajan por la paga. Su viaje misionero terminaría por cambiarnos a él y a mí.

José es el perfecto ejemplo de una palabra recibida con paciencia, que cambió a un hombre. Dios "Envió un varón delante de ellos; a José... Afligieron sus pies con grillos; en cárcel fue puesta su persona [literalmente: su alma quedó en cadenas]. Hasta la hora que se cumplió su palabra, el dicho de Jehová le probó" (Salmos 105:17-19). José era el hijo favorito de su padre, Jacob. Cuando José era solo un joven, Dios le dio un sueño sobre su destino de ser el jefe del clan de Jacob. Sus hermanos lo odiaron por su arrogancia y lo vendieron como esclavo, acabando efectivamente con su destino, o así lo creían. José cayó en la servidumbre y terminó como esclavo en la cárcel de Egipto. Esto puso fin a su destino, o eso pensó él, "pero Dios estaba con él" (Hechos 7:9). Entonces Faraón, el gobernante de Egipto, tuvo un sueño y, por la soberanía de Dios, José estaba en posición de interpretar ese sueño. Faraón elevó a José a primer ministro, y él gobernaba Egipto cuando sus hermanos llegaron en busca de comida.

Dios podría haber dejado a José en la casa, mimado y favorecido, y darle la interpretación del sueño del Faraón. Después, cuando tuviera 30 años, Dios podría haberlo enviado a Egipto el día en que Faraón tuvo su sueño. José habría tenido las estrategias para superar la hambruna y Faraón lo habría hecho primer ministro, tal como lo hizo, y todo Israel se habría salvado. Pero José no habría sido cambiado del arrogante, egocéntrico, egotista insensible que era. ***Dios no solo está interesado en lograr que se haga un trabajo; Él quiere hijos e hijas a quienes pueda capacitar para gobernar y reinar con Él.*** Para reclamar ese destino, tenemos que pasar por su escuela y aprender a confiar pacientemente en su Palabra. La Palabra es una espada de dos filos, diseñada no solo para cortar toda circunstancia externa y toda resistencia a ella, sino también nuestras realidades internas y nuestra resistencia a ella.

Tomó 15 años que se cumpliera la promesa del sueño (de que toda su familia se inclinaría ante él). José pasó por ese camino descendente, desde el rechazo de parte de sus hermanos, a la esclavitud en un país extranjero, a una prisión. Su alma, dicen las Escrituras, fue puesta en la cárcel. Eso significa que las restricciones llegaron hasta sus emociones. Él perdió toda capacidad de usar cualquier influencia o poder propio para liberarse. El colmo llegó cuando José le rogó al mayordomo del Faraón (copero) "Acuérdate... de mí... y hagas mención de mí a Faraón, y me saques de esta casa" (Génesis 40:14). Pero el jefe de los coperos "le olvidó".

(Génesis 40:23). Al finalizar dos años completos, "tuvo Faraón un sueño" (Génesis 41:1).

¡Dos años! Creo que José había renunciado a la esperanza de salvación por parte del mayordomo. Parecía condenado, pero Dios lo hizo "próspero" (Génesis 39:2), incluso en medio de su espiral descendente. Él tenía éxito en todo lo que tocaba, pero ese éxito no lo acercaba al trono. Fue esa espiral descendente la que lo llevó a la cárcel y lo puso al lado de un hombre que estaba cerca del próximo jefe de José. Para entonces, la tribulación que José había atravesado había desarrollado en él la paciencia. Había experimentado la mano protectora de Dios incluso en la persecución, y estaba preparado para esperar solo en Dios y, por lo tanto, listo para el ascenso. Su carácter había cambiado, y podía decirles a sus hermanos: "No temáis; ¿acaso estoy yo en lugar de Dios? Vosotros pensasteis mal contra mí, mas Dios lo encaminó a bien..." (Génesis 50:19-20). Dios salvó a Israel y perfeccionó a José.

Este es el mensaje: Dios convierte el mal en bien, si dejamos que lo haga. Descansar en Él es la única manera. Las situaciones pueden parecernos mal, pero "aunque este nuestro hombre exterior se va desgastando, el interior no obstante se renueva de día en día. Porque esta leve tribulación momentánea [a la luz de la eternidad] produce en nosotros un cada vez más excelente y eterno peso de gloria" (2 Corintios 4:16-17). Muchas Escrituras dan testimonio de esta verdad. Job dijo: "Me probará, y saldré como oro" (Job 23:10), y Santiago dice: "Sabiendo que la prueba de vuestra fe produce paciencia...para que seáis perfectos y cabales, sin que os falte cosa alguna" (Santiago 1:3-4).

Dios quiere darnos esa palabra y bendecirnos. No quiere

que la ganemos sino que la recibamos como herencia. El problema es que con frecuencia los hijos que reciben una herencia antes de tener la capacidad para administrarla son destruidos por aquello que debería ser un buen regalo. Dios no quiere que eso suceda, así que nos prepara en nuestro corazón para que seamos capaces de administrar nuestra herencia. ¿Podemos esperar hasta el tiempo del Padre, hasta que Él diga que estamos listos? Si podemos, entonces podemos dejar nuestros propios esfuerzos por tratar de lograr que suceda, y entrar en su reposo. "El que ha entrado en su reposo, también ha reposado de sus obras..." (Hebreos 4:10).

A los hijos de Israel se les prometió que en la tierra que iban a recibir tendrían un tipo de existencia diferente que el de la tierra que habían dejado. Su provisión vendría de una fuente diferente. Solían cultivar sus alimentos con el riego usando ruedas para bombear el agua hacia la tierra. Dios dijo que esta tierra era diferente y que ya no regarían con su pie (trabajo). En cambio, bebería la lluvia del cielo (vea Deuteronomio 11:10-11). Dios los estaba llevando al reposo, de trabajar a recibir, de una posición de asalariado a una nueva posición de hijo. Junto con este nuevo estado vino también un nuevo método de disciplina para ayudarles a andar en el camino de Dios: ¡la falta de lluvia!

Ya no podían depender de sus propios esfuerzos para proveer; ahora tenían que depender de Dios. En nuestra naturaleza, eso representa un problema: ¿Qué pasa si Dios no interviene? La preocupación en realidad es nuestra fe en que Satanás se saldrá con la suya, porque vemos la circunstancia imposible, en vez de creer que la Palabra de Dios prevalecerá. Israel ya no podía hacer que sucedieran las cosas;

tenían que esperar en Dios. También nosotros debemos aprender a esperar en Dios. La Palabra dice: "La dádiva del hombre le ensancha el camino y le lleva delante de los grandes" (Proverbios 18:16).

¿Podemos esperar en Él? ¿Podemos "no estar afanosos por nada" y "encomendar nuestro camino al Señor, confiar en Él", que "Él hará" (Filipenses 4:6; Salmo 37:5)? Es bueno esperar pacientemente al Señor (vea Lamentaciones 3:25-26, TLA). Nuestra paciencia en la espera permite que el fruto (nuestro carácter) se desarrolle para que Dios pueda producir una cosecha. Necesitaremos paciencia incluso en el cielo. "¿Hasta cuándo, Señor...? y se les dijo que descansasen todavía un poco de tiempo, hasta..." (Apocalipsis 6:10-11).

Sigo trabajando en este rasgo de mi carácter. Hace poco activé mi compañía durante unos seis meses, contraté a catorce hombres, e hice un trabajo de alrededor de 300 000 dólares. Lo hice porque una puerta se abrió. Sin embargo, no esperé la confirmación o una palabra. Solo me lancé. El fruto de todo ese esfuerzo (volviendo a la rueda) fue un gran cero; incluso quebré. Estaba demasiado apurado por aprovechar una oportunidad y no pude descansar.

Dios nunca tiene prisa. No hay ninguna representación de Dios corriendo excepto cuando el Padre corrió al encuentro del hijo pródigo; al contrario, el plan de Dios se desarrolla en lo que parece un paso intolerablemente lento y constante. La verdad es que el ritmo siempre se acelera, mientras se unen los acontecimientos. "El Señor no retarda su promesa, según algunos la tienen por tardanza, sino que es paciente para con nosotros...Pero el día del Señor vendrá como ladrón en la noche..." (2 Pedro 3:9-10). Con la mente natural a menudo no comprendemos las respuestas a nuestras oraciones hasta que "de pronto" aparecen. "De pronto vendrá a su templo el Señor" (Malaquías 3:1, NVI).

Así que tenemos que aprender a esperar que todas las piezas del rompecabezas estén en su lugar. Se nos dice que Él es un refugio en tiempo de tormenta. Para tener el beneficio de descansar a su sombra, tenemos que dejar de movernos. "Bajo la sombra del deseado me senté" (Cantar de los Cantares 2:3). Usted no puede obtener el beneficio de la sombra corriendo por ella.

Las cosas llevan tiempo. Cada gran cosecha comienza con semillas; todo gran ministerio comienza como el ministerio a aquellos que Dios ha colocado alrededor de usted, en su propia casa. Usted mismo debe ser un partícipe de la verdad antes de ofrecerla a otros. "El labrador, para participar de los frutos, debe trabajar primero." (2 Timoteo 2:6).

¿Está buscando un ministerio o una respuesta a la oración? Permita que Dios lo cumpla en usted primero. Compruébelo en su propia vida. Espere hasta que sea vida para usted, y no solo doctrina, antes de llevarlo a otro. "El que no sabe gobernar su propia casa, ¿cómo cuidará de la iglesia de Dios?" (1 Timoteo 3:5).

David aprendió a lidiar con un león y un oso en el contexto de su labor como pastor antes de lidiar con Goliat. Así, David podía asegurarle a Saúl que podía manejar la situación. "Tu siervo era pastor de las ovejas de su padre... Fuese león, fuese oso, tu siervo lo mataba; y este filisteo incircunciso será como uno de ellos..." (1 Samuel 17:34-36). David no aparece de repente como el salvador, él había estado entrenando durante años.

Dios tiene sus "de pronto", pero debemos aprender a

esperar en el lugar que Él nos pone y dar fruto allí. No vamos a testificar en China si no podemos dar testimonio a nuestros vecinos, amigos y compañeros de trabajo aquí. La ubicación o la situación no van a cambiar quiénes somos y cuánto dependemos de la dirección y del poder de Dios. Nosotros debemos ser cambiados, no nuestras situaciones.

¿Tenemos preocupaciones y cuidados? "...echando toda vuestra ansiedad sobre él, porque él tiene cuidado de vosotros" (1 Pedro 5:7). "Por nada estéis afanosos...Encomienda a Jehová tu camino...y él hará...Porque el que ha entrado en su reposo...el siervo del Señor no debe ser contencioso" para tratar de hacer que las cosas sucedan (vea Filipenses 4:6; Salmos 37:5; Hebreos 4:10; 2 Timoteo 2:24). Nuestros esfuerzos para "ayudar a Dios" o "apurar a Dios" darán como resultado un Ismael.

Ismael era hijo de Abram, el resultado del intento de Abram de hacer cumplir la Palabra de Dios. Sara fue el vaso escogido por Dios para concebir al hijo de la promesa, pero cuando parecía que eso no iba a suceder, Sarah ideó un plan por el cual ella tendría hijos por medio de su criada Agar. Aunque el plan produjo un hijo, no produjo un heredero o el resultado deseado, que era el cumplimiento del propósito de Dios.

Cuando nació Isaac, Ismael lo hostigaba y se burlaba de él. Isaac era el producto de la fe de Abraham; Ismael, el producto de su carne. La carne siempre lucha contra el Espíritu. "Nosotros, como Isaac, somos hijos de la promesa. Pero como entonces el que había nacido según la carne perseguía al que había nacido según el Espíritu, así también ahora" (Gálatas 4:28-29).

Lo malo no es el único enemigo de lo mejor; lo bueno

también es enemigo de lo mejor. El fruto del árbol del conocimiento del bien y del mal parecía "bueno...agradable...codiciable..." (Génesis 3:6), pero trajo la muerte. Abalanzarse sobre lo que parece bueno indica lo que hay en nuestros corazones. Cada vez que esperamos en Dios, sin importar el pánico, es una prueba para ver si somos nosotros o Dios quien está a cargo. Si "tenemos que hacer algo", nuestra acusación contra Dios es: "No te importa tanto como a mí", o "No entiendes la situación tan bien como yo".

Saúl entró en pánico cuando Samuel no aparecía el día que el Señor había señalado. Saúl dijo: "Me esforcé, pues, y ofrecí holocausto..." (1 Samuel 13:12). Tuvo que ir en contra de su propia conciencia, porque Samuel parecía estar demorado. Como es habitual, la respuesta de Dios (Samuel en este caso) se manifestó minutos después de que tuvo lugar la desobediencia. Si Saúl hubiera esperado otra media hora, no habría perdido el reino. No fue el pecado, el evento, lo que ocasionó la pérdida del reino; fue el corazón que no era recto. El evento solamente lo puso al descubierto.

Dios está en la cuestión de exponer los corazones; no para reprendernos, sino más bien para que nos arrepintamos y no confiemos en nosotros mismos. A menos que veamos nuestra condición, como Saúl, intentaremos echar la culpa (vea 1 Samuel 13:11-12). Si somos capaces de esperar pacientemente, y no solo esperar que las circunstancias cambien, entonces todavía podemos regocijarnos cuando lleguen las tribulaciones. "Sino que también nos gloriamos en las tribulaciones, sabiendo que la tribulación produce paciencia; y la paciencia, prueba; y la prueba, esperanza; y la esperanza no avergüenza" (Romanos 5:3-5), si nuestra esperanza y nuestra morada están en Jesús. Si nuestra esperanza está en lo bien que hacemos y cómo parecen las cosas, entonces cuando venga la tribulación, solo traerá dolor.

Jeanne y yo hemos aprendido a no entrar en pánico mientras esperamos. Como se mencionó en un capítulo anterior, en una ocasión esperamos tres meses para que Dios arreglara las circunstancias respecto a una casa que Él había dicho que era nuestra. La casa estaba fuera de nuestra posibilidad de compra, y los propietarios estaban firmes en su precio. Parecía que no había manera en lo natural de que alguna vez tuviéramos ese lugar. La casa tenía un enorme atrio unido a la parte de atrás. El problema con el atrio era que tenía un suelo de grava, y con el nivel freático tan alto en la zona, olía como un sótano. El techo del atrio era de paneles corrugados de fibra de vidrio, y entraba la lluvia, junto con el olor a humedad. La temperatura en la casa iba a subir a más de 37 grados debido al atrio. La humedad se quedaba en un 100 por ciento debido a que la casa tenía que estar cerrada y no podía ventilarse. Cuando la gente abría la puerta de entrada era golpeada por el calor, la humedad, y el olor. Eso fue suficiente para convencer a la mayoría de la gente de que el atrio tenía que ser demolido, lo que costaría miles de dólares. Pero yo veía el potencial; otros solo veían el problema. Dios usó esa situación para mantener la casa en el mercado. Los propietarios se habían trasladado a Vancouver y estaban frustrados por la falta de actividad de su casa. Cambiaron los agentes y consiguieron uno que los convenció de demoler la propiedad. Jeanne y yo solo teníamos que darle un descanso y dejar que Dios motivara a los vendedores a la venta. No teníamos que regatear ni luchar, sino esperar y confiar en la palabra de que la casa era nuestra.

Es por esa razón que la paciencia y el descanso traen paz. Jesús dijo: "La paz os dejo, mi paz os doy; yo no os la doy como el mundo la da. No se turbe vuestro corazón, ni tenga miedo" (Juan 14:27). En el mundo, la ausencia de guerra constituye un estado de paz. En la economía de Dios, la paz se da justo en medio de la guerra. Jesús ya había dicho que no había venido a traer la paz (cese de la guerra), sino más bien una espada. En medio de esa división, al confiar en Él, podemos tener un estado de calma.

Una de las primeras apariciones del Jesús preencarnado fue como Melquisedec, rey de Salem.[3] Hebreos 7:2 nos da la interpretación de sus títulos, que se utilizan para denotar sus características, como Rey de justicia y Rey de Paz. Si Jesús es el Rey de Paz, entonces, sus súbditos deben vivir en la tierra de paz.

La paz de Dios es un arma; tenemos que usarla como parte de nuestra armadura. "Y calzados los pies con el apresto del evangelio de la paz" (Efesios 6:15). Es interesante que no solo nos ponemos el evangelio (buena noticia) de la paz, sino que también nos ponemos la preparación. Tenemos que solucionar algunas cosas en nuestro corazón, si vamos a andar en paz. La paz tenía que ir en nuestros pies, lo cual indica nuestro andar: la forma en que vivimos, trabajamos, participamos en relaciones, aconsejamos, etc. Pero hay una preparación, una postura, que se requiere, que nos permite entrar en esa paz. Es una continua revelación, porque en cada nivel de ataque demoníaco, se requerirá un nuevo nivel de la armadura defensiva y ofensiva.

Jesús dijo a sus discípulos: "Cuando os trajeren... ante los magistrados y las autoridades, no os preocupéis por cómo o qué habréis de responder, o qué habréis de decir; porque el

Espíritu Santo os enseñará en la misma hora lo que debáis decir" (Lucas 12:11-12). Dios está diciendo: "Determínense en su corazón antes de la batalla dejarla en mi mano". No se permitirá ninguna lucha a espada ni planificación en nuestra mente, porque eso nos quitará nuestra paz. Nosotros (nuestro espíritu humano) debemos hablar con nuestra alma sobre cómo actuar, porque nuestro espíritu está en sintonía con el Espíritu Santo y conoce el resultado de cada situación.

David se dio cuenta de que ese aconsejamiento en su alma le causó dolor: "¿Hasta cuándo pondré consejos en mi alma, con tristezas en mi corazón cada día? ¿Hasta cuándo será enaltecido mi enemigo sobre mí?" (Salmos 13:2). Tuvo que aprender a hablar con su alma. "¿Por qué te abates, oh alma mía, y te turbas dentro de mí? Espera en Dios; porque aún he de alabarle…" (Salmos 42:5). Por último, pudo decir: "Vuelve, oh alma mía, a tu reposo, porque Jehová te ha hecho bien" (Salmos 116:7).

Como hemos dicho anteriormente, para cada promesa hay una prueba en forma de desierto que suele ser exactamente lo contrario de la provisión. Las promesas que hacemos en un tiempo de paz, Dios siempre las extrae en un tiempo de guerra. Una cosa sobre la guerra en el mundo es que los planes que se hacen tienen que ser descartados tan pronto como se encuentra al enemigo. La confusión, el humo, el miedo, el ruido, la interferencia, y las respuestas inesperadas que el enemigo exhibe generalmente hacen que arrojemos por la ventana todos nuestros planes. Cuando planificamos según lo que creemos que va a suceder, rara vez se soluciona de esa manera. Con Dios, como Él sabe lo que el enemigo esconde en la manga, el planificar por lo que pensamos que podría ocurrir solo limita lo que permitimos que Él haga.

En el desierto los hijos de Israel siempre estaban en pánico. Eran como un caballo asustadizo, temerosos de su propia sombra. Siempre estaban esperando lo peor, así que cuando surgía un problema, su reacción común era refunfuñar y quejarse. Nunca fueron capaces de mostrar ningún tipo de paciencia. Aunque habían visto intervenir a Dios una y otra vez, nunca pudieron descansar en su buen plan para ellos. Eso era rebelión, y se manifestaba en su constante deseo de volverse. "Y volvían, y tentaban á Dios, y ponían límite al Santo de Israel" (Salmos 78:41; Biblia del Oso). La palabra traducida como *límite* tenía la raíz *tavá*, que significa hacer una marca.[4] Básicamente, trazaron una línea en la arena y dijeron: "Hasta aquí y no más". Sus palabras crearon una literal línea de resistencia. La continua expresión, por Israel, de sus temores, mediante quejas, realmente impidió que Dios los usara. Si hubieran confiado en Dios como lo hicieron Josué y Caleb, habrían podido esperar pacientemente que Dios usara las circunstancias difíciles para su beneficio.

Esta actitud de no confiar en que Dios tenía un buen plan fue demostrada desde el inicio de su viaje. Dios le había dicho a Moisés que el Faraón no dejaría ir al pueblo, pero que cuando terminara con él, no solo los dejaría ir sino que "despojaréis a Egipto" (Éxodo 3:22). Faraón respondió al pedido inicial aumentando la carga de trabajo, y el líder del pueblo gritó: "Nos habéis hecho abominables delante de Faraón... poniéndoles la espada en la mano para que nos maten" (Éxodo 5:21). Si hubiesen confiado en que Dios iba a pelear la batalla, podrían haber dicho: "Vamos a sentarnos y veamos cómo Dios va a arreglar esto".

Habacuc aprendió el secreto de la espera. Había visto proféticamente que Babilonia invadiría a Israel y había protestado ante Dios. Después de derramar sus quejas ante Dios, él sabía que solo estaba gimiendo y que Dios enderezaría su pensamiento. "Y velaré para ver lo que se me dirá, y qué he de responder tocante a mi queja" (Habacuc 2:1). Esa reacción le permitió expresar una actitud de confianza cuando todo estaba saliendo mal. Después pudo hacer esta declaración de fe:

> *Aunque la higuera no florezca, ni en las vides haya frutos, aunque falte el producto del olivo, y los labrados no den mantenimiento, Y las ovejas sean quitadas de la majada, y no haya vacas en los corrales; con todo, yo me alegraré en Jehová, Y me gozaré en el Dios de mi salvación…es mi fortaleza, El cual…en mis alturas me hace andar"* (Habacuc 3:17-19).

Habacuc vio la tormenta que se avecinaba, pero reconoció que el enemigo era enviado (o permitido) por Dios (vea Habacuc 1:12). Dios estaba utilizando una situación difícil para corregir a Israel, como lo haría un padre. Dios siempre tiene en mente nuestro bien. "Porque el Señor al que ama, disciplina, y azota a todo el que recibe por hijo" (Hebreos 12:6). Si usted no es castigado, no es hijo (vea Hebreos 12:8). "El nos disciplina para nuestro bien, para que participemos de su santidad. Al presente ninguna disciplina parece ser causa de gozo, sino de tristeza, sin embargo, a los que han sido ejercitados por medio de ella, les da después fruto apacible de justicia. Por tanto, fortaleced las manos débiles y las rodillas que flaquean..." (Hebreos 12:10-12, LBLA).

¿Qué está tratando de decir el escritor? No mire como malas las cosas difíciles, sino más bien mírela como el método de Dios para que, por la paciencia, nos movamos por medio de la justicia, hacia su santidad. Las tormentas vienen, pero Dios es el Señor de las tormentas. No importa quien conduce las tormentas; Dios es el autor, el compositor, y ni siquiera Satanás puede apartarse de la partitura escrita. Dios no lo dejará a usted (en las manos de Satanás), ni lo desamparará. Así como Dios tuvo un arca preparada para la liberación de Noé, también tiene una para nosotros.

Los barcos están diseñados para capear las tormentas, y todos tratamos de conseguir uno grande en el que nos sintamos seguros. El problema no es cuando el barco se mete en la tormenta. El problema es cuando la tormenta se mete en el barco. Tenemos que estar en paz para que Dios tenga la libertad de hacer lo que sea necesario para salvarnos. Está viniendo una tormenta que ningún barco será capaz de sortear. El único lugar seguro será caminar sobre el agua, caminar en paz con Jesús. Entonces, que no cunda el pánico cuando el barco empiece a hundirse. Jesús reprendió a sus discípulos, porque entraron en pánico cuando su barco se estaba hundiendo. "¿Cómo no tenéis fe?" (Marcos 4:40). Es necesario que tengamos la visión de que el Reino no es afectado por las situaciones a las que se enfrenta. Es la presencia del Rey la que hace que esas situaciones estén alineadas con sus propósitos. Saber esto nos permite afirmarnos y correr pacientemente la carrera que tenemos por delante (vea Hebreos 12:1).

Aunque Dios quiere que soportemos con paciencia, también quiere que clamemos a Él. Jesús entendió y respondió: "Y Cristo, en los días de su carne, ofreciendo ruegos y súplicas con gran clamor y lágrimas..." (Hebreos 5:7). Siguió clamando a Dios, y Dios nos anima a hacer lo mismo. "Clama a mí, y yo te responderé" (Jeremías 33:3). Jesús animó a sus discípulos a ser persistentes en la oración: "¿Y acaso Dios no hará justicia a sus escogidos, que claman a él día y noche? ¿Se tardará en responderles? Os digo que pronto les hará justicia" (Lucas 18:7-8).

Incluso en el cielo, los mártires sabían lo que Dios quería de ellos para responder: "Y clamaban a gran voz, diciendo: ¿Hasta cuándo, Señor...no juzgas y vengas nuestra sangre...? y se les dijo que descansasen todavía un poco de tiempo, hasta que...sus hermanos, que...habían de ser muertos" (Apocalipsis 6:10-11). Están clamando por justicia, pero Dios dice que primero ¡hay más que deben ser asesinados! ¿Entendemos que los caminos de Dios no son los nuestros, pero que Dios quiere que clamemos para que Él se mueva? ¿Por qué? Es nuestro ámbito; Él se ha limitado a no moverse a menos que se lo pidamos. Nuestro clamor no es un indicio de temor, sino más bien de dependencia. Es necesario que Él intervenga o estamos perdidos, pero sabemos que si lo invitamos a la situación, Él la arreglará.

La propia madre de Jesús recibió una reprensión por tratar de conseguir que Él arreglara una situación embarazosa en la boda en Galilea. Pero ¿sabe qué? Ella consiguió lo que pedía. Ella sabía que Él respondería, e incluso después de la reprensión, les dijo a los sirvientes que hicieran lo que Él les dijera. Ella demostró una paciente expectación (vea Juan 2:3-11).

Jeanne persistió en oración por su propia madre. Jeanne había estado orando durante meses por su madre y sentía que Dios iba a hacer algo en un día determinado. Oró por una hora, mientras viajaba a visitar a su madre y luego durante otra hora, mientras esperaba que ella viniera a casa. La hermana de Jeanne había ido al médico con una glándula hinchada en el cuello. A causa del largo periodo de oración, la fe de Jeanne se elevó, y cuando su madre y su hermana llegaron a casa, le pidió a su hermana si podía orar por ese gran bulto que tenía en el cuello. Cuando Jeanne oró, el bulto, que tenía el tamaño de un pomelo, parecía moverse y disminuir. Su hermana lo sintió y corrió a mirarse en el espejo. Jeanne oró varias veces más, y cada vez la masa disminuía hasta que ni siquiera se notaba. Su hermana había estado planeando un viaje, pero debido al tumor había estado debatiendo si iría o no. Después de la oración decidió que estaba lo suficientemente sana para ir. Más tarde se encontraron con que se le diagnosticó mononucleosis y que debería haber estado sumamente enferma y débil pero, en cambio, ella disfrutó de unas hermosas vacaciones. Esta demostración de poder fue el catalizador para la salvación de la madre de Jeanne pocos días después.

Tenemos que presionar hasta que Dios manifieste su autoridad en nuestros ámbitos. Jesús dijo: "El reino de los cielos sufre violencia, y los violentos lo arrebatan" (Mateo 11:12). Bueno, presionar y reclamar y pedir constantemente puede no parecer ser una manifestación de paciencia y reposo, pero Dios dice que lo es. "Así que les digo, sigan pidiendo y recibirán lo que piden; sigan buscando y encontrarán; sigan llamando, y la puerta se les abrirá" (Lucas 11:9, NTV). Jesús los está desafiando a persistir con paciencia, a no dejarse intimidar por el primer "no". Anteriormente Él había expresado eso en una parábola sobre un hombre que le pedía un poco de pan a un amigo a altas horas de la noche: "Les digo que, aunque no lo haga por amistad, si sigues tocando a la puerta el tiempo suficiente, él se levantará y te dará lo que necesitas debido a tu audaz insistencia" (Lucas 11:8, NTV).

Como mencioné en un capítulo anterior, una vez Bob Jones habló con mi esposa y conmigo sobre una situación relativa a nuestro hijo. Dijo que había que seguir empujando hacia atrás al diablo del territorio que él había ocupado. Además de hacer una analogía empujando lentamente un vaso, nos relató la historia de su propia batalla contendiendo con el diablo por la salvación de su padre. Dios le mostró a Bob que él era como un perro de presa que se había enganchado en el dedo meñique de Satanás y que este no podía quitárselo de encima. Esta imagen le aseguró a Bob que podía seguir exigiendo enérgicamente la liberación de su padre y estar seguro de su salvación. Dios no obliga a cambiar a las personas, pero sabe si lo harán o no, y puede mostrarnos para que podamos, a través de la oración, entrar en lo que Él está haciendo. Finalmente, después de varias semanas de acoso constante de Bob, Satanás le dijo que permitiría la petición por su padre (Satanás quitaría su control del padre de Bob), si Bob lo dejaba. Bob volvió, sabiendo que tenía la victoria, y dijo: "No hay trato. Tengo primos también".

Bob nos estaba diciendo que aprovecháramos a presionar cuando sabemos la voluntad de Dios y usáramos la persistencia paciente. El descanso no es una actitud de relajarse y no hacer nada. El descanso es dejar nuestro propio trabajo y preocupaciones, y confiar en la palabra de Dios respecto a una situación.

El primer año que me tomé un tiempo libre de trabajo fue muy emocionante. Sabía que Dios quería ponerme a prueba para confiar en Él. Yo estaba aprendiendo a descansar. Eso no significa que no trabajé; significa que dejé los detalles en las manos de Dios. Fue divertido. Hubo una pesada nevada ese invierno, y los muchachos y yo quitábamos la nieve de los techos para evitar que colapsaran. Hicimos más de 8000 dólares y disfrutamos la mutua compañía. Después, alguien se puso en contacto conmigo para firmar un pequeño contrato por un fin de semana. Ese contrato produjo más de 10 000 dólares. Las bendiciones seguían fluyendo, y cuando volví al trabajo nueve meses después, teníamos más dinero en el banco que cuando dejé de trabajar.

Jeanne ha estado presionando y declarando salud a su propio cuerpo últimamente. Ha visto disminuir tanto su medicamento para la tiroides como la receta de sus anteojos. Presionar es trabajo, pero no es un gran esfuerzo, y no es luchar; es ejercitar tranquilamente la fe y la autoridad.

Los hijos de Israel tenían que entrar a un descanso en la tierra. Esto requería que expulsaran al enemigo, pero en realidad su trabajo no era ganar la guerra. Su única tarea era presentarse a la batalla, reconociendo que Dios iba a luchar por ellos. Ellos no poseyeron la tierra "por su espada, ni su brazo los libró; sino tu diestra, y tu brazo, y la luz de tu rostro, porque te complaciste en ellos" (Salmos 44:3). "Echó las naciones de delante de ellos…" (Salmos 78:55). Incluso la naturaleza conspiró contra los cananeos. "Y la tierra fue contaminada; y yo visité su maldad sobre ella, y la tierra vomitó sus moradores" (Levítico 18:25).

El descanso es la capacidad de no preocuparse por aquellas cosas que están en el reino de Dios. La expulsión de los amorreos formaba parte del pacto inicial que Dios hizo con Abraham respecto de la tierra. Él le había dicho a Abraham: "Y en la cuarta generación volverán acá; porque aún no ha llegado a su colmo la maldad del amorreo hasta aquí" (Génesis 15:16). El descanso es una postura de guerra. Le hace saber al enemigo que su desaparición, en nuestra opinión, ya es un hecho. Eso demuestra nuestra falta de temor respecto de sus mentiras. Conocemos la promesa que Dios nos ha dado y la victoria que Él ganó en la cruz. Satanás no puede impedir que entremos en la promesa; solamente nosotros podemos hacerlo.

Hebreos habla de la actitud de la iglesia primitiva:

> *sostuvisteis gran combate de padecimientos...con vituperios y tribulaciones fuisteis hechos espectáculo...y el despojo de vuestros bienes sufristeis con gozo, sabiendo que tenéis en vosotros una mejor y perdurable herencia en los cielos.... No perdáis, pues, vuestra confianza, que tiene grande galardón; porque os es necesaria la paciencia, para que habiendo hecho la voluntad de Dios, obtengáis la promesa* (Hebreos 10:32-36).

Ellos podían hacer eso porque creían en la recompensa y en la promesa. Si no estamos seguros de que Dios tiene el control, entraremos en pánico y haremos algo que no está en nuestro ámbito de autoridad. La incapacidad de Saúl de esperar hasta que Samuel se presentara, como habían acordado, expuso sus temores de que Dios no tuviera el control. "Porque vi que el pueblo se me desertaba, y que tú no venías dentro del plazo señalado, y que los filisteos estaban reunidos...Me esforcé, pues, y ofrecí holocausto" (1 Samuel 13:11-12). Esa no era la tarea del rey. Entonces Samuel le dijo a Saúl: "Locamente has hecho...Jehová hubiera confirmado tu reino sobre Israel para siempre. Mas ahora tu reino no será duradero..." (1 Samuel 13:13-14). Parece un juicio severo, pero las acciones de Saúl eran solo una indicación de la condición de su corazón: "Jehová se ha buscado un varón conforme a su corazón...por cuanto tú no has guardado lo que Jehová te mandó" (1 Samuel 13:14).

Incluso Abraham, quien tuvo una gran paciencia, trató de "ayudar" a Dios y produjo a Ismael. Ese error de juicio ha causado problemas para los hijos de la promesa (Israel) desde entonces: "El que había nacido según la carne perseguía al que había nacido según el Espíritu, así también ahora" (Gálatas 4:29). Cada vez que tomemos la iniciativa antes de que Dios haya dado a luz la promesa, lo que se produzca se convertirá en una carga, por lo menos, o en el peor de los casos, en un enemigo. Debemos tener paciencia. Nuestra postura de reposo puede ser en respuesta a una palabra de Dios.

Nuestros hijos tuvieron muchos problemas en su adolescencia, en parte porque ignorábamos lo mucho que nuestra posición en la batalla los afectaba. Jeanne tenía una palabra de que "se multiplicará la paz de sus hijos" (Isaías 54:13). Esa palabra nos permitió descansar, incluso cuando parecía que el mismo infierno estaba atacando nuestro hogar. Dios nos enseñaba a tener paciencia cuando las situaciones decían lo contrario. Nuestra falta de paciencia suele estar relacionada con que nuestras situaciones no cambian, o con que otras personas no actúan de la manera en que pensamos que deberían hacerlo.

Dios no está preocupado por las situaciones y por los demás. Él siempre está interesado en nosotros y en nuestros pensamientos y acciones. Si tratamos con nosotros mismos, las otras situaciones se alinearán. "Llevando cautivo todo pensamiento a la obediencia a Cristo, y estando prontos para castigar toda desobediencia, cuando vuestra obediencia sea perfecta" (2 Corintios 10:5-6). El orden es siempre: primero, nosotros; luego, los que nos molestan. Si no vamos a tratar con nuestros propios pensamientos, que revelan lo que hay en nuestros corazones, entonces, Dios no cambiará nuestras situaciones. Esas situaciones son las mismas cosas que nos hacen reaccionar y revelan nuestro corazón. Son necesarias para que reconozcamos lo malos que somos. Todo eso lleva tiempo y requiere paciencia.

Cuanto mayor sea nuestro llamado, más largo será el tiempo de refinación. Pablo pasó por un refinamiento continuo hasta que pudo decir: "Con todo, las señales de apóstol han sido hechas entre vosotros en toda paciencia, por señales, prodigios y milagros" (2 Corintios 12:12). Pablo afirmaba que una de las señales de ser un apóstol era actuar con paciencia. Él había manifestado previamente lo que tuvo que soportar para llegar a donde estaba. Lo enumera así:

> *En trabajos... en azotes... en cárceles... en peligros de muerte... cinco veces he recibido cuarenta azotes menos uno... Tres veces... azotado... una vez apedreado; tres veces he padecido naufragio; una noche y un día he estado como náufrago... en caminos muchas veces; en peligros de ríos, peligros*

> *de ladrones, peligros de los de mi nación, peligros de los gentiles, peligros en la ciudad, peligros en el desierto, peligros en el mar, peligros entre falsos hermanos...en trabajo y fatiga, en muchos desvelos, en hambre y sed, en muchos ayunos, en frío y en desnudez...y además de otras cosas...la preocupación por todas las iglesias*" [Dejó lo mejor para el final] (2 Corintios 11:23-28).

Se necesita paciencia para perseverar. Estamos en una carrera, y debemos correr para terminar. "Despojémonos de todo peso [preocupaciones innecesarias] y del pecado [esas cosas que nos harán equivocar]..., y corramos con paciencia la carrera que tenemos por delante [nuestra carrera individual] puestos los ojos en Jesús...el cual...sufrió...que vuestro ánimo [literalmente, *alma*] no se canse hasta desmayar" (Hebreos 12:1-3). Esta carrera puede no ser una carrera de velocidad; más bien, puede ser una maratón; pero es su carrera. Se nos dice que miremos a nuestro capitán (Jesús) mientras corremos; no a todos los demás corredores. Ellos pueden estar corriendo otra carrera. Si un corredor de maratón y un corredor de velocidad comienzan al mismo tiempo, el corredor de maratón parecerá ir perdiendo, sin embargo, no se pueden comparar ya que cada uno de ambos está en una carrera diferente.

Lo importante es perseverar y terminar. Pablo enfatiza lo siguiente: "He peleado la buena batalla, he acabado la carrera, he guardado la fe...me está guardada la corona" (2 Timoteo 4:7-8). ¿Por qué la corona del vencedor? Él terminó su carrera. Nosotros deberíamos adoptar una actitud paciente en esta carrera porque "Jesús, [es] el autor [creador] y consumador de la fe" (Hebreos 12:2). Él instituye la carrera y la termina para nosotros, si seguimos siendo fieles, y perseveramos. Jesús nos animó a perseverar. "Y seréis aborrecidos de todos por causa de mi nombre; mas el que persevere hasta el fin, éste será salvo" (Mateo 10:22). Dios nos pide que confiemos en Él.

"No perdáis, pues, vuestra confianza, que tiene grande galardón; porque os es necesaria la paciencia, para que habiendo hecho la voluntad de Dios, obtengáis la promesa... Mas el justo vivirá por fe; y si retrocediere, no agradará a mi alma" (Hebreos 10:35-36, 38). No se rinda. Dios le ha hablado una palabra de fe: la fe es siempre ahora, tal vez no todavía. Las promesas vienen en forma de semilla; la manifestación puede necesitar cultivo y riego, pero si usted persevera, llegará a dar fruto. La fuerza para perseverar proviene de Jesús, pero debemos estar dispuestos a esperar. "Pero los que esperan a Jehová tendrán nuevas fuerzas... correrán, y no se cansarán; caminarán, y no se fatigarán" (Isaías 40:31).

Nuestro estado de reposo puede ser reconocido por la cantidad de paz que tengamos. Cuando el auto se descompone, cuando la heladera deja de funcionar, cuando en el tanque de agua caliente aparece una fuga, ¿puede usted mantener su paz, especialmente cuando todo esto ocurre el mismo día? A la capacidad de gobernar sobre nuestros propios espíritus, Dios la considera poder. "Mejor es... el que se enseñorea de su espíritu, que el que toma una ciudad" (Proverbios 16:32). Una constante intranquilidad debe alertarnos acerca de áreas de la carne que se están manifestando.

La maldad siempre está revolviendo las cosas y agitando a la gente; nunca tiene descanso ni paz (vea Isaías 48:22). Las personas con un espíritu intranquilo, que no pueden sentarse quietas y simplemente meditar en Dios, que siempre tienen que estar en movimiento, finalmente levantarán polvo y fango. La falta de paz, indica la presencia del maligno. "Los impíos son como el mar en tempestad, que no puede estarse quieto, y sus aguas arrojan cieno y lodo. No hay paz, dijo mi Dios, para los impíos" (Isaías 57:20-21). Dios usa el arma de la paz para derrotar a la maldad. "Y el Dios de paz aplastará en breve a Satanás bajo vuestros pies" (Romanos 16:20). La intranquilidad en nuestra alma y espíritu suele ser una indicación de que estamos irritados bajo una autoridad incómoda. El poder y la autoridad vienen cuando estamos posicionados bajo autoridad, pero una incapacidad para permanecer bajo esa autoridad indica un área rebelde en nuestros corazones. Por lo tanto la paz debe ser nuestro árbitro o juez arbitrador cuando tenemos que tomar una decisión de obedecer. "Y la paz de Cristo sea árbitro en vuestros corazones…" (Colosenses 3:15, BTX). "Que gobierne en sus corazones la paz de Cristo a la cual fueron llamados…" (Colosenses 3:15, NVI).

La paz dictará las decisiones que usted tome. La carne siempre está entusiasmada (agitada) cuando algo parece demasiado bueno para ser verdad. Yo he descubierto que cuanto más me entusiasmaba y cuanto mejor me parecía algo, más seguro era que fuera de la carne. Dios dice que las guerras, los tumultos y las batallas surgen de los deseos, las guerras, los tumultos y las batallas dentro de nosotros (véase Santiago 4:1). ***La codicia es un deseo de obtener. El amor es un deseo de dar.*** La existencia de intranquilidad, o guerras, tumultos y batallas (removiendo el polvo y el fango), indica que en nuestro interior hay deseos que con el tiempo surgirán y causarán envidia y conflictos entre nosotros. La carne siempre desea obtener en vez de dar. El mundo dice: obtén y tendrás más. Dios dice: da (siembra) y tendrás una cosecha y tendrás más. Esto requiere fe y fe basada en la comprensión de la Palabra. "Mi pueblo fue destruido porque le faltó conocimiento" (Oseas 4:6).

La falta de confianza—demostrada por la incapacidad de esperar que Dios se manifieste—, a Saúl le costó el reino. Él perdió su autoridad al no descansar en la palabra que le fue dada. Supuso que podía reaccionar ante la situación y hacer lo que, en su opinión, era necesario. La agitación en su propio espíritu debería haberle hecho darse cuenta de que había salido del espíritu y entrado en la presunción de la carne. La presunción es un pecado. La presunción es orgullo. Sus diversos significados son: audacia en exceso, proceder con exceso de confianza, arrogante, insolente, obstinado o precipitado.[5] Cuando presumimos algo sin preguntar, realmente estamos diciendo: "No tengo que preguntar; puedo hacer lo que quiera. Yo no necesito permiso". En ese momento entramos en la carne, porque ahora salimos a *obtener* (lo cual es codicia).

Cuando los hijos de Israel se rehusaron a entrar a la tierra, se les informaron las consecuencias (40 años en el desierto). Entonces decidieron cambiar de opinión y entrar, pero ya era demasiado tarde. Ellos subieron de todos modos: "Se obstinaron en subir...pero el arca...de Jehová...no se apartaron de en medio del campamento. Y descendieron el amalecita y el cananeo...y los hirieron..." (Números 14:44-45). Presumieron que podían cambiar de opinión y que Dios se arrepentiría, pero el arca (la presencia manifiesta del Señor) no fue con ellos, y murieron. Si su actitud hubiera sido la opuesta, y se hubieran arrepentido de verdad,

Dios podría haber encontrado un intercesor que cambiara su parecer.

Necesitamos dar un paso atrás en nuestro espíritu de hombre y decir: "¿Por qué estoy haciendo esto? ¿Por qué estoy reaccionando de esta manera? ¿Por qué no tengo paz?" Cuando usted se siente obligado o forzado a hacer algo, eso no es Dios. Dios tiene sus tiempos; debemos ser pacientes, relajarnos y esperarlos.

> *Aunque la visión tardará aún por un tiempo, mas se apresura hacia el fin, y no mentirá; aunque tardare, espéralo, porque sin duda vendrá, no tardará.... aquel cuya alma no es recta, se enorgullece* [orgulloso, presuntuoso]*; mas el justo por su fe vivirá* (Habacuc 2:3-4).

Capítulo 5

Agárrame papá: **Confianza**

Dios nos confiará su poder si podemos confiarle a Él nuestras vidas. ¿Qué es la confianza? Es la convicción de las buenas cualidades de otro. Esa actitud se expresa mediante una acción acompañante, de dependencia de ese otro. Blondin, el equilibrista de cuerda floja francés del siglo diecinueve, una vez le preguntó a su entrenador si creía que él, el Gran Blondin, podía caminar a través de las cataratas del Niágara sobre una cuerda floja con un hombre en su espalda. Su entrenador, Harry Colcord, insistía en que él creía absolutamente que Blondin podría hacerlo. Blondin respondió: "Si confías tanto en mí, ven conmigo. Te llevaré en mi espalda". La prueba de la afirmación "Confío en ti", fue demostrada por el hecho de que Harry sí lo acompañó en su caminata. Él confió su vida al cuidado de Blondin.[1] Eso es lo que Dios nos pide que hagamos.

Una vez me pidieron que soldara unas agarraderas de elevación en una parte de una gran estructura de modo que pudiera elevarse en un ángulo de 70 grados. La pieza pesaba cerca de 140 toneladas y requeriría dos grúas para colocarla en su lugar. Llamé al departamento de ingeniería de la compañía, pero confesaron que ignoraban dónde ubicar las agarraderas para sostener el elevador. Yo no tenía ni idea de cómo calcular las posiciones de las agarraderas, así que llamé a un amigo de ingeniería para ver si podía ayudar. Esa noche, más tarde, me llamó con una respuesta negativa, y entonces supe lo que tenía que hacer. Le dije a Dios: "Tú saber cómo hacerlo. Por favor, muéstrame cómo". Me estaba yendo a dormir y reflexionaba sobre el problema cuando una fórmula vino a mi mente. Salté de la cama y la escribí antes de que se me olvidara, y luego me fui a dormir.

Al otro día en el trabajo, calculé las posiciones de las agarraderas de acuerdo a la fórmula que Dios me había dado y las soldamos. Yo estaba tan emocionado de que Dios hablara tan específicamente que le dije a todo el mundo, incluido el superintendente, cómo llegué a la respuesta. Él sonrió y comentó con sarcasmo: "Sabe qué pasará con usted si está equivocado, ¿no?"

Mi trabajo era el diseño, pero yo confiaba en Dios. Si funcionaba, Él recibía la gloria, y si no, me despedían. Funcionó tan bien que podría haber empujado esa pieza de 140 toneladas con mi dedo meñique para alinearla. Es emocionante confiar en Dios.

Jesús nos pide a todos que hagamos lo mismo, confiar. Él no es un estafador, que sonriendo con los brazos abiertos, dice: "Confía en mí". Es el Creador del universo, que ya dio su vida para redimirnos, rogando, por nuestro propio bien, que confiemos en Él. Jesús nos pide que nos volvamos como niños en nuestra actitud hacia Él. Los niños, con absoluta confianza hacia su padre, a menudo ni siquiera esperan que su papá se dé vuelta antes de saltar y gritar: "Papá, agárrame". Esa es la confianza absoluta en un padre amoroso.

Esa respuesta de confianza es la marcada diferencia entre los que están en el Reino y los que están a la vez en el ámbito demoníaco y en el hombre no regenerado. "Tú crees que Dios es uno; bien haces. También los demonios creen, y tiemblan" (Santiago 2:19). Aunque saben que hay un solo Dios, no confían en Él. No confían en que Él hará lo que es mejor para ellos. Satanás sugirió que Dios no quería que Adán y Eva comieran del fruto del árbol de la ciencia del bien y del mal, porque "sabe Dios que el día que comáis...serán abiertos vuestros ojos, y seréis como Dios" (Génesis 3:5). La mentira que Satanás estaba propagando era que Dios no quería que fueran como Él, que quería mantenerlos en su lugar. A Job también se le susurró esa mentira: "¿Será el hombre más justo que Dios?...He aquí, en sus siervos no confía, y notó necedad en sus ángeles. ¡Cuánto más en los que habitan en casas de barro!" (Job 4:17-19). Eso fue un ataque contra el carácter de Dios.

Satanás incluso arrojó dudas de que la Palabra de Dios fuera verdadera: "No moriréis" (Génesis 3:4). Con dudas acerca del carácter de Dios y las palabras zumbando en los oídos, Adán y Eva no podían ya confiar en Dios, sino que le temían y quebraron la relación. Satanás está utilizando la misma táctica hoy. Cuando Jeanne estaba a punto de dar a luz a nuestro primer hijo, Shannon, el doctor dijo que iba a requerir una operación cesárea. Yo había orado y oí que Dios dijo que sería un parto normal. Jeanne creyó lo que Dios dijo y dio a luz sin la ayuda de una cesárea. Los médicos decidieron extraer al bebé con fórceps, lo que le causó convulsiones a Shannon. Se dijo que iba a tener daño cerebral. Una vez más, nos negamos a creer a los médicos y clamamos sanidad para nuestro hijo. Él no solo resultó ser normal, sino brillante. Dios nos llama a luchar contra las palabras negativas que nos atacan de todos lados.

Desde que el hombre recibió esa primera mentira, Dios ha estado atrayendo otra vez a una relación semejante al matrimonio, donde hay confianza y amor mutuos. Él ha cumplido su parte y se ha mantenido fiel a su compromiso, incluso cuando nosotros no lo hicimos. El hecho de que nosotros no confiamos, o no pudimos confiarle nuestra vida a Él, requirió que Dios hiciera todos los movimientos necesarios para restablecer esa confianza. Él lo hace porque nos ama y su principal característica es el amor.

Primera de Corintios 13 no es solo una descripción de las facetas del amor, sino de Dios mismo, porque Dios es amor. Como Dios equivale a amor, podemos sustituir el uno por el otro. Esta es mi paráfrasis: Dios es sufrido, es benigno; Dios no tiene envidia, Dios no es jactancioso, no se envanece; Dios no hace nada indebido, no busca lo suyo, no se irrita, no guarda rencor y se goza de la verdad. Dios todo lo sufre, todo lo cree, todo lo espera, todo lo soporta. Dios nunca falla (vea 1 Corintios 13:4-8).

Moisés lo dijo elegantemente: "Dios no es hombre, para que mienta…El dijo, ¿y no hará? Habló, ¿y no lo ejecutará?…El dio bendición, y no podré revocarla" (Números 23:19-20). Dios no es tan bueno como su Palabra; Él es su Palabra. El Salmo 138:2 (parafraseado) dice que Dios "Engrandece su palabra por encima de su nombre". Por eso Jesús es llamado la Palabra de Dios. Esa fue la mayor alabanza que podía otorgar porque su palabra es su vínculo o pacto y la expresión directa de su integridad.

En otro lugar Jesús dijo: "Las palabras que yo os he hablado son espíritu y son vida" (Juan 6:63). ***Dudar de lo que Dios ha hablado, es dudar de la esencia misma de Dios, de su misma naturaleza.*** Si no podemos confiar en Él, nunca vamos a hacer lo que nos dice que hagamos y nunca experimentaremos su poder. A los discípulos se les dio un desafío de "Id...diciendo: El reino de los cielos se ha acercado. Sanad enfermos, limpiad leprosos, resucitad muertos, echad fuera demonios; de gracia recibisteis, dad de gracia. No os proveáis de oro, ni plata...ni de alforja...ni de dos túnicas, ni de calzado...porque el obrero es digno de su alimento" (Mateo. 10:7). Los discípulos expresaron un alto grado de confianza saliendo basados estrictamente en su palabra. En realidad se sorprendieron al descubrir que su poder se manifestaba en ellos y que los demonios realmente se les sujetaban. Si vamos a ser discípulos de Jesús, también tendremos que demostrar un nivel de confianza.

Jeanne y yo hemos aprendido a confiar en Dios aun cuando no tiene sentido. Cuando nos mudamos a Lloydminster, solo nos quedaban cinco meses de trabajo, y sin embargo sentimos que Dios quería que compráramos una casa. Eso es confianza, pero también es emocionante porque hay una sensación de que, cuando usted se aventura con Dios, está en un lugar de poder. Ese poder proviene de saber secretos que nadie más conoce. Es un lugar de amistad. Dios le dijo a Abraham lo que iba a hacer porque Abraham era su amigo (vea Génesis 18:17).

Esos lugares de confianza se convierten en hitos que podemos recordar y alientan nuestras almas al recordar lo que Dios hizo. Los patriarcas construyeron altares y monumentos como testigos de lo que ocurrió en esos lugares. Jesús asimismo recordó a los discípulos la fidelidad de Dios al proveer para sus necesidades cuando los envió sin provisiones propias. Se los recordó para fortalecer su fe justo antes de que Él fuera traicionado. La confianza se edifica por el recuerdo, y Dios espera que recordemos lo que ha hecho de modo que su inversión sea correspondida.

Ezequías, dice la Biblia: "no correspondió al bien que le había sido hecho: sino que se enalteció su corazón, y vino la ira contra él, y contra Judá y Jerusalén" (2 Crónicas 32:25). Ezequías no respondió adecuadamente porque decidió olvidar lo que Dios había hecho por él. Se nos dice que bendigamos "al Señor…" y que no olvidemos "ninguno de sus beneficios" (Salmos 103:2). Meditar en lo que Dios ha hecho, traer a memoria los beneficios pasados, nos permite confiar en Dios en vez de mirar y temer nuestras situaciones. ***Nuestra autocompasión y egocentrismo se disuelven en su presencia.***

A pesar de todos los desastres y la persecución personal que lo atacó, Jeremías pudo decir: "Esto recapacitaré en mi corazón, por lo tanto esperaré…porque nunca decayeron sus misericordias. Nuevas son cada mañana" (Lamentaciones 3:21-23). Mientras Jeremías meditaba en Dios, pudo profetizar un futuro exitoso a un pueblo que iba a la cautividad, e incluso establecer una fecha para la liberación milagrosa de esa cautividad. Él confiaba en Dios y su confianza ayudó a las generaciones de personas que caminaron con Daniel, Esdras y Nehemías a hacer lo mismo.

Esdras tuvo "vergüenza de pedir al rey tropa y gente

de a caballo que nos defendiesen del enemigo...porque habíamos hablado al rey, diciendo: La mano de nuestro Dios es para bien sobre todos los que le buscan..." (Esdras 8:22). La confianza requiere acciones apropiadas para ser verdadera confianza, y eso engendrará siempre una respuesta de Dios. ¿Recuerda lo que pasó en la situación de Esdras? "Ayunamos, pues, y pedimos a nuestro Dios sobre esto, y él nos fue propicio" (Esdras 8:23).

Jeanne era tan temerosa que no le gustaba salir al patio cuando un vecino pudiera verla y querer hablarle. Dios le daba sus tareas que la exigían y edificaban su confianza en Él. La envió a una encantadora vecina católica, cuyo nombre ni siquiera conocía, con una palabra de que Dios la amaba. Jesús deseaba guiarla a una relación personal con Él. Jeanne le dijo que ella no tenía necesidad de un mediador entre ella y Dios. La dama se echó a reír y respondió que esa era la tercera vez que alguien le decía lo mismo esa misma semana. Experiencias semejantes edifican nuestros niveles de confianza y nos preparan para tareas más emocionantes.

Nuestras acciones deben coincidir con nuestras palabras. Cuando hacemos una declaración de confianza, de que Dios va a cumplir algo que ha prometido, le estamos declarando la guerra al reino de oscuridad. Estamos, en esencia, declarando que el Reino de Dios va a traer la luz y va a hacer retroceder la oscuridad. Tanto Dios como Satanás están interesados en probar nuestro compromiso, que en realidad es nuestra confianza, y ejercen presión. Dios está tratando de cambiarnos. Satanás está tratando de cambiar la situación y anular la palabra. Si no estamos en el centro de la voluntad de Dios en un asunto, sino vacilantes o nadando entre dos aguas, es como si moráramos en una frontera. En una guerra, las batallas se libran en la frontera y una avanzada de cualquier ejército cruzará esa frontera y nos arrasará. El peor sitio en el que puede estar un cristiano es al filo de un compromiso. Dios ordena que seamos fríos o calientes, pero no tibios (vea Apocalipsis 3:15-16).

Uno de los mejores indicadores de nuestro compromiso es la velocidad con la que respondemos a las cosas que no entendemos. ***La obediencia lenta es desobediencia.*** Por ejemplo, una vez, cuando los chicos eran pequeños, Jeanne estaba orando y Dios le dio una impresión de que algo estaba mal y que debía bajar. Ella bajó inmediatamente, para descubrir que los chicos habían envuelto papel crepé alrededor de una bombilla de luz expuesta y estaba empezando a arder. Unos pocos minutos de vacilación de parte de Jeanne hubieran significado un desastre en forma de incendio.

Abraham se apresuró a responder a la orden de sacrificar a Isaac. "Toma... Isaac... y ofrécelo... Y Abraham se levantó muy de mañana" (Génesis 22:2-3). Su obediencia rápida resultó en bendición. "Por cuanto has hecho esto, y no me has rehusado tu hijo... te bendeciré, y multiplicaré tu descendencia... y tu descendencia poseerá las puertas de sus enemigos" (Génesis 22:16-17). Esa bendición le dio poder y autoridad sobre sus enemigos. Los hijos de Israel, por otra parte, tardaron un día en responder al mandamiento de Dios para tomar la tierra. "Y se levantaron por la mañana... diciendo: Henos aquí para subir al lugar del cual ha hablado Jehová; porque hemos pecado. Y dijo Moisés... No subáis, porque Jehová no está en medio de vosotros... Sin embargo, se obstinaron en subir... y el cananeo... los hirieron" (Números 14:40-42,44-45).

El tiempo era el mismo, ambos respondieron al día siguiente, pero la obediencia del corazón llegó inmediatamente con Abraham y solo llegó a los hijos de Israel después de que se les dijeron las consecuencias de su rebelión. El tiempo del corazón era lo que Dios juzgaba, no las acciones. Había pasado la ventana de oportunidad para los hijos de Israel, y no tenían ningún poder ni autoridad propios para conquistar la tierra.

Nuestras acciones, cuando vamos a enfrentar algo que tememos, indicarán si confiamos en Dios o en nosotros mismos. Si confiamos en nosotros mismos, vamos a ser lentos para obedecer. Si es en Dios en quien confiamos, habrá entusiasmo, y expectativa de lo que Él va a hacer para resolver el problema que tememos. Ese entusiasmo nos permitirá responder rápidamente a sus impulsos. Aunque no tengamos la respuesta al problema, tendremos la confianza.

Abraham respondió rápidamente a la pregunta de Isaac sobre dónde estaba el sacrificio con una declaración profética de confianza. "Habló Isaac... He aquí el fuego y la leña; mas ¿dónde está el cordero...? Y respondió Abraham: Dios se proveerá de cordero para el holocausto" (Génesis 22:7-8). Abraham creyó que Dios podría resolver ese dilema de cómo sacrificar a Isaac y que sin embargo siguiera siendo el vehículo a través de quien fluiría la bendición. Abraham confiaba en que "Dios es poderoso para levantar aun de entre los muertos" (Hebreos 11:19). Esta situación podría parecer demasiado difícil, pero en la mente de Abraham no iba a salir mal. Para caminar en la misma autoridad en la que Abraham caminó, debemos actuar como él y no mirar el problema sino más bien ver la respuesta. Tenemos que afirmarnos en la promesa, mirar más allá del problema, y ver la provisión, que Jesús va a suministrar.

Cuando todo falla, cuando toda esperanza parece haber desaparecido y la presión está a punto de quebrantar nuestra determinación, logramos entender dónde está colocada nuestra confianza. Dios ya lo sabe. Él nunca se desilusiona porque no se hace ilusiones respecto a nosotros. Él conoce nuestras debilidades, aunque nosotros no las conozcamos. Cuando comenzamos a hundirnos, nos asiremos desesperadamente de cualquier cosa que creamos que nos salvará. "Estos confían en carros, y aquéllos en caballos; mas nosotros del nombre de Jehová nuestro Dios tendremos memoria" (Salmos 20:7).

Y Abraham llamó a ese lugar donde Dios proveyó un carnero para el sacrificio en lugar de Isaac: *Jehová Jiré* (que significa "el Señor proveerá"). El lugar de aparente sacrificio suele ser el lugar de la provisión. ¿Puede confiar en que Dios hará lo mismo por usted? Si no, entonces esa fue solo una buena historia que afectó el estado de Abraham con Dios, pero no el suyo. *Confianza* significa ponerse en un lugar donde, si Dios no interviene, usted está en problemas.

Son sus palabras creativas en acuerdo con Dios en su ámbito de autoridad lo que permite que la Palabra de Dios se manifieste. Dios quiere que nos asociemos con Él en el proceso creativo. Jeanne y yo comenzamos un proceso creativo cuando ella tuvo un sueño sobre una casa de una superficie considerable. En el sueño ella no solo vio la casa, sino también las casas de los vecinos. Incluso podía describir las formas, los colores y la ubicación de los garajes. El Espíritu me había dado un plan para un tipo de casa original, así que lo dibujé y le pregunté a Jeanne si se parecía a eso. Ella se entusiasmó y dijo que era exactamente como la había visto en el sueño.

Con ese conocimiento, compramos y comenzamos a construir la casa en nuestra área. El único problema era que las casas del otro lado de la carretera no eran exactamente como ella las había visto en el sueño. Sin embargo, en dos años, uno de los vecinos construyó un garaje y el otro cambió el revestimiento exterior de su casa en coincidencia con los colores que Jeanne había visto en el sueño. Dios obró a través de nosotros en esa casa e hizo muchas cosas milagrosas. Hice un estudio bíblico con la gente que contraté para que me ayudara a construir la casa y pude guiar a uno de los hombres a una relación personal con Jesús.

Si podemos confiar en Dios, Él puede hacer cosas increíbles para nosotros. Si usted reniega o pierde la confianza en las palabras de Dios, no hay poder creativo en ellas en su vida. Lo que Dios quiere lograr con y a través de usted se ve frustrado. Israel, en el desierto, nunca pudo seguir en la misma página que Dios porque nunca aprendió a confiar. "Por cuanto no habían creído a Dios, ni habían confiado en su salvación.... Y volvían... y provocaban al Santo de Israel" (Salmos 78:22,41). Como mencionamos anteriormente, con sus actitudes los israelitas en realidad trazaron una línea en la arena y le dijeron a Dios: "No vamos a cruzar esta línea". Habían llegado al límite de su confianza y no estaban dispuestos a cambiar.

Jesús experimentó el mismo problema cuando se encontró con la incredulidad y la falta de confianza en su ciudad natal: "Y se escandalizaban de él... Y no hizo allí muchos milagros, a causa de la incredulidad de ellos"

(Mateo 13:57-58). Este versículo muestra la importancia de nuestra relación con Jesús y la necesidad absoluta de que la Iglesia coopere con Dios a fin de manifestar el Reino en el mundo. Tenemos la responsabilidad, porque solamente la Iglesia, no el mundo, tiene la relación para oír la voluntad de Dios y declararla en nuestros ámbitos de autoridad. A menos que podamos confiar en Dios y obedecer, confiadamente, lo que Él dice, el mundo no va a escapar del juicio que ha traído sobre sí mismo. Nosotros somos la sal y la luz. Ellos nos necesitan, o perecerán.

Si ponemos la esperanza en cualquier cosa aparte de Dios—educación, gobierno, buenos ejemplos, la religión, la ciencia, la naturaleza humana, el dinero, los médicos, la evolución, etc.—entonces eso se ha convertido en nuestro dios. Nos quedaremos inmovilizados, mudos y sordos, si confiamos en eso. Los ídolos de ellos son:

> *"Los ídolos de ellos... Tienen boca, mas no hablan; tienen ojos, mas no ven; orejas tienen, mas no oyen; tienen narices, mas no huelen; manos tienen, mas no palpan; tienen pies, mas no andan; no hablan... Semejantes a ellos son los que los hacen, cualquiera que confía en ellos... Los que teméis a Jehová, confiad en Jehová; El es vuestra ayuda y vuestro escudo* (Salmos 115:4-8,11).

Jeremías va más allá y dice: "Maldito el varón que confía en el hombre... Bendito el varón que confía en Jehová, y cuya confianza es Jehová" (Jeremías 17:5,7). En mi propia vida, tuve que arrepentirme y romper la maldición que vino porque yo confiaba en mi propia capacidad y ética de trabajo para salir adelante en el mundo de los negocios. No estoy diciendo que la gente no debería trabajar con ahínco; estoy diciendo que no debemos confiar en nuestra capacidad de trabajar con ahínco.

Poco tiempo después de que me arrepentí de haber confiado en mi propia capacidad, tuve la oportunidad de ministrarle esta verdad a un joven jugador de hockey. Él había venido para que le ministrara porque tenía problemas con su entrenador. (Yo no me di cuenta hasta después de que era un profesional y jugaba en la Liga Nacional de Hockey). Explicó que no podía anotar tantos cada vez que lo ponían en la jugada ofensiva cuando el equipo contrario tenía un penal. Hice que perdonara a su entrenador por sus reacciones negativas y, después, que se arrepintiera por haber confiado en sí mismo, en sus propias capacidades. Dos noches después, estaba jugando en un juego televisado y pudo marcar dos goles en la jugada ofensiva. Pasó a tener una mejor temporada personal aunque su equipo jugó mal.

Debemos ser conscientes de las cosas en las que estamos poniendo nuestra confianza. Algunas de las cosas en que confiamos son las mismas cosas de las cuales Dios quiere liberarnos. "Por cuanto te has apoyado en el rey de Siria, y no...en Jehová tu Dios, por eso...el rey de Siria ha escapado de tus manos" (2 Crónicas 16:7). Dios tenía el propósito de que el rey Asa finalmente quitara la amenaza que Siria representaba para Judá, pero su falta de confianza lo inmovilizó e impidió a Dios realizara su liberación. Dios dice en el versículo siguiente: "Porque los ojos de Jehová contemplan toda la tierra, para mostrar su poder a favor de los que tienen corazón perfecto para con él" (2 Crónicas 16:9).

Dios estaba tratando de establecer la autoridad de Asa en la región y de traer la paz, pero Asa confió en lo equivocado.

Como resultado, "Locamente has hecho en esto; porque de aquí en adelante habrá más guerra contra ti" (2 Crónicas 16:9). Asa había confiado en Dios en una ocasión anterior para derrotar al ejército etíope de más de un millón de hombres. Él había dicho: "¡Oh Jehová, para ti no hay diferencia alguna en dar ayuda al poderoso o al que no tiene fuerzas! Ayúdanos, oh Jehová Dios nuestro, porque en ti nos apoyamos" (2 Crónicas 14:11). Esa victoria suscitó tanto temor en las naciones de alrededor que Asa tuvo veinte años de paz, a pesar de que "en aquellos tiempos no hubo paz... Y una gente destruía a la otra... porque Dios los turbó con toda clase de calamidades" (2 Crónicas 15:5-6). Confiar en que Dios pelearía por ellos trajo paz. El temor, como resultado de confiar en que los hombres pelearan por ellos trajo la guerra. La cólera de Asa contra el profeta que trató de reprenderlo, y después otras personas inocentes, fue solo una manifestación de ese temor. El temor manifestó la falta de confianza y limitó lo que Dios podía hacer por Israel.

Nuestras actitudes siempre determinarán nuestra altitud en Dios. Nuestras actitudes salen de nuestro corazón.

Malas actitudes: "Lo que sale de la boca, del corazón sale; y esto contamina al hombre. Porque del corazón salen los malos pensamientos, los homicidios, los adulterios, las fornicaciones, los hurtos, los falsos testimonios, las blasfemias" (Mateo 15:18-19).

Buenas actitudes: "Mas la que cayó en buena tierra, éstos son los que con corazón bueno y recto retienen la palabra oída, y dan fruto con perseverancia" (Lucas 8:15).

Si nuestro corazón es recto, al confiar en Dios, podemos dejar nuestro ascenso en sus manos: "Alábete el extraño, y no tu propia boca..." (Proverbios 27:2). También podemos dejar nuestros deseos en las manos de Dios. "¿De dónde vienen las guerras y los pleitos entre vosotros? ¿No es de vuestras pasiones, las cuales combaten en vuestros miembros? Codiciáis, y no tenéis; matáis y ardéis de envidia, y no podéis alcanzar; combatís y lucháis, pero no tenéis lo que deseáis, porque no pedís" (Santiago 4:1-2).

Preferimos luchar por nuestra cuenta en vez de confiar en Dios y pedirle, porque no estamos muertos a nuestra vida propia. El libro de Santiago dice que codiciamos, y la codicia siempre es un deseo de obtener mientras que el amor es un deseo de dar. La confianza permite que Dios le dé y lo ascienda. Él ya ha puesto en usted todo lo que usted necesita para triunfar. "La dádiva del hombre le ensancha el camino y le lleva delante de los grandes" (Proverbios 18:16).

Jesús ejemplificó cómo debemos confiar en Dios: "Haya, pues, en vosotros este sentir que hubo también en Cristo Jesús, el cual...se despojó a sí mismo, tomando forma de siervo,...se humilló a sí mismo, haciéndose obediente hasta la muerte..." (Filipenses 2:5-8). Si hacemos eso, Dios puede responder como hizo con Jesús: "Dios también le exaltó hasta lo sumo" (Filipenses 2:9).

En una oportunidad unas personas se acercaron a Jeanne para que orara por ellos ya que iban a predicar en algún lugar en otra asamblea el domingo siguiente. Jeanne también tenía que predicar, y esa iba a ser su primera vez. Le hubiera gustado tener a alguien que orara por *ella,* pero Dios le dijo que si oraba por ese hombre, Él la cuidaría. Esa noche, después de la predicación, ella hizo una invitación a los que necesitaran oración. La gente respondió y ocurrieron salvaciones, sanidades y liberaciones. Dios siempre responde cuando venimos a Él con confianza.

Nuestro nivel de confianza en la fidelidad de Dios puede determinarse fácilmente por cuánto le permitimos que nos promueva Él versus cuánto nos promocionamos nosotros mismos. Aun cuando decidimos dejar que Dios sea Dios en nuestra vida, la actitud de nuestro corazón es revelada por la tendencia a quejarnos cuando las cosas no salen como se esperaba:

> *...He aprendido a contentarme, cualquiera que sea mi situación. Sé vivir humildemente, y sé tener abundancia; en todo y por todo estoy enseñado, así para estar saciado como para tener hambre, así para tener abundancia como para padecer necesidad. Todo lo puedo en Cristo que me fortalece* (Filipenses 4:11-13).

Los hijos de Israel nunca cambiaron sus actitudes (corazones) como lo demuestra el hecho de que nunca dejaron de refunfuñar y quejarse. De las diez pruebas a las que se alude en Números 14:22, la murmuración y la queja fueron predominantes en nueve de ellas. Su falta de confianza respecto al cumplimiento de su promesa les trajo juicio: "¿Hasta cuándo oiré esta depravada multitud que murmura contra mí...? Vivo yo, dice Jehová, que según habéis hablado a mis oídos, así haré yo con vosotros. En este desierto caerán vuestros cuerpos; todo...los cuales han murmurado contra mí" (Números 14:27-29).

Su expresión por defecto, en respuesta a cualquier dificultad o aparente revés para recibir la promesa, era: "¡Ojalá muriéramos en la tierra de Egipto; o en este desierto ojalá muriéramos!" (Números 14:2). Recibieron exactamente lo que estaba en sus corazones recibir. Caleb, por otra parte, recibió una promesa diferente: "por cuanto hubo en él otro espíritu...yo [Dios] le meteré en la tierra...y su descendencia la tendrá en posesión" (Números 14:24). La actitud determina la altitud. Tenemos que aprender a ver nuestro corazón y orar: "He aquí, tú amas la verdad en lo íntimo, y en lo secreto me has hecho comprender sabiduría" (Salmos 51:6).

Dios está con nosotros, pero debemos permitirle que nos cambie para poder prosperar cuando Él cambie nuestras circunstancias. Él tiene una esperanza y un futuro para nosotros. Dijo que "los mansos heredarán la tierra" (Salmos 37:11), no el orgulloso y jactancioso. Podemos juzgar la condición de nuestro corazón por lo que sale de nuestra boca.

Dios ha puesto sus pensamientos en usted para hacer que sean suyos. "Del hombre son las disposiciones del corazón; mas de Jehová es la respuesta de la lengua. Encomienda a Jehová tus obras, y tus pensamientos serán afirmados" (Proverbios 16:1,3). Los anhelos de Dios para nosotros son más altos que los nuestros. "Antes bien, como está escrito: Cosas que ojo no vio, ni oído oyó, ni han subido en corazón de hombre, son las que Dios ha preparado para los que le aman" (1 Corintios 2:9).

La falta de confianza, que es temor, impedirá que reclamemos lo que es nuestro por legítimo derecho. Jeanne y yo en una ocasión estábamos buscando un coche que fuera económico en el consumo de gasolina. Creíamos que estaríamos mejor si tuviéramos un pequeño coche para ir al trabajo. Sin embargo, no le preguntamos a Dios qué coche debíamos conseguir; supusimos. Encontramos un pequeño Mini Morris y le pusimos una prueba al Señor. Las pruebas están diseñadas para confirmar lo que ya sabemos, pero estábamos usando este como una fuente de dirección. Dios fue misericordioso y respondió a nuestra prueba. Nosotros queríamos asegurarnos de que el coche era confiable y de que encendería en invierno. Le pedimos a Dios que nos diera una señal de que este era nuestro coche: debía encender en los primeros diez intentos. ¡Diez intentos! Utilizamos ese número ridículamente elevado, estoy seguro, solo porque queríamos ese coche.

No encendió, sin embargo, hasta la undécima vez. ¡Lo compramos todos modos! Qué desastre resultó ser ese coche. Terminé regalándolo por un dólar solo porque estaba harto de arreglarlo. Nuestro temor de no conseguir un buen coche dio como resultado que compráramos chatarra. Yo tenía temor de no tener lo suficiente para jubilarme. Temor de que nunca conseguiría un trabajo seguro. Mis temores me dirigían para intentar lograrlo por mí mismo. Le tomó mucho tiempo a Dios, y pasé por muchos desastres antes de ceder a sus caminos.

No todos entran en razón en su manera de pensar. Dios perdió toda una generación de Israel que tenía que ser testigo de su gran poder. Ellos debían contarles a sus hijos y a sus nietos acerca de su gloria, para que los niños pudieran tener fe para cosas todavía más grandes, pero "sus padres,... generación que no dispuso su corazón, ni fue fiel para con Dios su espíritu... armados, volvieron las espaldas en el día de la batalla. No guardaron el pacto... ni quisieron andar en su ley" (Salmos 78:8-10).

Tenemos un pacto de caminar con Dios para obtener una tierra de promesas. "Y si retrocediere, no agradará a mi alma" (Hebreos 10:38). Jesús dijo que "Ninguno que poniendo su mano en el arado mira hacia atrás, es apto para el reino de Dios" (Lucas 9:62). El temor no es una opción, una vez más, el *temor no es una opción.* Se nos ordena no preocuparnos: "Por nada estéis afanosos, sino sean conocidas vuestras peticiones delante de Dios en toda oración y ruego, con acción de gracias" (Filipenses 4:6).

Jeanne regresaba de visitarme en un trabajo al norte de Alberta. Mientras conducía en el carril de adelantamiento, un repentino chubasco hizo muy resbaladizo el camino. Ella acababa de entrar entre dos camiones semirremolques que bajaban por la colina y otros dos que subían cuando el coche comenzó a patinar. Jeanne clamó al Señor mientras el coche se salía de control y hacía dos giros de 360 grados en medio de la carretera entre todos los camiones. Lo que supo después, fue que el coche se había enderezado y subía por la colina de manera normal. Usted puede confiar en que Dios lo librará aun cuando el desastre parezca inminente.

Se le dijo a Jeremías que profetizara a Ebed-melec que, aunque el desastre se acercaba a Jerusalén, él no debía temer: "Porque ciertamente te libraré, y no caerás a espada, sino que tu vida te será por botín, porque tuviste confianza en mí, dice Jehová" (Jeremías 39:18). La confianza elimina el temor, y aunque tengamos temor, incluso con miedo podemos confiar. "En el día que temo, yo en ti confío. En Dios alabaré su palabra; en Dios he confiado; no temeré. ¿Qué puede hacerme el hombre?" (Salmos 56:3-4).

La Biblia está llena de ejemplos de personas que confiaron en Dios completamente. Sadrac, Mesac y Abed-nego confiaban en Dios. Habían sido llevados cautivos a Babilonia como parte del juicio a Israel. El rey de Babilonia había emitido un decreto de que todos tenían que inclinarse ante su estatua como ante Dios. Estos tres hombres se negaron y confiaron en Dios en su situación. Cuando vino la prueba de parte del rey para inclinarse ante el ídolo, y sus vidas estuvieron en juego, no sintieron necesidad de transigir. Fuere cual fuere el resultado, no importaba. Se comprometieron a confiar en Dios y con valentía pudieron responderle al rey: "No es necesario que te respondamos sobre este asunto. He aquí nuestro Dios...puede librarnos...de tu mano, oh rey, nos librará. Y si no...no serviremos a tus dioses, ni tampoco adoraremos la estatua" (Daniel 3:16-18). Su respuesta no fue muy diplomática, y obtuvo los resultados esperados: la furia del rey, y la sentencia de muerte.

¡Pero Dios intervino! Dios los salvó, *no al mantenerlos fuera del horno del rey,* sino al permitir que pasaran por el fuego sin efectos negativos. Ahora, en lugar de la muerte, la promoción se convirtió en el destino de estos hombres. En el proceso, Dios humilló al rey, que luego dijo: "Bendito sea...Dios...que envió su ángel y libró a sus siervos que confiaron en él, y que no cumplieron el edicto del rey" (Daniel 3:28).

¿Quiere tener poder y autoridad? ***Podría tener que pasar por el fuego, pero Dios va a caminar con usted si usted confía en Él.*** Jeanne tuvo que entregarse al cuidado de Dios cuando tenía cáncer de intestino. Ella le dijo a Dios: "Viva o muerta, yo soy tuya". Puede que deba estar solo contra probabilidades formidables y ponerse por Dios en una posición insostenible, de modo que, si Él no interviene, usted esté acabado.

Aquí tenemos otro ejemplo: Elías, de quien la Biblia dice que era un hombre como nosotros, se mantuvo firme contra 450 profetas de Baal en el monte Carmelo. Confiaba en que Dios iba a vindicarse y haría descender fuego.

Anteriormente, Elías había declarado al rey Acab: "Vive Jehová Dios de Israel, en cuya presencia estoy, que no habrá lluvia ni rocío en estos años, sino por mi palabra" (1 Reyes 17:1). La falta de lluvia era un juicio que vino sobre Israel porque había servido a otros dioses. En el tercer año de la sequía, Dios le dijo a Elías: "Ve, muéstrate a Acab, y yo haré llover sobre la faz de la tierra" (1 Reyes 18:1).

La promesa de Dios de que enviaría lluvia se basaba en el hecho de que se detendría la adoración a falsos dioses. Elías confiaba en la palabra y reconocía las condiciones requeridas para cumplirla. Se levantó como representante de la nación y pidió perdón por los pecados de ellos. Después pudo estar sin temor y clamar a Dios para que hiciera descender fuego y diera una demostración de su poder, que sería necesaria para cambiar el corazón de la nación en un día (vea 1 Reyes 17-18).

Dios va a hacer maravillas aún mayores que esta, prometió Jesús, pero tenemos que decidir en nuestros corazones decir como Job: "…aunque él me matare, en él esperaré" (Job 13:15). Nuestra dependencia de otra cosa aparte de Dios debe ser quebrada, o de lo contrario esas cosas se levantarán continuamente, y estorbarán el poder en el que Dios quiere que operemos.

La primera y más importante fuente alterna que hay que quebrar es la confianza en nosotros mismos. Pablo tuvo que quebrar la dependencia de sí mismo y pudo decir: "Pero tuvimos en nosotros mismos sentencia de muerte, para que no confiásemos en nosotros mismos, sino en Dios que resucita a los muertos" (2 Corintios 1:9). Yo había depositado mi confianza en un empleo que me pareció que me satisfaría. Una empresa quería contratarme en un puesto para supervisar la construcción de muros cortina (la fachada de vidrio y aluminio en torres de oficinas) en Inglaterra. Ese trabajo alimentaba mi orgullo, y yo podía verme como alguien muy importante. El problema era que mi esposa tenía una palabra del Señor de que el trabajo no iba a funcionar.

Sin embargo, yo confiaba más en mi ego inflado que en querer escuchar la Palabra de Dios. Debería haber reconocido mi carne, queriendo imponer sus propios planes, cuando la tensión comenzó a levantarse entre Jeanne y yo. Mi propio orgullo y ambición me cegaron, y no hice caso de las señales que Dios le estaba dando. Dios pone cónyuges en nuestras vidas para traernos de vuelta a la tierra cuando nuestro orgullo nos hace más grande de lo que somos. La versión corta de la historia es que la empresa tuvo problemas con el departamento de inmigración, ya que habían quebrantado demasiadas reglas al llevar trabajadores extranjeros al país. No pudieron conseguirme una visa de trabajo, por lo que el trabajo nunca se materializó. Cuando la carne se entusiasma, no confíe en usted mismo; solo lo meterá en problemas.

La confianza en nuestras propias fuerzas (autosuficiencia) fue parte de la primera gran mentira. Satanás arrojó dudas (falta de confianza) en que lo que Dios dijo fuera veraz y acompañó a esa duda con la mentira de que podíamos confiar en nuestra propia capacidad al punto de ser como Dios (vea Génesis 3:4-5). Jesús dijo que debemos ser como niños para entrar en el Reino de Dios. Los niños pequeños confían en sus padres tan completamente que, por ejemplo, nunca se preocupan por lo que hay para cenar, sino que saltan a la mesa y la esperan. Tienen una fe absoluta en que la cena aparecerá porque confían en el amor de sus padres por ellos.

Tenemos que confiar en Dios y no en nuestra propia capacidad. Esta es la clave: no es nuestra capacidad para oír a Dios sino su capacidad para hacernos oír. No es nuestra capacidad para traer revelación, sino su capacidad de brillar a través de nosotros. No es nuestra capacidad de ver en el reino de los espíritus, sino su capacidad para abrir nuestros ojos. *Todo trata de él, y de lo que Él ha hecho y de lo que Él es.* Él es capaz. Si confiamos en Él, podemos operar en su poder.

Dios está siempre creando, y tenemos que ajustar nuestro pensamiento para mantenernos al día con las revelaciones que nos quiere mostrar. Si confiamos en Dios, entonces el siguiente nivel al cual quiere exponernos no será tan aterrador. Es como enseñar a un niño a nadar. Si confía en usted, va a saltar en la parte profunda de la piscina. Si no puede confiar, nunca dejará los costados ni experimentará libertad al nadar.

Jeanne ha tenido varias experiencias en que ha visto espíritus demoníacos y ángeles del cielo. Dios amplió su vista un poco más permitiéndole encontrarse con algunos de los santos. Tuvimos un problema doctrinal con lo que ella se encontró hasta que Dios señaló que Jesús habló con Moisés y Elías en el Monte de la Transfiguración (vea Mateo 17). Jesús mismo dijo que lo que él podía hacer, nosotros también lo podíamos hacer. Es necesario que confiemos para poder caminar en esos ámbitos.

Después de haber dejado de confiar en nuestras propias capacidades, también tenemos que poner en la cruz todas las otras cosas que obtienen nuestra confianza, especialmente el dinero. Cuando el joven rico fue invitado a unirse a las filas de los discípulos, Jesús puso su dedo proféticamente en el único problema que le impedía confiar en Dios: su riqueza. Jesús amaba a ese joven y quería que participara en lo que estaba sucediendo. ¿Qué lo esperaba, un lugar de autoridad? Tal vez habría escrito un libro de la Biblia... Tal vez habría sido uno de los primeros apóstoles. Ciertamente su nombre habría sido catalogado como uno de los fieles, pero todo lo que oímos de él fue que no podía separarse de su dinero, lo que, para él, obviamente, había tomado el lugar de la confianza en Jesús. "Entonces Jesús... le amó, y le dijo... vende todo lo que tienes, y dalo a los pobres, y tendrás tesoro en el cielo; y ven, sígueme, tomando tu cruz... Jesús... dijo...: ¡Cuán difícilmente entrarán en el reino de Dios los que tienen riquezas!.." (Marcos 10: 21, 23-24).

Tuve un sueño en el que yo tomaba una moneda de veinticinco centavos de la ranura del vuelto en una cabina telefónica. Me agaché para recogerla y de repente fui rodeado por una docena de policías. Me arrestaron por robar la moneda de veinticinco centavos. Cuando desperté, Dios me preguntó si estaba dispuesto a vender mi reputación por una moneda de veinticinco centavos. Yo tenía en mi carne la naturaleza de un ladrón, y Dios me estaba desafiando a arrepentirme y tratar con ese pecado en mi vida. Dios siempre conoce la estrategia del enemigo, y si confiamos en Él, nos dará la autoridad para vencer cualquier ataque antes de que ocurra. La Biblia dice: "porque raíz de todos los males es el amor al dinero" (1 Timoteo 6:10).

Santiago dice: "¿No ha elegido Dios a los pobres de este mundo, para que sean ricos en fe y herederos del reino?" (Santiago 2:5). Las riquezas son como las drogas.

Son adictivas. Dios una vez me preguntó: "¿Cuándo es suficiente?" La respuesta es *nunca*. Si dependemos del tener dinero, entonces nunca hay suficiente. Siempre necesitamos más. Se vuelve como una adicción a las drogas, y necesitamos nuestra dosis.

Lamentablemente, la dosis nunca resuelve el problema, que es el temor, temor de que Dios realmente no nos ame lo suficiente o no tenga el poder suficiente para suplir nuestras necesidades.

Los pobres, a través de la experiencia, han aprendido que Dios suple. Para ellos, el confiar en Dios para las necesidades de la vida es parte natural del ser pobre. No es un estado en el que Dios quiera que permanezcamos, pero, como todo en la vida, Dios puede extraer un poco de oro espiritual si tenemos la actitud correcta y la confianza. Si solo murmuramos y declaramos maldición y muerte sobre nuestra pobreza, entonces estaremos atascados con ella. Si confiamos en Dios, las riquezas o las posesiones no son necesarias, porque Dios las reemplazará con su abundancia, que suplirá todas nuestras necesidades en Cristo Jesús.

Las primeras vacaciones importantes que tomamos con los niños nos enseñaron cómo funciona la abundancia. Sentimos que Dios quería que lleváramos a los niños a Disneylandia pero no teníamos mucho dinero para volar allí. Jeanne encontró una venta de pasajes baratos, y después de orar, hemos decidido reservar el vuelo. Entonces sentimos que necesitábamos orar mucho más porque no teníamos idea de cómo íbamos a pagar el viaje. Yo acababa de comenzar como capataz en una nueva compañía y estaba disfrutando mi trabajo. En Navidad me dieron un bono, que en la construcción en aquellos días era algo inaudito.

El bono era más que suficiente para pagar nuestro viaje. Yo siempre había sido demasiado tacaño como para permitirme gastar esa cantidad de dinero en unas vacaciones, pero Dios estaba enseñándome cómo vivir en abundancia.

Siempre se puede saber si en lo que estábamos confiando en realidad era Dios o no. Dios nunca decepciona. "Clamaron a ti, y fueron librados; confiaron en ti, y no fueron avergonzados" (Salmos 22:5). Así que si usted ha sido decepcionado, en lo que fuera que confiara, no era en Dios. Si un asunto de negocios que pensaba que era de parte de Dios fracasa y usted está decepcionado, entonces su esperanza y su confianza se hallaban en el trato comercial no realmente en Dios. Si sus amigos lo decepcionan, su confianza estaba en sus amigos, y no en Dios para que le provea amigos.

La razón por la que Dios nunca decepciona es porque recibimos de Dios por la fe. La fe siempre es ahora, solo que tal vez no todavía. Es decir, la fe recibe la promesa, la tiene en su posesión aunque la manifestación en el ámbito físico tal vez no haya llegado aun. Esa fe, basada en una confianza en Aquel que la dio, si es fuerte, puede perdurar hasta que la promesa se vea, aunque se requiera de dos semanas, dos años, dos décadas o dos generaciones para aparecer. Nunca decepcionados, ¿por qué? Porque que ya estamos en posesión del cumplimiento de la promesa. "Y confía en él; y él hará" (Salmos 37:5). He estado muy decepcionado muchas veces. La decepción por lo general tenía que ver con las inversiones y fue la principal herramienta para vencer mi deseo carnal de hacerme rico. Las ideas de Dios siempre fueron redituables; los beneficios en mis buenas ideas resultaron ser más difícil de alcanzar. He aprendido a confiar en

Dios y dejar de dudar incluso cuando yo pensaba que sabía más.

La duda quita nuestros ojos de Jesús y los pone en el problema. Pedro hizo eso cuando estaba caminando sobre el agua (vea Mateo 14:30). Miró el viento que soplaba en el mar, y supo que tenía un problema. El verdadero problema no era el viento y el mar; él ya estaba caminando sobre el agua. El verdadero problema fue que él dudó, y eso abrió una puerta al temor. El temor es lo contrario de la fe. En realidad, es un rechazo del amor de Dios que dice: "Todo lo sufre, todo lo cree, todo lo espera, todo lo soporta" (1 Corintios 13:7). Cuando Pedro dejó de creer y comenzó a dudar, entonces dejó de permitir que el amor de Dios se expresara a través de él. Ya no creía todo, ni esperaba todo.

El hecho de que Pedro no pudiera caminar sobre el agua no quería decir que Dios no lo podía hacer por y a través de él. Jesús había dicho: "Ven" y eso debería haber sido suficiente. Pero Pedro lo reconsideraba. Santiago a eso lo llama ser de doble ánimo (de dos opiniones o, literalmente, dos almas). "...el que duda es semejante a la onda del mar, que es arrastrada por el viento y echada de una parte a otra. No piense, pues, quien tal haga, que recibirá cosa alguna del Señor. El hombre de doble ánimo es inconstante en todos sus caminos" (Santiago 1:6-8).

Los discípulos fueron puestos a prueba con frecuencia sobre si en realidad creían lo que Jesús decía que ocurriría. La capacidad de creer de ellos era influenciada por la sencillez de su mente o por su doble ánimo. Es la misma prueba que Elías dispuso en el monte Carmelo: "¿Hasta cuándo claudicaréis vosotros entre dos pensamientos? Si Jehová es Dios, seguidle; y si Baal, id en pos de él" (1 Reyes 18:21).

El doble ánimo es entonces lo opuesto a un compromiso con Dios; en realidad es un intento de determinar cuál es el curso más beneficioso para que la persona tome la decisión. Por esa razón el cambiar las circunstancias a menudo cambia nuestra opinión sobre lo que puede ser el mejor curso de acción, no importa lo que hayamos oído. En otras palabras, nuestro doble ánimo es un fruto del egoísmo; lo que es lo mejor para mí. La razón por la que nuestras oraciones no son respondidas en esas situaciones es que Dios no nos dará nada (el objeto de nuestras oraciones) que competirá con nuestro afecto por Él. Dios primero requiere un compromiso.

"Deléitate asimismo en Jehová, y él te concederá las peticiones de tu corazón. Encomienda a Jehová tu camino, y confía en él; y él hará" (Salmos 37:4-5). El compromiso siempre será probado; si nos derrumbamos en la incredulidad al primer indicio de problemas, "Si fueres flojo en el día de trabajo, tu fuerza será reducida" (Proverbios 24:10). Jeremías lo dice aun con mayor claridad: "Si corriste con los de a pie, y te cansaron, ¿cómo contenderás con los caballos? Y si en la tierra de paz no estabas seguro, ¿cómo harás en la espesura del Jordán?" (Jeremías 12:5).

Jeremías estaba tratando de lograr que Judá considerara, cuando incluso la más pequeña situación en tiempo de paz los confundía, ¿qué iban a hacer cuando llegaran verdaderos contratiempos en tiempo de guerra? Dios le está haciendo la misma pregunta porque lo que usted hace (sus respuestas) es aquello en lo que usted está creciendo. Si su respuesta es temor y confusión cuando afronta dificultades, entonces usted está creciendo en el temor y la confusión. Si su respuesta es fe y confianza, entonces está creciendo en la fe y la confianza.

La capacidad de confiar en Dios en una situación imposible, ya se habrá establecido por la forma en que reaccionamos a las pruebas más pequeñas que llegaron a nuestras vidas. Cuanto más se eleve el Reino para desplazar el enemigo, mayor será esta resistencia. Nuestra fuerza no iguala a Satanás, pero el uso adecuado de la autoridad en el ámbito que Dios ha ordenado para nosotros trae la fuerza del cielo a nuestra situación. Nuestro nivel de confianza, como se manifiesta en nuestros pensamientos y acciones, determinará de cuánto del cielo nos podremos apropiar.

Dios nos ha enseñado a Jeanne y a mí a confiar en el Espíritu y cómo Él habla a nuestra intuición. Recuerdo cuando íbamos a visitar a una pareja para tomar postre y café. Cuando llegamos a una milla de su casa, Jeanne comenzó a tener la reacción de que ella no quería ir allí. Discutí con ella y pensé que tenía miedo, pero insistió en que se sentía mal en su espíritu. Después nos enteramos de que la esposa tenía tales ataques de ira que en una ocasión había quebrado el brazo de su hijito. Jeanne había captado un espíritu de enojo, pero solo podía sentirlo, no identificarlo.

Yo tuve la misma clase de reacción hacia un hombre en particular en una silla de ruedas. Me sentía sucio y se me hacía difícil estar en su presencia. Después supimos que había sido acusado de pedofilia.

También conocí a un poderoso profeta que estaba haciendo un verdadero impacto en las iglesias de la zona. Con el paso del tiempo comenzaron a sonar campanas de alerta, y el Espíritu Santo nos permitió ver algunos de los defectos de carácter de este hombre. Era demasiado independiente como para recibir consejo o corrección, y, finalmente, como iglesia decidimos romper la comunión con él. Fue después que decidió separarse de su esposa e irse con su asistente.

Este defecto en su carácter con respecto a la pureza sexual eventualmente lo condujo a situaciones que lo llevaron a ser sentenciado por proceder con falta de ética en su conducta sexual. La verdadera autoridad y el discernimiento siempre vienen por revelación mucho antes de que haya hechos que respalden los sentimientos. Debemos discernir, aunque al mismo tiempo no acusar, si vamos a ayudarnos unos a otros a desarrollar el carácter: Aprenda a confiar en el Espíritu; Él trae sabiduría.

"Tú guardarás en completa paz a aquel cuyo pensamiento en ti persevera; porque en ti ha confiado. Confiad en Jehová perpetuamente, porque en Jehová el Señor está la fortaleza de los siglos" (Isaías 26:3-4). Dios siempre está cambiando las reglas a medida que avanzamos más arriba en sus propósitos. 2 Tiene que hacer esto porque a medida que avanzamos en los ámbitos superiores de autoridad espiritual nos encontramos con demonios más potentes que están a cargo de esos ámbitos. Esos son los caballos con los que Jeremías profetizó que habríamos de tener que correr.

Los discípulos habían salido en su barca hacia el mar y estaban luchando, tratando de remar contra el viento. Sin duda, había cierta contención y conflicto sobre cómo salir del problema en el que se hallaban. Había probablemente un poco de enojo y acusación en cuanto a por qué estaban en esta situación. Los discípulos deben de haber estado mojados y cansados y quizás incluso un poco desanimados. Cuando Jesús apareció, caminando sobre las olas, surgió también el temor. Ninguno de esos pensamientos o palabras negativas hacía que la barca se hundiera. Sin embargo, cuando Pedro intentó caminar sobre el agua, un pensamiento de temor lo llevó a hundirse. En la barca, esos pensamientos, aunque no eran útiles, tampoco eran catastróficos. En ese lugar alto de la fe (caminando sobre el agua), esos mismos pensamientos casi matan a Pedro.

La dinámica de grupo también elevará la respuesta de confianza necesaria en una situación particular. Cuando los equipos ministeriales o los equipos de oración están funcionando, es necesario que confiemos en Dios y en los demás para poder obtener una victoria. A Dios le encanta usar al Cuerpo y la mejor manera es hacer que cada parte del Cuerpo tenga parte de la solución. De esa manera nos necesitamos unos a otros para manifestar a Jesús en cada situación.

Pedro había demostrado una fuerte medida de confianza y fe al caminar realmente sobre el agua (vea Mateo 14:29). Su falta de confianza, manifestada por el temor, quebró la conexión entre la palabra "Ven" (que Jesús había dicho a Pedro) y la fe de Pedro, que había permitido que esa palabra operara en su situación. Pedro tenía la palabra, pero "no les aprovechó...la palabra, por no ir acompañada de fe" (Hebreos 4:2). Sin mezclar la palabra y la fe, Pedro se hundió.

Jesús ya había probado los discípulos en una situación muy similar con otra tormenta. Él había dicho: "Pasemos al otro lado del lago" (Lucas 8:22). Cuando ellos estuvieron en problemas y la barca se estaba llenando de agua, entraron en pánico y lo despertaron. La respuesta de Jesús fue: "¿Dónde está vuestra fe?". El había dicho la palabra de que iban a cruzar y se fue a dormir, sabiendo que su palabra sola era suficiente para llegar al otro lado. Los discípulos confiaban más en que la tormenta iba a hundirlos que en que su palabra los salvaría. Como ya he mencionado en un capítulo anterior, nuestras "barcas" están diseñadas para aguantar tormentas, especialmente con Jesús en la barca. De nuevo, el problema no es cuando la barca entra en la tormenta, sino cuando la tormenta entra en la barca. No hay paz, y no tenemos el poder para reprender a la tormenta.

Les faltaba paz porque no entendían quién era Jesús. Ellos exclamaron: "¿Quién es éste, que aun a los vientos y a las aguas manda, y le obedecen?" (Lucas 8:25). La segunda vez que Jesús demostró su poder sobre los elementos: "...se calmó el viento...vinieron y le adoraron, diciendo:...eres Hijo de Dios" (Mateo 14:32-33). Jesús estaba logrando que confiaran en Él, pero incluso después de que sabían quién era Él y de haberlo confesado, Pedro todavía tuvo la arrogancia de discutir con Jesús acerca de cómo debería ser su ministerio. Pedro dijo: "Tú eres el Cristo...Pedro le tomó aparte y comenzó a reconvenirle" (Marcos 8:29,32). Dios sabe lo que está pasando. Él no necesita nuestro consejo. Podemos confiar en Él.

Nuestra confianza debe eventualmente dar lugar a nuestra absoluta confianza y obediencia. Si pensamos que todavía sabemos más que Dios, entonces en realidad no hemos reconocido quién es Él y quiénes somos nosotros. En ese estado, seremos como Job y Pedro y recibiremos una reprensión por permitir que Satanás nos convenza de que sabemos más que Dios. Debemos comprobar nuestras propias respuestas y ver cuántas veces arrogantemente hemos dicho que no a los mandamientos de Dios. El verdadero poder y la autoridad serán el resultado si confiamos en Dios y en aquellos que Él nos envía. "Creed en Jehová vuestro Dios, y estaréis seguros; creed a sus profetas, y seréis prosperados" (2 Crónicas 20:20).

Todo el Reino de Dios, se basa en que Dios es el soberano y aquellos a quienes Él ha ungido o designado llevan a cabo sus deseos. La Iglesia está edificada "sobre el fundamento de los apóstoles y profetas, siendo la principal piedra del ángulo Jesucristo mismo, en quien todo el edificio, bien coordinado, va creciendo para ser un templo santo en el Señor; en quien vosotros también sois juntamente edificados para morada de Dios en el Espíritu."(Efesios 2:20-22). Estamos en un viaje a un destino que nadie puede describir adecuadamente, y tenemos que aprender a confiar en aquellos a quienes Dios ha puesto en cargo, de lo contrario vamos a terminar como los israelitas que constantemente rezongaban y se quejaban contra Moisés.

Recientemente nuestro pastor, Marc, se dirigía a Miami con un equipo para ministrar allí en una iglesia. Él nos pidió que fuéramos parte del equipo. Después, cambió de opinión y pensó que debíamos permanecer y cuidar de la iglesia mientras él no estaba. Al poco tiempo después de eso, volvió a considerar que deberíamos ir. Nos confundimos, y entonces se dio cuenta de que lo mejor que debemos hacer cuando nos confundimos, es hacer lo que estábamos haciendo antes de confundirnos. Así que nos quedamos, y doy las gracias Dios de que lo hicimos. Fue después de que se tomó esa decisión que Destiny Image Publishers me pidió tener listo el manuscrito para este libro solo seis semanas después de que hubiera regresado de Miami. Durante ese tiempo, también surgió un pequeño trabajo de mantenimiento. Creo que nuestros líderes nos conducen para nuestro bien, aun cuando no pueden expresar lo que oyen.

Los descendientes judíos nunca aprendieron la lección de la generación que Dios abandonó en el desierto. Años más tarde, Israel optó por un plan que las naciones de alrededor de ellos había adoptado: tener un rey. Aunque ese plan era menos que perfecto, reflejaba algo de lo que podían ver. Israel nunca había aceptado realmente el gobierno de Dios porque nunca habían confiado plenamente en Él; simplemente le obedecían.

En el tiempo de Samuel rechazaron formalmente el gobierno de Dios y reclamaron: "...constitúyenos ahora un rey que nos juzgue, como tienen todas las naciones" (1 Samuel 8:5). Rechazaron el único lugar en el que Dios deseaba que anduvieran, con Él como su Rey y Samuel como su profeta. "...dijo Jehová a Samuel:...no te han desechado a ti, sino a mí me han desechado, para que no reine sobre ellos" (1 Samuel 8:7). La verdadera razón por la que deseaban un rey era para que "nuestro rey nos gobernará, y saldrá delante de nosotros, y hará nuestras guerras" (1 Samuel 8:20). Estaban renunciando a su lugar de intimidad con Dios (lo cual les daba autoridad) y dándoselo a un rey.

Los israelitas del tiempo de Moisés habían hecho lo mismo en el monte Sinaí. Dios habló los mandamientos al pueblo, pero ellos respondieron diciéndole a Moisés: "Habla tú con nosotros, y nosotros oiremos; pero no hable Dios con nosotros, para que no muramos" (Éxodo 20:19). Dios, mediante su conversación íntima cara a cara con Moisés, establecía la autoridad de Moisés. "He aquí, yo vengo...para que el pueblo oiga mientras yo hablo contigo, y también para que te crean para siempre" (Éxodo 19:9).

Israel no confiaba en que Dios quería tener intimidad con ellos. Le tenían miedo como un amo duro como habían sido los egipcios. Ellos creían que el contacto cercano con Dios generaría el latigazo de la disciplina. Sus temores no les permitían confiar en Él. Jesús puso toda su confianza en Dios. Se burlaron de Él en la cruz (vea Mateo 27:43) así como David había profetizado, diciendo: "Se encomendó a Jehová; líbrele él". (Salmos 22:8). Desde el vientre, dicen las Escrituras: el espíritu de Jesús confiaba en Dios como su único apoyo. David hizo lo mismo: "Porque no confiaré en mi arco, ni mi espada me salvará; pues tú nos has guardado de nuestros enemigos". (Salmos 44:6-7).

Dios busca manifestarse con poder a aquellos cuya confianza está en Él. Esa fuerza se manifiesta en el mundo como poder y autoridad en nuestras vidas.

Capítulo 6

La clave de la fortaleza: ***El gozo***

El gozo del Señor es tu fortaleza

El gozo no es felicidad. La palabra inglesa para *felicidad* viene del término para "*casualidad*" en islandés e inglés medio, el cual es también la raíz del vocablo inglés para *azar*.[1] Por ejemplo, yo estoy feliz porque brilla el sol o porque mi jefe me dio un aumento o porque alguien me felicitó. El *gozo*, por otro lado, es una expresión del fruto del Espíritu. Significa "alegrar" y generalmente es expresado con una acción acompañante: gritar, girar, brincar, que surge de una emoción intensa. Las circunstancias pueden ser desoladoras, pero el gozo igual puede estar presente.

El profeta Habacuc compuso un poema que expresa cómo opera el gozo:

> *Aunque la higuera no florezca, ni en las vides haya frutos, aunque falte el producto del olivo, y los labrados no den mantenimiento, y las ovejas*

> *sean quitadas de la majada, y no haya vacas en los corrales; con todo, yo me alegraré en Jehová, y me gozaré en el Dios de mi salvación. Jehová el Señor es mi fortaleza, el cual hace mis pies como de ciervas, y en mis alturas me hace andar* (Habacuc 3:17-19).

El profeta acababa de tener la visión de una inminente invasión destructiva, pero entendió que gozarse en Dios y no temer a las circunstancias era la manera de obtener fortaleza personal y lograr la capacidad de colocarse por encima de las circunstancias.

Aunque la siguiente historia es un incidente menor comparado con la invasión que enfrentaba Habacuc, que cambiaría sus vidas, ilustra este principio. Yo estaba participando en una competencia de fuerza y habilidades llamada El rey del Klondike. Una de las pruebas era una competencia de hachar leños. Cada hombre debía cortar un leño de 13 pulgadas colocado verticalmente. Yo estaba primero y listo para enfrentarme al campeón mundial. Creí que recibiría una lección porque sus credenciales eran impresionantes. Cuando él marcaba el leño para facilitar el corte, estuve más seguro de que mi fracaso era inminente. Decidí simplemente intentar hacerlo lo mejor posible y dejar que pasara lo que tuviera que pasar.

Lentamente comencé a sentir gozo dentro de mí, y cuando preparé el hachazo supe que me iba a divertir. Sonó la señal y nos ocupamos de nuestros leños. La postura en la que estábamos me permitía ver a mi oponente, aunque él estaba de espaldas a mí. Dios debe de haber guiado mi hacha porque cada corte fue profundo y parejo. Volaban astillas enormes y en el décimo tercer golpe terminé con mi árbol. Tuve tiempo de apoyar mi hacha en el suelo y reclinarme sobre su mango antes de que mi oponente terminara su último golpe y chequeara lo que yo estaba haciendo. Debo decir que se me notaba el gozo al ver su cara de incredulidad. Ese gozo que creció en mí fue el factor que venció el miedo que afrontaba.

Las circunstancias que Dios dispone no están planeadas para destruirlo sino más bien para capacitarlo a fin de que usted tenga victoria sobre ellas. Usted logrará la victoria sobre las circunstancias no por tener la habilidad de cambiar esas circunstancias a su favor, sino al usarlas para que se pongan de manifiesto problemas que pueda tener. Satanás nos atrapa en cualquier área en la que podamos tener heridas no sanadas. Esos lugares no han sido rendidos a Dios (lo que se evidencia por su naturaleza no sanada) y eso le da derecho a entrar. El enemigo no tiene ninguna autoridad sobre esta tierra, excepto cuando nosotros le cedemos nuestra autoridad. Cuando la sociedad en conjunto cede a Satanás, él ejerce un gran poder, pero no sobre nosotros.

Jesús les dijo a sus discípulos: "He aquí os doy potestad de hollar serpientes y escorpiones, y sobre toda fuerza del enemigo, y nada os dañará" (Lucas 10:19). Luego les dijo: "Os echarán mano, y os perseguirán, y os entregarán a las sinagogas y a las cárceles, y seréis llevados ante reyes y ante gobernadores por causa de mi nombre. Y esto os será ocasión para dar testimonio" (Lucas 21:12-13). Jesús estaba tratando de hacernos entender que vienen tiempos difíciles, pero que no debemos entrar en pánico. Nuestra *respuesta* determina el resultado, y *no* las *circunstancias* que nos asedian. No podremos evitar que el enemigo venga contra nosotros, pero podremos detenerlo. La intención de Dios es darnos un testimonio.

El temor es un espíritu, pero el gozo es fruto del Espíritu Santo. El gozo es parte del perfecto paquete de amor y está diseñado para destruir el temor. Le dice al enemigo que usted ya conoce el resultado y que disfrutará viendo cómo se desarrolla. Una de las maneras en las que Jeanne y yo declaramos nuestra confianza en la provisión de Dios es dando mucho más que el diezmo. Es un gozo poder expresar nuestra confianza en Dios y participar en el Reino, sin importar lo que esté sucediendo.

Jesús siguió diciendo: "Ustedes serán traicionados…y a algunos de ustedes se les dará muerte.…Pero no se perderá ni un solo cabello de su cabeza" (Lucas 21:16,18, NVI). Estas dos afirmaciones ¿son opuestas? *Se les dará muerte, no se perderá ni un solo cabello.* ¿Cómo podemos ser preservados y a la vez morir? Previamente, después de haberles dado poder a sus discípulos, Jesús había dicho: "Pero no os regocijéis de que los espíritus se os sujetan, sino regocijaos de que vuestros nombres están escritos en los cielos" (Lucas 10:20). Jesús estaba tratando de que quitaran sus ojos de las circunstancias. *No se entusiasmen cuando parece que están ganando; no se entusiasmen cuando parece que van perdiendo.* ¿Por qué? Porque la cuestión no es ganar o perder en este reino: si así fuera, Jesús se habría asegurado de ganar cada conflicto. Él solo estaba interesado en el reino espiritual porque sabía que lo natural siempre reflejará lo espiritual. Él le dijo a Pilatos antes de su crucifixión: "Mi reino no es de este mundo; si mi reino fuera de este mundo, mis servidores pelearían para que yo no fuera entregado a los judíos; pero mi reino no es de aquí" (Juan 18:36).

Jesús les estaba diciendo a los doce: "Ustedes ya ganaron. Han ganado la entrada al cielo. Ahora operen desde ese mundo espiritual como yo lo hago. Estén dispuestos a morir y liberen a los que siguen estando cautivos, y regocíjense en la victoria aunque Satanás los sacuda. Él ya no tiene más poder sobre ustedes". Ellos entendieron lo que les estaba diciendo. Poco tiempo después de su resurrección y después de haber sido llenos del Espíritu Santo, Pedro y Juan fueron golpeados. Su respuesta fue que salieron "llenos de gozo por haber sido considerados dignos de sufrir afrentas por causa del Nombre" (Hechos 5:4, NVI).

Yo he tenido que aceptar golpes verbales de personas que querían culparme por todos los problemas que tenían. La iglesia local en la que me congregaba estaba dando un giro muy brusco en la forma en que adorábamos y en nuestra estructura de autoridad. Casi dos tercios de la congregación estaban a favor de una adoración más radical, pero a los demás les costaba adaptarse. Cuando algunas de las familias decidieron cambiarse a una iglesia más tradicional, hubo muchas heridas. Satanás siempre está tratando de que las personas estén en desacuerdo entre sí. El truco es no preocuparse por si se gana o se pierde la batalla sino por si permito que la ofensa llegue a mi corazón. Me alegro de haber sido el atacado, porque sé que eso evitó que otros salieran heridos. El gozo en la batalla fue la gracia de Dios.

Los discípulos experimentaron la misma gracia. Solo semanas antes de su golpiza, se estaban escondiendo por miedo. Ahora habían decidido que los mismos ataques que antes temían eran algo por lo cual regocijarse. Ese gozo se soltó como consecuencia de un acto de su voluntad.

David mostró esta actitud en los Salmos: "¿Por qué te

abates, Oh alma mía, y te turbas dentro de mí? Espera en Dios; porque aún he de alabarle, salvación mía y Dios mío" (Salmos 42:5). David se dio cuenta de que su relación íntima con Dios era una razón suficiente para estar entusiasmado, más allá de lo que estuviese sucediendo. Este gozo se produce porque el Espíritu Santo mora en la persona y no es algo que nosotros debamos trabajar. No nos ponemos una "carita feliz" ni "silbamos en la oscuridad" para ejercitar algo. Es parte de quién es el Espíritu Santo es en nosotros.

Juan el Bautista, cuando todavía estaba en el vientre de su madre, tuvo gozo. Elisabet dijo: "Porque tan pronto como llegó la voz de tu salutación a mis oídos, la criatura saltó de alegría en mi vientre" (Lucas 1:44). Había sido profetizado que Juan sería lleno del Espíritu Santo ya desde el vientre. El Espíritu de Juan respondió porque el Espíritu Santo en él respondía a la presencia de Dios en Jesús. No se preparó, nada se arregló, era solo el poder del Espíritu Santo en Juan lo que lo hizo saltar.

He recibido esa burbuja de gozo muy a menudo, a veces en el trabajo, otras haciendo fila en algún negocio. Puede hacerme estremecer, sacudirme, o simplemente alegrar todo mi ser, pero siempre me toma por sorpresa. Es como cuando mi esposa se me aparece de repente y me hace cosquillas.

Cuando Jeanne tenía ocho años, iba sola a la iglesia. Sus padres no eran cristianos. Dios la atrajo solo a ella. Un domingo de Pascuas se vistió muy elegantemente y fue a la iglesia. Al regresar a su casa luego del servicio, su espíritu saltó dentro de ella. Era como si su espíritu se le hubiera salido, estaba tan emocionada. Fue todo el camino brincando hacia su casa. Aquella experiencia la siguió envolviendo hasta que encontró la fuente de ese gozo. Pasaron doce años hasta que finalmente descubrió que Jesús había hecho que su espíritu saltara como el de Juan el Bautista lo había hecho siglos atrás.

El gozo está presente porque el Espíritu está presente, y si se lo permitimos, ese gozo se manifestará cuando le demos libertad para expresarse. Esta es solo una expresión del reino. "Porque el reino de Dios no es comida ni bebida, sino justicia, paz y gozo en el Espíritu Santo" (Romanos 14:17). Estos tres aspectos del reino surgen como resultado de que el Espíritu Santo está presente y se le da el lugar de Señor en cada situación. No son el resultado de nuestro esfuerzo para producir esos atributos del Espíritu Santo en nuestras almas.

Nuestra actitud debe conformarse a la actitud de Dios. Debemos conformarnos a la imagen de Cristo, de manera que reflejemos sus respuestas. Cuando parece que todo el infierno se nos viene encima, debemos preguntarnos: "¿Qué haría Jesús?" David vio en el espíritu: "Los reyes de la tierra se rebelan; los gobernantes se confabulan contra el Señor y contra su ungido...el Señor se burla de ellos" (Salmos 2:2,4). Como cristianos no podemos ver los problemas del mundo como algo que se nos escurre de las manos. La respuesta de Dios es reírse. Debemos tener la misma actitud y dejar que el gozo nos gobierne en lugar de permitir que el temor sea nuestra respuesta.

Los verdaderos emprendedores no temen cuando la economía es mala; en lugar de ello, aprender a sacarle provecho. Como cristianos necesitamos esa misma actitud empresarial, no en el sentido financiero, sino en el sentido espiritual. Dios sabe que los tiempos difíciles despiertan a la acción a las personas, aunque sea porque ya no tienen nada que perder. Si la Iglesia pudiera adoptar la postura de ayudar a las personas que estén pasando por malos momentos, podría manifestarles el amor de Dios y sumar discípulos al Reino. Si dejamos que el Espíritu gobierne, Él responderá con su carácter a través de nosotros.

"Maquina el impío contra el justo...el Señor se reirá de él; porque ve que viene su día" (Salmos 37:12-13). Tenemos una tendencia a llorar, quejarnos y lamentarnos por nuestro "destino" en lugar de clamar y decir: "No temeré lo que me pueda hacer el hombre" (Salmos 118:6). Nuestro gozo es ponernos de acuerdo con Dios y hacer lo opuesto a lo que hace todo el mundo. La murmuración y la queja muestran falta de entendimiento, pero el gozo concuerda con el punto de vista de Dios.

Isaías pudo ver lo que Dios estaba haciendo cuando el rey de Asiria estaba asediando Jerusalén y amenazaba sus vidas. Los judíos no tenían poder alguno para resistir, pero Dios declaró sus pensamientos respecto del rey de Asiria. "Esta es la palabra que Jehová ha pronunciado acerca de él: La virgen hija de Sión te menosprecia, te escarnece" (2 Reyes 19:21).

Dios dijo: "Las hijas de Jerusalén se rieron de Senaquerib". No se estaban riendo todavía, pero lo harían. La profecía declara lo que es ya, pero no todavía. No hay límites de tiempo en el reino del Espíritu. Siempre entramos en pánico cuando las cosas van mal, pero las situaciones no dictan los resultados. La Palabra de Dios dicta el resultado. Si nosotros vivimos "de toda palabra que sale de la boca de Dios" (Mateo 4:4), entonces sí podremos reírnos de las circunstancias.

En este incidente concerniente al rey de Asiria, Dios habló; Isaías lo declaró, y "el ángel de Jehová...mató...a ciento ochenta y cinco mil...he aquí que todo era cuerpos de muertos" (2 Reyes 19:35). Cuando conocemos el poder de Dios y nos regocijamos porque Él nos está cuidando, no importa lo que enemigo intente hacer, no temeremos.

Una vez, cuando la mamá de Jeanne estaba orando, pensó en uno de sus hijos. Telefoneó a Jeanne y le dijo que no podía orar por él sin ponerse a llorar. Jeanne comenzó a orar, y le sucedió lo mismo. Más que interceder hasta que Dios les mostrara lo que estaba pasando, ellas se mantuvieron en ese estado de depresión. Al día siguiente el hermano de Jeanne terminó cayéndose de una viga de acero, pero milagrosamente no aterrizó sobre una hilera de barras que estaban justo debajo de él. Cayó a tierra, a diez pies de donde debería haber caído, y solo se quebró el pie. Su capataz le había dicho que se amarrara los cordones de las botas, lo que afortunadamente lo guardó de un daño mayor.

Conocer los planes del enemigo no nos dará temor si nos gozamos al anticipar lo que Dios hará. Si lo único que podemos ver o sentir es dolor y miedo, no seremos capaces de interceptar los planes del enemigo. Necesitamos encontrar la voluntad de Dios en cada situación de manera que podamos reírnos cuando Dios nos prometa lo imposible.

Sara se rió cuando Dios le dijo que tendría un bebé. La tomó tan desprevenida que simplemente se le escapó una burbuja de alegría mientras estaba espiando lo que el Señor le decía a su esposo. Con razón se rió; tenía 90 años cuando recibió la promesa. Dios la desafió: "¿Por qué se ha reído Sara?...¿Hay para Dios alguna cosa difícil? " (Génesis 18:13-14). Ese gozo fue el poder que recibió del Espíritu Santo y resultó en el nacimiento de Isaac. *Isaac* significa "risa",[2] así que el primer fruto del "padre de la fe" (Abraham) fue la risa por lo que Dios podía hacer frente a lo imposible.

En el transcurso de los años, Dios nos ha permitido a Jeanne y a mí ministrar a cientos de personas, algunas de ellas en mal estado. Siempre ha sido apasionante observar cómo Dios interviene en las situaciones que parecen no tener solución y crea un milagro. El gozo de saber que Dios es capaz de cambiar todas las circunstancias hará estallar alabanzas de liberación.

Esto es parte de lo que debe ser la adoración. Debe ser una declaración de fe mezclada con gozo y expectación. Pablo y Silas experimentaron lo que la alabanza y la adoración podían hacer en la cárcel. "Pero a medianoche, orando Pablo y Silas, cantaban himnos a Dios...sobrevino de repente un gran terremoto...y al instante se abrieron todas las puertas, y las cadenas de todos se soltaron" (Hechos 16:25-26). Lo extraordinario de esta historia es que Pablo y Silas habían sido falsamente acusados y golpeados antes de ser arrojados en esa prisión y encadenados en el calabozo de más adentro. Estaban llenos de gozo porque anticipaban la liberación y la recompensa por sus problemas. El carcelero estaba tan estupefacto por la manifestación del poder de Dios y la actitud de Pablo y de Silas que "se regocijó con toda su casa de haber creído a Dios" (Hechos 16:34). Las canciones de liberación deben estar acompañadas de una actitud de gozo que muestre la expectativa de esa liberación.

En su éxodo de Egipto, recién después de que se separó el mar Rojo y los egipcios se ahogaron los israelitas expresaron gozo. Todavía tenían la mentalidad de esclavos, y hasta su música era música de esclavitud, sin gozo. Cuando Miriam guió a las mujeres en una danza triunfal, el gozo expresado trajo cierta libertad. Pero como la nación no podía abandonar sus raíces y actitudes de cautiverio, los que dejaron Egipto nunca pudieron lograr una gozosa expectación de lo que Dios les había prometido. Lo único que veían era el desierto, y nunca pudieron ver más allá para vislumbrar su libertad. Sus corazones jamás se terminaron de unir al Señor sino que se mantuvieron endurecidos y testarudos; por lo tanto, luego de diez pruebas (vea Números 14:22), Dios dijo "suficiente" y los rechazó. Si no incorporamos el gozo en nuestro andar con Dios, solo podremos experimentar un desierto en nuestras vidas.

Dios fue a la generación siguiente y comenzó a prepararla para los rigores de la guerra. Eran personas que habían crecido en el desierto, pero en libertad. Tenían tiempo y habían vuelto a observar cómo Dios avanzaba y habían sido levantados en adoración y vuelto a contar las poderosas obras de Dios en Egipto. Para combatir un último estallido de murmuración, Dios permitió una plaga de serpientes en el campamento. El juicio de Dios fue atenuado con misericordia cuando se le dijo a Moisés que levantara una serpiente de bronce sobre un asta para contrarrestar las picaduras de las serpientes (vea Números 21:6,8).

Jesús luego se refirió a esta representación simbólica de Él mismo en la cruz: "Y como Moisés levantó la serpiente en el desierto, así es necesario que el Hijo del Hombre sea levantado" (Juan 3:14). Hoy aun utilizamos ese símbolo como un símbolo de sanidad en la profesión médica.

Una vez que terminó la plaga de serpientes venenosas, desde ese momento Israel entró en guerra, pero la murmuración cesó. Emergió una actitud de fe. La siguiente vez que necesitaron agua, no se quejaron, sino que "cantó Israel este cántico: Sube, oh pozo; a él cantad" (Números 21:17). El gozo surgió en medio de las dificultades y eso pavimentó el camino para las victorias que vendrían. Ahora estaban listos para combatir.

Dios había sabido desde el principio que sus padres no podían luchar. Dios no los condujo a través de las tierras de los filisteos, aunque hubiera sido una travesía de unos once días. "Para que no se arrepienta el pueblo cuando vea la guerra, y se vuelva a Egipto" (Éxodo 13:17). El gozo que soltaron les dio autoridad para lidiar con los verdaderos enemigos.

Jesús les dijo a sus discípulos: "He aquí os doy potestad de hollar serpientes y escorpiones, y sobre toda fuerza del enemigo, y nada os dañará. Pero no os regocijéis de que los espíritus se os sujetan, sino regocijaos de que vuestros nombres están escritos en los cielos" (Lucas 10:19-20).

Recuerdo que en una sesión de ministración Jeanne y yo estábamos tratando a una joven que tenía un poderoso ministerio, pero se deprimía muy a menudo. Mientras le ministrábamos, busqué las raíces y vi manifestarse un demonio. La miré a los ojos y aquello me amenazó. El demonio dijo: "Te voy a matar". Yo conocía a mi Dios, y no iba a permitir que un demonio me amenazara. "¡Oh, no, no lo harás!", dije mirándolo. Inmediatamente la postura amenazadora se convirtió en miedo, y la dama se corrió al otro lado de la mesa.

Solo un corto tiempo después conseguimos que ella se arrepintiera de cooperar con un espíritu de temor, y ella le ordenó al espíritu que saliera.[3] El gozo entonces estalló en la oficina mientras danzábamos en la victoria de Dios.

Nunca más esa dama tuvo un ataque demoníaco que no pudiera repeler con gozo. De hecho, ahora su esposo dice en broma: "Menos gozo" cada vez que ella se entusiasma demasiado. Nuestra verdadera fuente de gozo es conocer nuestro lugar, sentados en los lugares celestiales con Dios. De allí viene nuestro poder sobre el enemigo. Por lo tanto, nuestras victorias solo vendrán cuando la seguridad de ese hecho entre en nuestros corazones. Esa seguridad resultará en gozo frente a las dificultades o incluso frente al enemigo. Entonces el Señor se convierte en nuestra fortaleza y nuestra canción.

La relación entre el regocijo y nuestra posición en Cristo está enfatizada en la escritura: "Cristo...cuya casa somos nosotros, si retenemos firme hasta el fin nuestra confianza y la gloria de nuestra esperanza" (Hebreos 3:6, LBLA). Si estamos seguros de su cuidado, ese gozo nos permitirá actuar como Jesús. En el Antiguo Testamento, Dios ordenó a Israel que mantuviera el gozo en todas las situaciones. Este mundo está lleno de gente pobre y necesitada.

A veces todos los problemas que vemos tienden a abrumarnos, y podemos alterarnos por tener que atender todo lo que se nos demanda. En esos momentos, aún cuidar a los pobres puede parecer una carga, pero Dios quiere que estemos tan llenos de esperanza y gozo que podamos responder a las necesidades a su manera. "Dios ama al dador alegre" (2 Corintios 9:7). A Jeanne y a mí nos entusiasma darle al Señor. Sabemos que Dios va a utilizar ese dinero para cambiar vidas de personas. Si creemos que hay una provisión limitada, nos dará miedo dar lo que quizás nosotros mismos podríamos necesitar. Si sabemos que estamos echando mano de un pozo interminable, entonces seremos libres para dar.

Para poder actuar así, tenemos que tener la mente de Cristo de manera que podamos pensar como Él. Entonces podremos responder de manera diferente, aún ante quienes nos ataquen. Dios tiene hombros grandes. No se ofende con las personas que se enojan con Él. Dios ha dado un don de compasión a su Cuerpo, pero quiere que tengamos su misma actitud al operar ese don. Él quiere que quienes muestren compasión lo hagan con alegría (vea Romanos 12:8).

¡No más obligación! Esa es la esencia del gozo, porque la obligación es lo opuesto al gozo. La obligación es el trabajo hecho a regañadientes. La obligación es religión, y Dios no recibirá nada de nosotros porque "tengamos" que hacerlo. Dios quiere que tengamos gozo en cada área de nuestras vidas. Cualquier otra manera de dar es solo obligación, y Dios odia esa "actitud de obligación". La obligación es como una respuesta tibia, y Dios dice que: "Por cuanto eres tibio, y no frío ni caliente, te vomitaré de mi boca" (Apocalipsis 3:16).

Piense en términos de intimidad dentro del matrimonio. Si este acto de amor se ha degradado en obligación de parte de uno de los miembros, el otro ni siquiera querrá responder. Su conversación será algo como: "Si solo lo haces porque tienes que hacerlo, no te molestes. Ve y duerme en el sofá". Dios se describe a sí mismo como un amante celoso que quiere la misma pasión en la relación. Se nos dice: "Servid a Jehová con alegría; venid ante su presencia con regocijo" (Salmos 100:2). Cualquier otra respuesta será rechazada.

Esto es lo que le dijo a Isaías: "Este pueblo se acerca a mí con su boca, y con sus labios me honra, pero su corazón está lejos de mí" (Isaías 29:13). Si nuestros corazones no están bien, no tendremos gozo; y si no tenemos gozo, Dios no nos aceptará. Si no tenemos aceptación, no hay pacto, y por consiguiente no hay poder. El gozo es nuestro precursor de poder.

En el mundo natural, el gozo y la risa están destinados por Dios a dar salud. "El corazón alegre constituye buen remedio; mas el espíritu triste seca los huesos" (Proverbios 17:22). Me caí cuando estaba trabajando hace algunos años. Nos habíamos estado preparando para un cierre en una planta de abono químico y habíamos quitado varios pisos de acero. En el proceso de volver a colocar el acero en la planta, pisé un hueco. Caí unos 20 pies por la rejilla hacia el piso de abajo. Había varios hoyos enormes a unos pocos pies de donde yo aterricé, y de haber caído en alguno de ellos hubiera ido 70 pies más abajo todavía.

Dios me había estado hablando de tomar las cosas con más calma, y mientras estaba tirado en aquella rejilla escuché que Él me decía: "Detente ya". Supe exactamente a qué se refería. Me arrepentí allí mismo de no haber escuchado antes y le pedí que me perdonara. De repente comencé a reír. La risa vino desde muy adentro de mi espíritu y sacudió mi cuerpo. Tuve que contener la manifestación exterior de la risa cuando llegaron los paramédicos para llevarme al hospital. No quería que creyeran que estaba delirando o completamente loco.

Después de todo, estaba seriamente herido. Al caer por la rejilla me había roto el costado, se me había abierto la cabeza, me quebré una muñeca y me lastimé la rodilla. Cuando aterricé me rompí un pie, me quebré la otra muñeca (en 12 partes) y me magullé la espalda. El corte en la frente sangraba profusamente y formó un gran charco de sangre a mi alrededor, sobre unas mantas ignífugas que habíamos colocado allí abajo. Miré todo aquel revoltijo y tenía mucho dolor, pero no podía parar de reír con el gozo del Señor. Creo que mi gozo, junto con la ubicación por el Señor de un cirujano traumatólogo en la sala de emergencias aquel día en particular, sanó mis huesos. A pesar de todo el daño, este doctor pudo realinear los huesos de mi muñeca y, sin cirugía ni clavos, los colocó en su lugar. El cirujano que me atendió durante mi recuperación dijo que fue sorprendente que con tantas fracturas no necesitara ninguna cirugía.

Necesitamos reírnos; es saludable. ***La vida puede ser dura, pero Dios es bueno***. Vea una película cómica; cuente chistes a sus amigos; recuerde situaciones alocadas que haya atravesado. La risa libera endorfinas que ayudan al proceso de sanidad. Como cristianos necesitamos relajarnos y disfrutar esta vida que Dios ha creado para nosotros. Dios quiere que seamos como niños al responder a su presencia. "Alégrese Israel en su Hacedor; los hijos de Sión se gocen en su Rey" (Salmos 149:2).

Podemos responder con este gozo porque conocemos el final: no solo el final aquí, sino el final de nuestra travesía con Cristo. Isaías, al hablar del reino milenial de Cristo, termina con este versículo: "Y los redimidos de Jehová volverán, y vendrán a Sión con alegría; y gozo perpetuo será sobre sus cabezas; y tendrán gozo y alegría, y huirán la tristeza y el gemido" (Isaías 35:10). Si tenemos esta esperanza y esta fe, mostremos nuestro gozo sin importar cuáles sean las circunstancias.

Nehemías declara lo mismo a las personas que volvían

de la cautividad en Babilonia. La gente lloraba y gritaba mientras Esdras les leía la Palabra de ley. Nehemías dijo: "Día santo es a nuestro Señor; no os entristezcáis, porque el gozo de Jehová es vuestra fuerza" (Nehemías 8:10).

A mi esposa le gusta bromear diciendo que el gozo de hacer compras es su fortaleza. Es verdad; cuando salimos de compras yo me canso enseguida, pero ella puede seguir por horas. Las tiendas de ropa femenina podrían vender mucho más si tuvieran sillas para los hombres que no estén experimentando tanto gozo como sus esposas mientras ellas compran. El gozo trae un poder que parece ser interminable.

Se nos dice: "¡Regocijaos en el Señor siempre! Otra vez digo: ¡Regocijaos!" (Filipenses 4:4). ¿Por qué? Todo tiene que ver con Dios y con lo que Él hizo, no con nuestras circunstancias. Podemos regocijarnos porque Él venció. Podemos regocijarnos porque Él nos salvó. Las fiestas de Israel eran ejemplos palpables para nosotros sobre cómo debemos responder a Dios. Estos días santos eran días de celebración. El Día de la Expiación era el único momento en que ellos se entristecían por sus pecados y no expresaban gozo ante su Dios. Todas las demás celebraciones eran días de fiesta, y duraban una semana. Eran invitaciones a que nos regocijemos y celebremos.

El Salmo 100 nos manda: "Cantad alegres a Dios, habitantes de toda la tierra. Servid a Jehová con alegría; venid ante su presencia con regocijo" (Salmos 100:1-2). Frecuentemente tomamos estas afirmaciones como si fueran sugerencias, no mandatos. Jesús jamás le pidió a nadie que hiciera nada. Siempre dio mandamientos; lo puede hacer o no, obedecer o desobedecer. Los Diez Mandamientos no son Diez Sugerencias. Dios ni siquiera dice que podemos adorarlo a nuestra manera, frase con la que a veces apaciguamos a la gente. Jesús nos manda que lo adoremos a la manera de Dios, en espíritu y en verdad, pero también con gozo. Dios le dijo a Israel: "Por cuanto no serviste a Jehová tu Dios con alegría y con gozo de corazón, por la abundancia de todas las cosas, servirás, por tanto, a tus enemigos... con hambre y con sed y con desnudez, y con falta de todas las cosas" (Deuteronomio 28:47-48).

El mandato es: ¡sirva a Dios con gozo o a sus enemigos con dolor! Como con todos los mandamientos de Dios, el castigo que viene cuando desobedecemos es una consecuencia de nuestra elección. Sin gozo no tendremos fortaleza ni fe para rechazar al enemigo. El resultado de esa disminución de la fortaleza será la cautividad. El gozo del Señor es nuestra fortaleza, y esa fortaleza nos permite vencer las mentiras del enemigo.

El diablo suele venir a los hijos de Dios con la mentira de que lo único que le interesa a la iglesia o al predicador es su dinero. Que tenemos que retener nuestro dinero, no sea que alguien nos lo robe. Eso es una mentira. Jesús dijo: "Haceos tesoros en el cielo... donde ladrones no... hurtan" (Mateo 6:20). Diezmar es algo que debe traer entusiasmo. Es parte de nuestro pacto: nosotros diezmamos y Él nos protege y provee. Eso debería darnos gozo, ya que no tenemos que proveer más por nosotros mismos.

El Salmo 19:5 establece: "Se alegra como un gran atleta, ansioso por correr la carrera" (NTV). Es un gozo obrar desde el ámbito de la fortaleza. Las personas fuertes disfrutan al trabajar mucho y vencer los límites de su fortaleza. Los atletas olímpicos siempre están tratando de superar sus propios récords. A los guerreros espirituales les encanta encontrarse con el enemigo y echarlo de las vidas de las personas. Cuando nos mantenemos gozosos, podemos permanecer en la presencia de Dios y en su voluntad. Podemos actuar como Él aún en presencia de nuestros enemigos, porque Dios no se preocupa por quienes se le oponen y nosotros tampoco deberíamos hacerlo. "Mas tú, Jehová, te reirás de ellos; te burlarás de todas las naciones. A causa del poder del enemigo esperaré en ti, porque Dios es mi defensa" (Salmos 59:8-9).

Todo temor se disuelve cuando el Padre está con nosotros. Ni siquiera un reporte negativo de parte de un doctor debería perturbarnos. Un doctor le dijo a Jeanne hace mucho tiempo que necesitaría una histerectomía. Ella consultó a Jesús, que es nuestro "gran médico" y Él le dijo que no necesitaría esa cirugía. Así que nunca se la hizo y jamás la necesitó. "Jehová es mi fortaleza y mi escudo; en él confió mi corazón, y fui ayudado, por lo que se gozó mi corazón, Y con mi cántico le alabaré" (Salmos 28:7). Confíe en Dios y regocíjese en su bondad.

(No estoy sugiriendo que no respete el consejo de su médico, porque ellos también fueron dados por Dios. Pero en este caso, Jeanne tenía una palabra del Señor sobre la cual se movió por fe y convicción.)

Dios permitirá que se levanten persecución y odio contra nosotros, pero Jesús dijo: "Bienaventurados sois cuando por mi causa os vituperen y os persigan, y digan toda clase de mal contra vosotros, mintiendo. Gozaos y alegraos, porque vuestro galardón es grande en los cielos; porque así persiguieron a los profetas que fueron antes de vosotros" (Mateo 5:11-12). No conozco a nadie que esté realmente feliz cuando la gente le expresa odio. Lo importante es que no es la felicidad ni un buen sentimiento lo que dicta el gozo. Es una actitud que debemos aprender a cultivar, y la única manera de aprender es a través de pruebas. "Tened por sumo gozo cuando os halléis en diversas pruebas, sabiendo que la prueba de vuestra fe produce paciencia. Mas tenga la paciencia su obra completa, para que seáis perfectos y cabales, sin que os falte cosa alguna" (Santiago 1:2-4).

Dios nos está preparando para que andemos junto a Él en autoridad. Cuando yo iba a la universidad, a veces tenía que estudiar durante varios días para los exámenes. Era mucho trabajo, pero una vez que llegaba el examen, el trabajo se acababa. Lo único que tenía que hacer era escribir lo que con esfuerzo había aprendido. El entrenamiento debe ser más arduo que el propio examen. Las prácticas que soporté jugando fútbol americano eran mucho más extenuantes que los juegos. Los entrenadores lo hacían así para que la oposición no pudiera intimidarnos. No solo ganábamos músculos, estábamos ganando corazón.

El principio es: "Aunque este nuestro hombre exterior se va desgastando, el interior no obstante se renueva de día en día" (2 Corintios 4:16). Debemos cambiar nuestra naturaleza carnal y volver a la naturaleza espiritual para ser capaces de regocijarnos por lo que esté sucediendo: "Porque esta leve tribulación momentánea produce en nosotros un cada vez más excelente y eterno peso de gloria" (2 Corintios 4:17). En otras palabras, en las pruebas, el hombre espiritual se multiplica mucho más que el hombre carnal. ¿Qué es lo que queremos? ¿Queremos ser como Jesús o preferimos una vida cómoda? Si en verdad estamos dejando que Jesús viva en nosotros, este tipo de situaciones confrontarán nuestro cuerpo y nuestra alma como las que confrontaban el cuerpo y alma de Jesús.

Debemos aprender a aceptar las situaciones a la que Dios nos lleva porque solo matarán nuestra antigua naturaleza y nos permitirán operar en la naturaleza de Dios. Por eso Pablo decía: "Me gloriaré más bien en mis debilidades, para que repose sobre mí el poder de Cristo" (2 Corintios 12:9).

Jeanne sufrió fibromialgia por años. A veces se sentía tan mal que permanecía en cama todo el día. Apenas si podía cepillarse el cabello. Oramos por eso, pero no obtuvimos ninguna respuesta específica sobre cómo combatir este padecimiento crónico y debilitante. Cuanto más sanamos nuestro interior y comenzamos a perdonar a los demás, nuestro gozo en la vida empieza a incrementarse. A medida que fui siendo más cariñoso con Jeanne y ella pudo liberarme de sus juicios contra mí, aunque no podemos decir con seguridad que esa fuera la razón, ella fue sana de su fibromialgia. No fue un cambio abrupto, pero sí una sanidad total. Ahora ella está más activa que hace 15 años y no siente ninguna debilidad. Todos podemos sufrir por nuestras situaciones, pero Dios no quiere dejarnos allí.

El salmista conocía este secreto cuando dijo: "Por la noche durará el lloro, y a la mañana vendrá la alegría" (Salmos 30:5). Una pareja muy querida para nosotros experimentó tanto la noche como la mañana a las que se refiere el salmista. El esposo, debido a la falta de amor en su niñez, no podía amarse a sí mismo; y por comodidad terminó teniendo un amorío. Fue desolador para todo su entorno. El esposo se fue a vivir con la otra mujer por algunos días y no quería aceptar ninguna corrección. Lo único que podíamos hacer era orar.

Él regresó un domingo, y yo le pude hablar. Todo lo que pude hacer fue decirle algunas verdades sobre cuánto odia Dios el divorcio. Le dije que Dios lo llevaría hasta la puerta misma del infierno si fuera necesario para hacer que regresara. Otros en el Cuerpo fueron duros con él, y decidió regresar a su casa. El problema del contacto sexual con otra persona es que desarrolla lazos en el alma. Aunque estaba en su casa, durante meses estuvo jugando a decidir dónde quería estar: si en su casa o con la otra mujer. Lentamente volvió a caer en su fantasía de otra vida y nuevamente decidió dejar a su esposa.

Para ese momento, con nada más que perder, su esposa puso un límite y le dio un ultimátum: o *ella* o *los niños y yo*. Esto pareció asustarlo suficientemente como para cambiar de parecer e intentar arreglar su matrimonio. Fue a consejería y también acudió a Jeanne y a mí. Buscamos las raíces, y mediante el arrepentimiento, comenzó un largo camino de regreso.

Hay algo más además de esto que Dios dejó caer en nuestros regazos. La novia de este *affaire* nos contactó y quiso una entrevista. Ella seguía ligada al hombre casado debido a las ataduras de su alma, pero Dios nos dio compasión y sabiduría. Antes de que terminara la noche, ella se había arrepentido por su parte en el adulterio ¡y también le entregó su vida al Señor! Nos contactó alrededor de un año y medio después y nos dijo que había tomado un curso Alpha y que estaba bien establecida en una iglesia. Quería agradecernos por lo que habíamos hecho.

El matrimonio de nuestro amigo siguió sanando, y puedo decir que se han recuperado. Aquello ocurrió hace siete años. Lo que comenzó como una noche de lágrimas, Dios lo convirtió en un día de regocijo.

Dios no estaba diciendo que con el tiempo los problemas desaparecerían, sino que a medida que perseveramos y somos cambiados, la luz (la revelación de la voluntad de Dios) nos amanecerá y veremos claramente lo que está sucediendo. Pablo aprendió esta lección y pudo proclamar: "Sobreabundo de gozo en todas nuestras tribulaciones" (2 Corintios 7:4). Estaba imitando a Jesús, quien "por el gozo puesto delante de él sufrió la cruz" (Hebreos 12:2). Podemos perseverar porque conocemos el gozo que viene.

Jeanne y yo ministramos a todas esas personas porque sabemos el gozo que tanto Dios como ellos sentirán con la liberación. Eso nos da la fortaleza para seguir adelante. Se nos dice: "Considerad a aquel que sufrió tal contradicción de pecadores contra sí mismo, para que vuestro ánimo no se canse hasta desmayar. Porque aún no habéis resistido hasta la sangre, combatiendo contra el pecado" (Hebreos 12:3-4).

La entereza o el fracaso que logramos está en nuestras mentes: en nuestros pensamientos y nuestras actitudes. La batalla está en su mente, pero esa batalla enfrenta a la carne y los huesos cuando tocan las cosas que hemos acumulado o las personas que apreciamos. El alarde de Satanás ante Dios contra Job fue: "Pero extiende ahora tu mano y toca todo lo que tiene, y verás si no blasfema contra ti en tu misma presencia" (Job 1:11). Le estaba diciendo a Dios: "Te sirven solo por lo que pueden obtener a cambio".

Los creyentes del Nuevo Testamento probaron que Satanás estaba equivocado. El escritor de Hebreos elogia a los cristianos porque: "Cuando a ustedes les confiscaron sus bienes, lo aceptaron con alegría, conscientes de que tenían un patrimonio mejor y más permanente" (Hebreos 10:34, NVI). Estos cristianos se habían regocijado de ser despojados de sus bienes. ¿Por qué podían actuar así? Porque conocían la escritura que dice: "Si el ladrón fuere hallado, pagará el doble" (Éxodo 22:7). Si realmente creemos en esa escritura, no nos volveremos locos cuando parezca que todo anda mal. Podemos estar seguros de que lo que el diablo intente robarnos, Dios lo forzará a pagarnos el doble como compensación.

La prueba de nuestra fe —que Dios es justo y nos guardará— es nuestro gozo. Puedo regalar algo con gozo si sé que será reemplazado por algo mejor. El hermano de Jeanne aplaudió nuestro estilo de vida y nuestra esperanza cuando observó: "Si ganas, ganas; si pierdes sigues ganando". ¡Regocijémonos en el Señor porque Él es bueno!

Se nos dice que Dios nos dará "óleo de gozo en lugar de luto, manto de alegría en lugar del espíritu angustiado...para gloria suya" (Isaías 61:3). Dios es glorificado por nuestra alabanza. Eso hace que alabemos más todavía: "En gran manera me gozaré en Jehová, mi alma se alegrará en mi Dios; porque me vistió con vestiduras de salvación, me rodeó de manto de justicia," (Isaías 61:10).

Al saber esto podemos estar "siempre gozosos" (1 Tesalonicenses 5:16). La naturaleza misma se regocija con nosotros: "Porque con alegría saldréis...los montes y los collados levantarán canción delante de vosotros, y todos los árboles del campo darán palmadas de aplauso" (Isaías 55:12). Toda la naturaleza está esperando que cumplamos nuestro destino como hijos de Dios. Él nos va a enseñar cómo caminar en la esperanza de la gloria venidera. "Vosotros también, hijos de Sión, alegraos y gozaos en Jehová vuestro Dios; porque os ha dado la primera lluvia a su tiempo, y hará descender sobre vosotros lluvia temprana y tardía…" (Joel 2:23). Así como la lluvia refresca y alimenta o nutre la tierra, Dios nos está enseñando a vivir correctamente, nos da una lluvia de palabras que nos alimentan y refrescan el alma. Esas maestras serán a menudo nuestras circunstancias. Debemos aceptar todo lo que nuestro amoroso Padre nos envía. Alguien dijo una vez que lo que no nos mata nos hace más fuertes. Sin importar qué pase, podemos regocijarnos si creemos en ello.

Capítulo 7

El don que sigue dando: ***El amor***

Dios es amor

El amor es el lenguaje del cielo. El Padre, el Hijo y el Espíritu Santo tienen profunda devoción y afecto uno por otro. Continuamente respetan, aprecian y alaban al otro. Están en perfecta armonía, son de una misma mente y corazón. Son el ejemplo supremo de intimidad y amor.

El Padre honra al Hijo al declarar que "en el nombre de Jesús se doble toda rodilla" (Filipenses 2:10). El Hijo honra al Padre al exaltarlo. Jesús respondió a alguien que lo llamó "bueno" con esta afirmación: "¿Por qué me llamas bueno? Ninguno hay bueno sino uno: Dios" (Mateo 19:17). Tanto el Padre como el Hijo honran la posición del Espíritu Santo al declarar que "cualquiera que blasfeme contra el Espíritu Santo, no tiene jamás perdón" (Marcos 3:29). Tanto Jesús como el Espíritu Santo toman la naturaleza de siervos, y el Espíritu Santo se somete a Jesús al venir en su nombre y recordar a los discípulos todas las cosas que Jesús dijo (vea

Juan 14:26). Jesús también dice que el Ayudador "no hablará por su propia cuenta, sino que hablará todo lo que oyere" (Juan 16:13). Eso es perfecta armonía y sumisión. Cada uno tiene un rol que desempeñar, y cada uno lo practica con mucho gusto por el mutuo beneficio de los otros.

Pablo dice que la relación entre Cristo y su Iglesia debe ser un reflejo de ese modelo, como lo es el matrimonio.

> *Someteos unos a otros en el temor de Dios. Las casadas estén sujetas a sus propios maridos, como al Señor; porque el marido es cabeza de la mujer, así como Cristo es cabeza de la iglesia, la cual es su cuerpo, y él es su Salvador. Así que, como la iglesia está sujeta a Cristo, así también las casadas lo estén a sus maridos en todo. Maridos, amad a vuestras mujeres, así como Cristo amó a la iglesia, y se entregó a sí mismo por ella, para santificarla, habiéndola purificado en el lavamiento del agua por la palabra, a fin de presentársela a sí mismo, una iglesia gloriosa, que no tuviese mancha ni arruga ni cosa semejante, sino que fuese santa y sin mancha. Así también los maridos deben amar a sus mujeres como a sus mismos cuerpos. El que ama a su mujer, a sí mismo se ama. Porque nadie aborreció jamás a su propia carne, sino que la sustenta y la cuida, como también Cristo a la iglesia, porque somos miembros de su cuerpo, de su carne y de sus huesos. Por esto dejará el hombre a su padre y a su madre, y se unirá a su mujer, y los dos serán una sola carne. Grande es este misterio; mas yo digo esto respecto de Cristo y de la iglesia. Por lo demás, cada uno de vosotros ame también a su mujer como a sí mismo; y la mujer respete a su marido* (Efesios 5:21-33).

Cuatro veces en este pasaje se le dice al esposo que debe amar a su esposa, y a la esposa se le dice tres veces que se sujete a su esposo o lo reverencie. Dios usa el ámbito del hogar para formar en nosotros un carácter que nos permitirá funcionar en el Reino y derrotar al enemigo. Suele ser difícil para el hombre ser cabeza de manera amorosa. Cuando Jeanne fue al hospital para operarse de cáncer, estuvimos de acuerdo en que yo debería estar allí todo el tiempo que fuera posible. Durante los siguientes nueve días me quedé un promedio de 12 horas por día, todos los días. Le alcanzaba agua, acomodaba sus almohadas, le frotaba los pies y la espalda, oraba por ella, le cantaba y la cubría y protegía todo lo posible. Se trataba de mi esposa, ella me necesitaba y dejé todo de lado para demostrarle mi amor. Le tomó casi nueve meses recuperarse por completo, y yo llevé la carga de la casa tanto como me fue posible. Bromeábamos con que, como ella me había mantenido durante mi último año de universidad, yo tendría que mantenerla durante los siguientes cuarenta años. Creo que obtuve la mejor parte del trato.

A menudo es muy difícil para una mujer sujetarse amorosamente. Estas posiciones no indican el valor de cada uno; indican una función. La función de la familia está diseñada para enseñar a la generación siguiente cómo funciona el señorío de Dios. También es una afirmación en el mundo espiritual de que tanto física como espiritualmente, la sabiduría de Dios funciona. El honor y el respeto que un esposo y su esposa muestran por el otro y por sus hijos es la capacitación que los chicos necesitan para administrar sus propias vidas. Los hijos vienen al mundo siendo totalmente egocéntricos y egoístas, y necesitan esta actitud para poder cambiar si quieren ser miembros útiles de la sociedad y del Reino de Dios. Las mamás y los papás entrenan a sus hijos sobre cómo actuar con respeto, honor, amor y fe al ser un modelo de estas cosas entre los miembros de la familia.

Lo opuesto a este amor es el egoísmo. Derrotamos al egoísmo al ir en el espíritu opuesto, es decir, siendo amorosos. Cuando Jeanne actúa de manera totalmente amorosa conmigo, me da mucha vergüenza comportarme como un tonto con ella. Cuando ella crece en amor, el aumento de mi egoísmo se convierte en algo tristemente obvio.

Una vez nos pusimos de acuerdo para vender nuestra camioneta a unos conocidos. Habíamos aceptado un puesto en WorldVision y necesitábamos un vehículo. Más tarde, Dios nos habló y decidimos declinar la oferta. Nuestros amigos, sin embargo, no querían deshacer el trato por la camioneta. Podríamos haber dicho: "Lo siento, cambiamos de opinión", pero Dios dijo que debíamos mantener nuestra palabra, aunque pareciera que nos perjudicábamos (vea Salmos 15:4). Nuestros amigos mostraron su egoísmo al mirar solamente sus deseos, así que nosotros tuvimos que salir a comprar una camioneta nueva. Dios proveyó una de lujo, con extras por un valor superior a $13 000, pero por un precio muy módico. Esa camioneta nos duró 15 años. Aún cuando la gente actúe de manera egoísta con nosotros, si vamos en el espíritu opuesto, Dios puede bendecirnos y permitirnos crecer en su amor.

Siempre crecemos según la semilla que haya en nosotros. Si esa semilla es amor, creceremos en amor. Si esa semilla es egoísmo, desarrollaremos constantemente más hábitos egoístas, pecaminosos. "Todo aquel que es nacido de Dios, no practica el pecado, porque la simiente de Dios permanece en él; y no puede pecar" (1 Juan 3:9). La palabra *practica* en este versículo con frecuencia ha sido incorrectamente citada como "peca habitualmente". Sin embargo el griego es muy claro, la palabra *practica* (*poieõ*)[1] se refiere a un solo acto. El texto entonces indica que ciertas áreas de nuestra alma y espíritu no han nacido de Dios, son "inconversas". Esas áreas inconversas tendrán adentro semillas que son "terrenales, animales, diabólicas" (vea Santiago 3:15). Estas semillas harán crecer el egoísmo en nosotros.

Jesús dijo que el segundo mandamiento más importante es: "Amarás a tu prójimo como a ti mismo" (Mateo 22:39). Precisamente leemos que los hombres "deben amar a sus mujeres como a sus mismos cuerpos" (Efesios 5:28). Estamos siendo desafiados a redirigir ese amor egoísta hacia otro. En lugar de amarnos egoístamente a nosotros mismos, debemos amar a otro con el mismo cuidado y preocupación. Este amor desinteresado libera poder. El apóstol Juan dijo que vio cómo los santos desinteresados vencían a Satanás porque "menospreciaron sus vidas hasta la muerte" (Apocalipsis 12:11).

El primer y más grande mandamiento, dijo Jesús, es similar al segundo. Debemos amar "al Señor tu Dios con todo tu corazón, y con toda tu alma, y con toda tu mente…De estos dos mandamientos depende toda la ley y los profetas" (Mateo 22:37-40). "La ley y los profetas" se refiere a las Escrituras. Jesús por lo tanto está diciendo que sin amor ningún aspecto del Reino funcionará bien. Ni la salvación, ni la liberación, la sanidad, la profecía, las finanzas; ni siquiera las relaciones pueden funcionar bien sin amor. El amor debe ser la fuerza motivadora del poder y la autoridad que las Escrituras le dan para que funcione. Actuar sin amor es obrar en el reino de tinieblas de Satanás.

A veces intentamos operar en los dos reinos al mismo tiempo porque lo hacemos por obligación: hacemos lo correcto sin la motivación del amor. Eso es lo que las Escrituras llaman *tibio*.

Cuando Jeanne y yo empezamos a salir, yo estaba trabajando en una ciudad a unas 50 millas de donde ella vivía. Yo estaba ahorrando dinero para el siguiente semestre de la universidad, pero quería hacer algo especial para ella. Recuerdo que estaba manejando al regresar del trabajo y vi unas rosas Alberta silvestres que crecían en una zanja y decidí tomar algunas. El problema era que las rosas Alberta crecen en arbustos muy duros y llenos de espinas. Tenía que podar parte del arbusto para obtener algunas flores decentes, pero no tenía cuchillo ni tijeras. Lo único que encontré fueron algunas rocas, que usé para golpear el arbusto. Me ensangrenté todo por las espinas, y las rosas se estremecieron totalmente con mi brutal método de recolección, pero conseguí flores para mi cielo. Ella fue muy gentil cuando aceptó las rosas (aunque me dí cuenta de que al día siguiente ya no estaban en el florero).

Mi decisión de soportar las dificultades, los problemas y el dolor con tal de obtener algo especial para Jeanne surgió del amor, no de la obligación. La obligación surge del legalismo, que es una "apariencia de piedad, pero [niega] su eficacia" (2 Timoteo 3:5, BTX). No tiene poder alguno porque dentro del legalismo no hay fe en que el amor realmente funcione. El legalismo no sostiene la creencia de que soy amado por quien soy, sino que promueve la idea de que lo que hago (las cosas religiosas: orar, dar, leer la Biblia, sacrificar, obrar santamente, etc.) determina mi valor. Por lo tanto, no hay responsabilidad para con la fuente de ese poder (Dios), sino para con las obras. El espíritu legalista o religioso a menudo se pega a esta fortaleza o forma de pensar. Ese espíritu refuerza la idea de que no se requiere amor, solo obligación. Dios odia esta actitud de obligación y la aparta de Él cuando insistimos en obrar de esa forma, sin amor (vea Apocalipsis 3:16). Una vez que estamos separados de Dios, estamos separados de la fuente de poder. Si no tenemos intimidad, no tenemos poder.

Es por esto que los niños no tienen verdadero poder; son egoístas e inmaduros. Se nos ordena que: "en amor, crezcamos en todo en aquel que es la cabeza, esto es, Cristo" (Efesios 4:15). El mal no siempre está determinado solo por acciones sino por la intención. Cuando un niño escribe en una pared con sus crayones, es dulce: sucio, pero dulce. Cuando un joven de 20 años hace un grafiti sobre una pared, es vandalismo y un delito.

Un día iba caminando por la calle con un amigo cuando él se inclinó y me escupió. No me sentí muy feliz, pero él era mi amigo, así me lo quité y seguí caminando. Hablamos hasta que nos encontramos con un grupo de personas que quería presentarle. Mientras los estaba presentando, me escupió otra vez. Me hubiera enojado, ¡pero mi amigo apenas tenía un año! Si usted puede asumir la actitud de que cada persona que lo escupe tiene solo un año o es inmadura, será capaz de quitarse aquello de encima y seguir amándola. Un niño no es malvado simplemente porque es inmaduro, pero un niño inmaduro es egoísta.

La inmadurez no es un indicativo de la edad sino del crecimiento. Si no hemos crecido, no importa cuál sea nuestra edad, seremos inmaduros y no tendremos mucho amor. La Biblia dice que la fe obra (es activada) por el amor (vea Gálatas 5:6). Si el amor es el poder que subyace detrás de la fe, entonces lo inverso es verdad; el egoísmo es el poder que está detrás del miedo. Eso hace que el miedo y el amor se excluyan mutuamente. La Biblia dice que "el perfecto amor echa fuera el temor" (1 Juan 4:18). Donde hay miedo, no puede haber amor.

He ministrado a madres muy controladoras de sus hijos, que decían con ligereza: "Tenía miedo de que se metieran en problemas, y supongo que los amaba demasiado para permitir que eso sucediera". En realidad eso no puede ser cierto. Ellas tenían miedo, entonces, por egoísmo, controlaban a sus hijos. Eso no es amor. También es cierto que donde hay egoísmo, no puede haber fe, y por lo tanto no puede haber poder.

Satanás hizo su primera demostración de egoísmo en el universo cuando alardeó: "Seré semejante al Altísimo" (Isaías 14:14). Continuó, llevando esa actitud egoísta y envidiosa al jardín del Edén. Sugirió a Adán y a Eva que ellos también podían ser como Dios (vea Génesis 3:5). Este primer acto de egoísmo resultó en el primer miedo que salió a luz (vea Génesis 3:10). Dos progresiones opuestas entraron al mundo como resultado del pecado de Adán:

1. Satanás es el autor del egoísmo, que produce miedo, que da a luz el pecado. El pecado se manifiesta con obras de la carne, que son: adulterio, fornicación, inmundicia, lascivia, idolatría, hechicerías, enemistades, pleitos, celos, iras, contiendas, disensiones, herejías,

envidias, homicidios, borracheras, orgías, y cosas semejantes a estas (vea Gálatas 5:19-21).

2. Dios es el autor del amor, que da poder por medio de la fe, que es contada por justicia. La justicia, que es por la fe, crece: "el fruto del Espíritu es amor, gozo, paz, paciencia, benignidad, bondad, fe, mansedumbre, templanza" (Gálatas 5:22-23).

La razón por la que se desarrolla el egoísmo en las personas es un vano intento de ganar su propia vida y libertad. Jeanne siempre ha procurado comprar regalos de cumpleaños a quienes no dan regalos y no son agradecidos. Jesús señaló esto mismo al ordenarnos que seamos como Él y hagamos el bien sin esperar nada a cambio, y entonces seremos hijos del Altísimo; porque Él es benigno para con los ingratos y malos (vea Lucas 6:34-35). Es una manera de decir: "No eres capaz de dictar ni de manipular mis acciones". Ella elige responder según la respuesta del Espíritu, en lugar de reaccionar al egoísmo de la persona.

A lo largo de los años, hemos hecho lo mismo en cuanto al diezmo. Diezmábamos de acuerdo con el salario que queríamos tener, no de acuerdo con el salario que recibíamos. Diligentemente hicimos esto aún cuando yo no tuviera trabajo. La fe fue la respuesta apropiada al miedo de la carne.

El problema es que el egoísmo sumerge a las personas en una progresión demoníaca en la cual "por el temor de la muerte estaban durante toda la vida sujetos a servidumbre" (Hebreos 2:15). La verdadera libertad viene al obrar en amor y ofrecer nuestras vidas en la confianza de que Jesús ha conquistado a la muerte por nosotros (vea Apocalipsis 1:18).

Jesús nos estaba alentando a que siguiéramos sus pasos cuando dijo: "Todo el que procure salvar su vida, la perderá; y todo el que la pierda, la salvará" (Lucas 17:33). Este es el poder de la vida indestructible. Jesús demostró físicamente ese poder sobre su propia vida por medio de la muerte y la resurrección. Antes les había dicho a sus discípulos sobre su vida: "Tengo poder para ponerla, y tengo poder para volverla a tomar" (Juan 10:18). Él conquistó a la muerte al morir y resucitar. Él desafió a sus discípulos a que la única manera en que podían ganar vida y libertad sería muriendo a sus propios deseos y amando desinteresadamente a otros.

Jesús fue un modelo de principio de la vida a través de la muerte, al morir por la Iglesia. Su muerte limpió a la Iglesia y le permitió "presentársela a sí mismo, una iglesia gloriosa" (Efesios 5:27). Esposos, si dejamos a un lado nuestras vidas (nuestro egoísmo) por nuestras esposas, ganaremos una esposa respetuosa, agradecida, llena de alabanza, como lo hizo Jesús.

Jesús dijo que el mayor amor que un hombre puede mostrar es "que uno ponga su vida por sus amigos" (Juan 15:13). Es por ello que hombres y mujeres que entran en batalla, ya sea con armas o en oración, desarrollan un profundo amor unos por otros. David podía decir de Jonatán: "Más maravilloso me fue tu amor que el amor de las mujeres" (2 Samuel 1:26). En combate, David y Jonatán habían estado en medio de miles de hombres demostrando su amor; estaban ofreciendo sus vidas cada uno por el otro. La guerra, de cualquier tipo, puede ser una expresión de amor más bien que de odio y maldad. Todo depende de la intención de nuestros corazones. Que recibamos amor en esas circunstancias no depende de que nuestros camaradas sean perfectos o ni siquiera de que nos resulten agradables. Viene en su demostración de amor hacia nosotros, en su voluntad de dar sus vidas. Verdaderamente "el cumplimiento de la ley es el amor" (Romanos 13:10).

Jeanne tenía una amiga que necesitaba liberación del miedo, la masturbación y la lujuria. Había acudido a varios profesionales que no habían podido ayudarla. Estaba muy mal, y su familia era un desastre como consecuencia de sus problemas. Jeanne fue una verdadera amiga y pasó muchísimo tiempo con esta señora, literalmente dejando de lado su vida, para que ella pudiera ser libre. No fue la gran pericia de Jeanne lo que la hizo libre. Fue la demostración de amor sin condenación la que tuvo poder sobre el enemigo. Jeanne le proveyó un lugar donde la mujer pudo desentrañar los eventos que la habían llevado a generar aquellos miedos. Sus padres una vez se habían burlado de ella cuando era pequeña y la amenazaron con arrojarla de un auto en movimiento. Ese incidente oculto volvió a la vida cuando Jeanne la ayudó a recordar. Después que la señora perdonó a sus padres, pudo expulsar al demonio de miedo que la había asolado durante años. Los problemas sexuales fueron fáciles de remover una vez que desapareció el miedo.

Ministrar en profundidad le llevará tiempo y le costará su vida. Se ensuciará al limpiar los baños de otros, y tendrá que sacrificar su tiempo libre. Hacer a un lado nuestras vidas por nuestros amigos es una cosa, pero Jesús quiere llevarnos a un plano aún más alto de la guerra: amar a nuestros enemigos.

Jesús dijo: "Amad a vuestros enemigos, bendecid a los que os maldicen, haced bien a los que os aborrecen, y orad por los que os ultrajan y os persiguen; para que seáis hijos de vuestro Padre que está en los cielos" (Mateo 5:44-45). Si queremos tener poder como hijos de Dios, debemos seguir este mandamiento. Jesús no nos está pidiendo que lo hagamos: nos lo está ordenando.

Jeanne y yo hemos visto algunas personas que nos despreciaban, pero luego acudieron a nosotros por consejo porque sabían que teníamos las respuestas que los harían libres. A veces dejar de lado su vida significará tener que decirle la verdad a alguien, sabiendo que podría destruir una amistad. Si lo hacemos con la motivación correcta del corazón, agradaremos a Dios. La Palabra dice: "Cuando los caminos del hombre son agradables a Jehová, aún a sus enemigos hace estar en paz con él" (Proverbios 16:7).

Los egoístas solo se preocupan por ellos mismos y tratan de obtener ventajas solo para ellos. Esas son pasiones. Las pasiones solo quieren lo propio; el amor siempre da. Las pasiones son obras de la carne y generan guerras y pleitos:

> *¿No es de vuestras pasiones, las cuales combaten en vuestros miembros? Codiciáis, y no tenéis; matáis y ardéis de envidia, y no podéis alcanzar; combatís y lucháis, pero no tenéis lo que deseáis, porque no pedís. Pedís, y no recibís, porque pedís mal, para gastar en vuestros deleites* (Santiago 4:1-3).

Las pasiones generalmente atraen un espíritu que quiere alimentarse de ellas. Recuerdo un incidente de un político que era homosexual. Fue atrapado robando un valioso anillo y al ser aprehendido comentó: "No sé lo que me sucedió". *Yo pensé: Yo sí sé lo que le sucedió. Fue un espíritu de lujuria.* A menudo no nos damos cuenta de que cuando dejamos que estructuras demoníacas como la lujuria tomen lugar en nuestras vidas, no podemos dictar dónde o cuándo ese espíritu decidirá actuar; y lo hará. Satanás no se opone a cooperar con usted, pero jamás estará a su servicio. Siempre lo hará su esclavo.

Una de las formas de derrotar la lujuria que está en nuestra carne es estar siempre dando y cuidando por el bien de otros. Jeanne ejercitó esta expresión de amor al dar una pequeña herencia que había recibido cuando su padre falleció. En lugar de gastar ese dinero en ella misma, decidió dárselo todo a la familia, incluidos los nietos, en unas vacaciones en México. Esas vacaciones fueron en memoria de su padre y un método para bendecir a nuestros hijos. El amor tiene el poder de reproducir la bendición que impartimos a otros en nuestras propias vidas.

Abraham quería tener un hijo propio. Dios lo animó a interceder por el reino filisteo, cuyas matrices Él había cerrado. Casi inmediatamente, la esposa de Abraham concibió (vea Génesis 20:17–21:2). Si queremos tener un ministerio, es necesario que sembremos en el ministerio de otro. Dar matará las pasiones de envidia y celos que haya en nuestra carne. También soltará amor en nuestros corazones, invistiéndonos con fe para crecer hasta que se produzca lo que le hayamos pedido a Dios. Al ejercitar el amor siempre se suelta poder.

El poder soltado en amor es capaz de sacarnos del miedo. "En el amor no hay temor, sino que el perfecto amor echa fuera el temor; porque el temor lleva en sí castigo" (1 Juan 4:18). Donde hay amor, no hay miedo. Si hay miedo, entonces no hay amor, y el egoísmo se convierte en la fuerza que nos impulsa. Comienzan a desarrollarse un conjunto de respuestas predecibles en este escenario. Como no obtenemos respuestas a nuestras oraciones, comienza el tormento y no podemos encontrar paz. La falta de paz engendra más miedo. El miedo, propulsado por nuestro egoísmo, descarta la existencia de la fe, y por consiguiente evita que nuestras oraciones sean respondidas. Entonces buscamos controlar lo que no podemos cambiar, que es la respuesta natural al miedo. Cuando hemos perdido el control de nosotros mismos (el control de nuestras emociones), como lo indican el miedo, el tormento y la falta de paz, intentarán controlar nuestro exterior (nuestro entorno y nuestras situaciones). Eso se convierte en un círculo vicioso, y solo más control parece ser la solución para aliviar nuestra montaña de miedos. Más control crea más egoísmo y disminuye nuestra capacidad de amar. En este estado de egoísmo nos convertimos en "amadores de los deleites más que de Dios, que tendrán apariencia de piedad, pero negarán la eficacia de ella" (2 Timoteo 3:4-5). El resultado final es que crece el egoísmo, que no tiene ningún poder.

Si estamos madurando en amor, el fruto del dominio propio será perfeccionado en nosotros. Si obramos con dominio propio, no tendremos miedo y no trataremos de controlar a todos y todo lo que nos rodea. Necesitamos examinarnos. Si no nos sentimos cómodos estando fuera de control, entonces hay dentro de nosotros un área que es egoísta, inconversa, y obra por miedo. En esa área no tendremos poder y necesitaremos sanidad. El amor de una madre por sus hijos le da poder para vencer los miedos naturales y correr dentro de un edificio en llamas para salvarlos.

El amor es más poderoso que el temor. Echa fuera el

temor: no al revés. El amor se convierte en acción y no es solo un sentimiento. Jesús dijo: "En cuanto lo hicisteis a uno de estos mis hermanos más pequeños, a mí lo hicisteis" (Mateo 25:40). Amamos al Señor al amar a sus hijos y al servirlos.

Jeanne ministró una vez en una campaña de otra iglesia a un hombre prostituto que tenía SIDA. Él necesitaba amor, sanidad y perdón. Ella tuvo la gracia para liberarlo, suficiente como para que respondiera al amor del Señor y recibiera el perdón de Dios y la salvación.

Recuerdo haber ministrado en las calles, en los bares de Guatemala. Los hombres estaban atrapados en cantinas decrépitas, bebían con prostitutas de aspecto ojeroso, desdentadas, que desfallecían sobre sus rodillas. Mi corazón se lamentaba por ellos en ese estado depravado, y quería mostrarles amor y compasión. Convencimos a algunos de ellos para que vinieran a un lugar más apropiado para ministrarlos.

Los ayudamos a levantarse y los llevamos mientras los otros clientes lanzaban comentarios en español que yo no podía entender. Estaban completamente borrachos, orinaban en las calles y eran incapaces de caminar sin ayuda, pero nos tambaleamos por aquellas calles con ellos. Al amontonarlos como leños en la parte trasera de mi pequeña camioneta, le pregunté a Dios: "¿Estos son los mejores candidatos que puedes encontrar? Están tan borrachos; ni siquiera entienden qué es lo que está pasando". Los llevamos a la Casa de Refugio y los ayudamos a salir de la camioneta.

Después de servirles un café, nuestro equipo comenzó a ministrarlos. Para sorpresa mía, ellos comenzaron a llorar, a vomitar y a arrepentirse. Comenzó a haber sanidades mientras nos movíamos entre ellos, solamente amándolos y hablándoles palabras de vida. Oramos por ellos en medio del olor a sudor, orina, alcohol y vómito. Fue emocionante. Cada uno de esos hombres entregó su corazón al Señor. Yo tuve que arrepentirme por mi incredulidad en el poder de Dios. A veces el amor es aún más poderoso que la fe.

El amor no condena sino que siempre va en el espíritu opuesto y busca alentar. El amor es paciente y benigno. El amor no es celoso ni jactancioso, orgulloso ni grosero. El amor no busca lo suyo. El amor no se irrita, y no lleva un registro de cuando se ha equivocado. Nunca se alegra por la injusticia sino que se regocija cuando triunfa la verdad. El amor nunca deja de ser, nunca pierde la fe, siempre tiene esperanza y permanece a través de toda circunstancia. El amor durará para siempre (vea 1 Corintios 13:4-8).

Tenemos amigos que pasaron tramos difíciles en su matrimonio. El esposo engañó a su esposa dos veces. Dios dio gracia a esa esposa para que lo perdonara en las dos oportunidades. Ella ha sido una inspiración para Jeanne y para mí por el persistente poder que el amor tiene para sanar. Puedo decir con gozo que su amor y Cristo derrotaron el pecado de él y se abrieron paso para restituir su matrimonio. El amor nunca fracasa.

El amor es una semilla, y debe crecer si va a producir un fruto maduro. La Biblia dice: "Nosotros le amamos a él, porque él nos amó primero" (1 Juan 4:19). Sabemos que Jesús nos ama porque entregó su vida por nosotros y nos perdonó, pero necesitamos crecer en amor. Jesús nos da la clave para crecer en amor en una parábola sobre dos hombres que debían dinero. Uno debía una suma grande y el otro una pequeña. A ambos se les perdonó la deuda. Jesús le preguntó al fariseo: "...¿cuál de ellos le amará más? Respondiendo Simón, dijo: Pienso que aquel a quien perdonó más" (Lucas 7:42-43). Entonces Jesús dirigió su atención hacia la prostituta que había dado lugar a su intercambio con el fariseo al lavar los pies de Jesús y dijo: "Sus muchos pecados le son perdonados, porque amó mucho; mas aquel a quien se le perdona poco, poco ama" (Lucas 7:47). Para crecer en amor debemos crecer en nuestro entendimiento de cuánto hemos pecado y cuánto le debemos a Dios.

Debemos ser capaces de ver claramente nuestros pecados si queremos comprender apropiadamente nuestra deuda. Al principio de mi vida, me fue difícil arrepentirme porque yo pensaba que si hacía algo malo sería juzgado como malo. Tenía la ridícula idea de que Dios solo se podía enterar de mis pecados si yo los confesaba. Si los mantenía ocultos, no serían tenidos en cuenta contra mí. Sin embargo, Dios conocía mis pecados aún antes que los cometiera. Él me perdonaba apenas se lo pedía, y estaba consciente de ellos aún antes de que yo mismo lo estuviera. Esa incapacidad para reconocer mis pecados impidió que me desarrollara en amor. ***Reconocer el pecado, nuestro pecado, permite que crezcamos en amor.***

Dios quiere que maduremos en amor para que nos parezcamos a Él. Después de desafiar a sus discípulos a que oraran por sus enemigos, Jesús dijo: "Sed, pues, vosotros perfectos, como vuestro Padre que está en los cielos es perfecto" (Mateo 5:48). Dios en realidad espera que seamos capaces de pensar como Él piensa y actuar como Él actúa porque nos ha formado a imagen de su Hijo (vea Romanos 8:29).

Jesús contó otra parábola sobre dos hombres que tenían deudas que no podían pagar. El que debía una inmensa cantidad de dinero fue comparado con nosotros. Nuestra deuda debe haber sido inmensa; pagarla le costó a Dios la vida de su Hijo. No hay ningún precio más alto que el valor de Jesús. El otro hombre de la parábola, que debía una suma más pequeña, fue comparado con quienes nos han ofendido. Al primer siervo (nosotros), el rey le perdonó la deuda, pero no quiso perdonar la pequeña suma que se le debía a él. El rey se enojó cuando se enteró y entregó a ese primer siervo (nosotros) a los torturadores. Jesús dijo: "Así también mi Padre celestial hará con vosotros si no perdonáis de todo corazón cada uno a su hermano sus ofensas" (Mateo 18:35). Debemos reconocer nuestra enorme deuda (nuestro pecado) si queremos crecer en amor lo suficiente como para perdonar a quienes, en retrospectiva, tienen para con nosotros una mísera deuda.

Otra forma de crecer en amor es someterse a la corrección y recibir disciplina. La corrección siempre "parece... tristeza; pero después da fruto apacible de justicia" (Hebreos 12:11). *Nuestra capacidad para recibir corrección es proporcional a nuestra capacidad para confiar en quien nos está disciplinando.* Dios está tratando de que maduremos. Si queremos cambiar, algo tiene que cambiar en nosotros, y generalmente es nuestra manera de pensar. "Si soportáis la disciplina, Dios os trata como a hijos... para que participemos de su santidad" (Hebreos 12:7 y 10).

Recuerdo una discusión que tuvimos Jeanne y yo una vez sobre mi excesivo ritmo de trabajo. Ella me estaba suplicando que pasáramos más tiempo juntos, porque no se sentía amada. Protesté que estaba trabajando muy duro por ella y los niños y que ella debería apreciar lo que yo estaba haciendo. Mi trabajo era una expresión de amor hacia ellos. Después que ella se fue, frustrada, Dios comenzó a corregirme. Me dijo: "Trabajas por ti mismo, no por tu familia. No es una expresión de amor; es una expresión de tu ego". Me había dado una paliza. Pero ahora, al conocer la verdad, pude arrepentirme y poner mi vida en el orden apropiado.

Si amamos a otros como Dios nos ama, seremos capaces de hablar la verdad en amor a esas personas. Jeanne estaba ministrando a una pareja que había ido a un consejero durante años, pero no había podido resolver sus problemas. La esposa estaba tan quebrada, que todos los intentos por restaurarla habían fallado. Jeanne la ayudó a tratar algunos temas generacionales, pero era un proceso lento. Cuando Jeanne llego al tema sexual en su ministración, ella reconoció que habían desarrollado algunos conceptos errados. La esposa había sido abusada cuando era una jovencita y había tenido problemas con la intimidad. Jeanne la ayudó con sanidad interior y luego trató con la pareja su situación sexual.

Jeanne descubrió que debido a las antiguas heridas de la esposa, a ella se le hacía difícil relacionarse con su esposo de manera íntima. Para superar esto, ellos habían decidido utilizar pornografía como un catalizador antes de sus uniones sexuales. Jeanne les mostró que intentar utilizar una estructura demoníaca para derrotar otra estructura demoníaca solo lo arrastra a usted más adentro del cautiverio. Esto fue una revelación para ellos. Jeanne los llevó a arrepentirse y a renunciar a la pornografía y a declarar el amor puro de cada uno por el otro. Un año más tarde recibimos una llamada telefónica en la que le agradecían su ministración y le contaron cómo habían podido ser libres. Su dependencia de la pornografía para disfrutar de la relación matrimonial había sido rota y el verdadero amor tomó su lugar. "La verdad os hará libres" (Juan 8:32).

Cuando estamos ministrando la verdad, debemos hacerlo en amor. Dios usó la experiencia con nuestros bebés para enseñarnos cómo hacerlo. Cuando uno de nuestros bebés lloraba en la noche porque quería su biberón, uno de los dos se levantaba para alimentarlo. No podíamos sacar la leche de la heladera y lanzarla sobre la cuna. De haberlo hecho, solo prolongaríamos el llanto. Teníamos que levantar al bebé, acunarlo, quizás cambiarlo y consolarlo, hasta que se tranquilizaba. Mientras hacíamos eso, teníamos que entibiar la fórmula hasta que alcanzaba la temperatura correcta. Cuando todo estaba listo, recién podíamos comenzar a alimentarlo. El resultado siempre era el mismo. Se tomaba el biberón como si fuera una aspiradora. Una vez que terminaba de alimentarse, el bebé contento eructaba y lo acunábamos nuevamente hasta que se dormía.

Del mismo modo tenemos que tratar a la gente. La verdad (la leche de la Palabra) debe ser agradable y servida en amor en una forma aceptable. Siempre "siguiendo la verdad en amor, crezcamos en todo en aquel que es la cabeza, esto es, Cristo" (Efesios 4:15). Porque Jesús es la verdad y es amor, y cualquier intento de comunicar esa verdad sin amor no manifestará a Jesús. Solo será una reiteración de hechos y quedará como una condenación. Esta es la obra del diablo y no queremos participar de ella.

El propósito de Jesús al hablar la verdad no es traer condenación, sino revelación. Él quiere que veamos dónde estamos en comparación con el lugar a donde estamos destinados a llegar. Él quiere ver nuestro egoísmo y nuestro infantilismo comparados con su amor y su madurez. Nuestros espíritus están diseñados para estar en lugares en los que el Espíritu de Dios puede morar (vea Isaías 66:1), pero si estamos llenos de discusiones y conflictos, Él no podrá encontrar adentro de nosotros un lugar donde descansar. Por otro lado, Jesús dice: "El que me ama, mi palabra guardará; y mi Padre le amará, y vendremos a él, y haremos morada con él" (Juan 14:23). Esa es la meta del perfecto amor.

Cuando Jeanne tenía tres años, tuvo un encuentro con Dios. Se levantó temprano una mañana y se asomó afuera mientras estaba saliendo el sol. Se paró a la luz de ese sol y levantó sus manos en adoración. Nunca había ido a la iglesia pero sintió el amor del Padre fluyendo sobre ella. La respuesta de Dios fue expresar "ahora" su placer por el compromiso que ella habría de tomar 17 años más tarde cuando conoció a Jesús. El tiempo no es un factor limitante en el Reino. Dios nos ve como lo que llegaremos a ser, no como lo que somos. Él comienza la relación de amor con nosotros mucho antes de nuestra conversión. Jeanne ahora entiende la verdad de lo que sintió cuando era una niñita. El amor siempre trae revelación.

Satanás, por su parte, enceguece. Pablo dijo: "El dios de este siglo cegó el entendimiento de los incrédulos" (2 Corintios 4:4). La ceguera suele manifestarse a través de la ignorancia. Por ejemplo, yo era muy independiente, pero a la vez era compañero con mi esposa. El proceso de llegar a ser uno con ella necesitó que resignara a mi egoísmo. Como en todas las cosas del Reino, no somos capaces de cambiar hasta que nuestro fruto, en este caso mi egoísmo, madura. Una vez que madura, (se convierte en algo obvio), puede ser cosechado sin dañarnos.

Jeanne y yo estábamos tomando unas minivacaciones

para celebrar nuestros treinta años de casados. Estábamos sentados juntos en un avión, uno sobre el pasillo y el otro en el asiento del medio de una fila de tres. La fila de al lado tenía solo a un hombre sentado del lado de la ventanilla. Me pasé al asiento del pasillo de la fila de al lado para que tuviéramos más espacio y pudiéramos seguir hablando. Yo había estado trabajando fuera de casa durante tres semanas y necesitábamos reconectarnos. Estas vacaciones iban a ser un buen tiempo para sencillamente estar juntos.

Comencé a entablar una conversación con el hombre sentado a mi lado, pensando que podría testificarle. Después que despegó el avión, Jeanne se dio cuenta que la fila detrás de mí estaba vacía y se pasó allí. Lo lógico hubiera sido que yo me fuera a sentar con ella y así tendríamos toda la fila para nosotros solos y lugar suficiente como para estirarnos. Eso hubiera sido lo lógico, pero mi espíritu independiente me enceguecíó. Seguí alegremente con mi conversación amigable con mi nuevo conocido hasta que Jeanne me pasó una nota. La miré. Me preguntaba: "¿Qué crees que estás haciendo?"

De repente mi estupidez me golpeó. Allí estaba yo, en unas vacaciones románticas con mi esposa, sentado y hablando con un extraño mientras la había dejado a ella sentada sola. Me cambié de lugar y humildemente comencé a disculparme. Si hubiera tenido más amor, me habría dado cuenta de lo que pasaba y no hubiera sido necesario que me lo dijera.

Entre más aislados estamos, menos amorosos somos, y al enemigo se le hace más fácil eliminarnos. Cuando Israel salió de Egipto, algunas tribus decidieron establecerse fuera de la Tierra Prometida porque era "bueno" para el ganado (vea Números 32:1). Cuanto más lejos se instalaron los israelitas del templo (la presencia de Dios) más pronto fueron en cautiverio (vea 2 Reyes 10:32-33).

Conozco a un pastor que una vez tuvo un rol importante en el Reino. Había estado ligado a algunos ministerios importantes de Estados Unidos y los había representado en el exterior. Dios lo llamó a Canadá donde levantó una iglesia llena de vida. El problema era que él y su esposa tenían un espíritu sentencioso y no se habían desarrollado en amor. Ellos se aislaron porque solo se vinculaban con la gente de su congregación como líderes y no como amigos. Cuando alguna de sus posiciones doctrinales era cuestionada, no podían encontrar ninguna solución porque no tenían relaciones de amor con las cuales resolver los asuntos. Finalmente dejaron la iglesia y se aislaron aún más. Ese fruto de egoísmo se desarrolló en ellos hasta que ya no pudieron congregarse en ninguna iglesia. Aun sus hijos, cuando crecieron, fueron rechazados, y los lazos familiares se hicieron cada vez más difíciles. Sin amor, no tenemos poder para ver ni para impedir los planes del enemigo.

El amor es la fuerza operativa del Reino. Sin él, nada funciona. Podemos monitorear nuestro propio progreso al ver cuánta intimidad tenemos con aquellos a quienes Dios nos ha confiado en nuestra esfera de autoridad. Si el esposo y la esposa no tienen intimidad entre ellos, no tendrán intimidad con Dios. Si no dejamos de lado nuestras vidas por aquellos que Dios nos ha confiado, no estamos obedeciendo sus mandamientos. El amor siempre cubre; el amor edifica; el amor constriñe (vea Proverbios 10:12; 1 Corintios 8:1; 2 Corintios 5:14). Si no podemos amar, no podemos funcionar en el Reino.

Por lo tanto, si queremos crecer en poder y autoridad, debemos:

1. Primero amarnos a nosotros mismos y creer que Dios nos ama.
2. Luego, debemos amar a los demás al ver cuánto le debemos a Dios.
3. Entonces podremos amar a Dios.

Si amamos verdaderamente a Dios, entraremos en pacto con Él para ser sus “esclavos”. En el antiguo Israel, Dios estableció un sistema que permitía a los judíos recuperar su deuda sin sacrificar la herencia de la familia; podían venderse a sí mismos como esclavos por un máximo de siete años. Después de eso, podían ser libres. Si el esclavo amaba a su amo y a la familia que el amo le daba, él podía atarse a su nueva familia para siempre convirtiéndose en un esclavo. Un esclavo sirve a su amo no por una deuda sino por amor: “Yo amo a mi señor, a mi mujer y a mis hijos, no saldré libre...y será su siervo para siempre” (Éxodo 21:5-6). En este caso, el amor le permite al esclavo servir sin necesitar su propia independencia.

Hoy las personas entran en acuerdos prenupciales antes del matrimonio porque, en sus mentes, están estableciendo una estrategia de salida. Eso no es amor ni compromiso; es miedo y egoísmo. Un contrato está basado en el miedo y diseñado para proteger sus derechos; un pacto está basado en el amor y diseñado para que usted pueda resignar sus derechos. Un contrato no le da poder; le da influencia. Un pacto lo conecta con el supremo poder del universo y le da cobertura. “Y ahora permanecen la fe, la esperanza y el amor, estos tres; pero el mayor de ellos es el amor” (1 Corintios 13:13).

Capítulo 8

Perdone y olvide: ***El perdón***

> *No os venguéis vosotros mismos, amados míos, sino dejad lugar a la ira de Dios; porque escrito está: Mía es la venganza, yo pagaré, dice el Señor. Así que, si tu enemigo tuviere hambre, dale de comer; si tuviere sed, dale de beber; pues haciendo esto, ascuas de fuego amontonarás sobre su cabeza. No seas vencido de lo malo, sino vence con el bien el mal* (Romanos 12:19-21).

El perdón es el camino hacia la paz y la perfección. Las patrullas ciudadanas de vigilancia funcionan donde no hay confianza en el sistema de justicia; toman la ley en sus propias manos. En el mundo y en la iglesia prolifera el vigilantismo, cuyas formas principales consisten en formular juicios y falta de perdón. Como patrulla vigilante, nos transformamos en nuestros propios jueces, jurados y verdugos. No puede haber misericordia porque cada ofensa merece un juicio instantáneo. ¿Por qué? ¡Porque son culpables! El problema es que nosotros también lo somos. Si juzgamos a otros, nos condenamos a nosotros mismos, "porque tú que juzgas haces lo mismo" (Romanos 2:1).

Todos nosotros somos culpables y merecemos ir al infierno, pero Dios, en su infinita misericordia, envió a Jesús a morir, para que por medio de la fe en Él podamos ir todos al cielo. Jesús dijo: "El que de vosotros esté sin pecado sea el primero en arrojar la piedra" (Juan 8:7). Si fuésemos perfectos, podríamos juzgar como lo hace Dios, pero no lo somos, y Jesús dijo: "Ni yo te condeno" (Juan 8:11). Si Dios dio hasta lo sumo para encontrar una manera de perdonar a la gente, nosotros debemos encontrar una forma de imitar sus acciones.

Se nos manda amarnos unos a otros (vea Juan 13:34), pero no podemos amar si no nos hemos perdonado entre nosotros. El perdón es la clave en cualquier aspecto del Reino. Jesús ató el perdón a la fe cuando dijo:

> *Tened fe en Dios... todo lo que pidiereis orando, creed que lo recibiréis, y os vendrá. Y cuando estéis orando, perdonad, si tenéis algo contra alguno, para que también vuestro Padre que está en los cielos os perdone a vosotros vuestras ofensas. Porque si vosotros no perdonáis, tampoco vuestro Padre que está en los cielos os perdonará vuestras ofensas (Marcos 11:22,24-26).*

Hay dos requisitos enumerados aquí para que nuestras oraciones sean respondidas: orar creyendo y orar perdonando. Dios no oirá las oraciones que provengan de un corazón sin perdón porque Él no puede bendecirnos si nuestro carácter es diametralmente opuesto al suyo.

Dios está más interesado en cambiarnos a nosotros

que en cambiar nuestras circunstancias. La fe es oír, creer y declarar de acuerdo con Dios. Si no perdonamos, no podremos ponernos de acuerdo con Dios, y por lo tanto no tendremos fe. Es así de simple.

Cuando Jesús enseñó a orar a sus discípulos, les dijo:

> *Vosotros, pues, oraréis así: Padre nuestro que estás en los cielos, santificado sea tu nombre. Venga tu reino. Hágase tu voluntad, como en el cielo, así también en la tierra. El pan nuestro de cada día, dánoslo hoy. Y perdónanos nuestras deudas, como también nosotros perdonamos a nuestros deudores. Y no nos metas en tentación, mas líbranos del mal; porque tuyo es el reino, y el poder, y la gloria, por todos los siglos. Amén* (Mateo 6:9-13).

Y no se detuvo allí. Siguió diciendo: "Porque si perdonáis a los hombres sus ofensas, os perdonará también a vosotros vuestro Padre celestial; mas si no perdonáis a los hombres sus ofensas, tampoco vuestro Padre os perdonará vuestras ofensas. (Mateo 6:14-15). Nuestra salvación depende de que seamos perdonados, pero Jesús une ese perdón que recibimos a nuestra voluntad para perdonar a otros. No creo que seamos conscientes de cuán en serio toma Dios esto. Le estamos pidiendo a Dios que nos perdone de la misma manera en que perdonamos a otros. El poder para que nuestras oraciones sean contestadas depende de nuestra disposición a perdonar.

La habilidad que tengamos para obrar en el Espíritu depende de nuestra disposición a perdonar. El Espíritu Santo es muy sensible. Siente todo nuestro dolor, heridas y rechazo. Por eso puede reconfortarnos y consolarnos. Él también siente nuestro enojo, amargura y resentimiento. Si permitimos que estos permanezcan, entonces:

> [hacemos] *que se ponga triste el Espíritu Santo de Dios, que es como un sello de identidad que Dios puso en ustedes, para reconocerlos cuando llegue el día en que para siempre serán liberados del pecado. Dejen de estar tristes y enojados. No griten ni insulten a los demás. Dejen de hacer el mal. Por el contrario, sean buenos y compasivos los unos con los otros, y perdónense, así como Dios los perdonó a ustedes por medio de Cristo* (Efesios 4:30-32, TLA).

El Espíritu Santo no morará en nosotros si retenemos nuestras ofensas y no perdonamos a quienes nos han ofendido. Si el Espíritu que mora en nosotros se contrista por nuestras actitudes y nuestros actos, no seremos capaces de andar en el Espíritu.

Se nos dice debemos revestirnos "de la nueva naturaleza, que se va renovando en conocimiento a imagen de su Creador" (Colosenses 3:10, NVI). Debemos revestirnos de Cristo como de una prenda que cubre toda nuestra vieja naturaleza. Dios hizo esto con Adán y Eva cuando les hizo "túnicas de pieles, y los vistió" (Génesis 3:21). Con estas ropas, ellos ya no andaban desnudos; de hecho, cuando Dios los miró, no los vio; vio a los animales literalmente muertos que tenían puestos. Ahora, "si morimos con Cristo, creemos que también viviremos con él" (Romanos 6:8).

¿Cómo debemos vivir con estas nuevas ropas?: "Vestíos...de entrañable misericordia, de benignidad, de humildad, de mansedumbre, de paciencia; soportándoos unos a otros, y perdonándoos unos a otros si alguno tuviere queja contra otro. De la manera que Cristo os perdonó, así también hacedlo vosotros (Colosenses 3:12-13). Parte de nuestra vestimenta de Cristo es nuestra capacidad para perdonar a quien haya peleado con nosotros. Este es nuestro llamado supremo y es un elemento de nuestro andar en amor, vestirnos "de amor, que es el vínculo perfecto" (Colosenses 3:14).

Algunos podrán argumentar que si siempre perdonamos a quienes hacen algo contra nosotros seremos como simples felpudos que otros pueden pisotear. Pero es exactamente lo contrario. Incluso la investigación psicológica ha encontrado que el perdón es importante para "proteger…contra el odio y el resentimiento, que pueden incrementar la ansiedad o la depresión; de manera que el perdón es de hecho una manera de protegerse uno mismo".[1] El perdón no es lo mismo que la reconciliación. El perdón es que una persona tome posición hacia otra, mientras que la reconciliación requiere que dos personas participen en el proceso. Quien perdona no está ciego a la falta del ofensor, pero está reduciendo los efectos negativos del odio y el resentimiento.

Pedro le preguntó a Jesús en dos ocasiones diferentes cuánto debíamos perdonar. Jesús le respondió: "No te digo hasta siete, sino aun hasta setenta veces siete" (Mateo 18:22). Si utilizamos esto como una guía diaria, entonces son 490 veces por día. Eso es dos veces por minuto en un día de 16 horas o 178 850 veces por año. Esto es importante para Dios, y Él no quiere que perdamos los beneficios.

Mientras estaba escribiendo esto, una amiga nuestra, Sandra, llamó para agradecernos por haberla ayudado a llegar a perdonar y poder interceder por su exmarido. Dijo que jamás se había sentido tan feliz como en los últimos días. Su buena disposición a perdonar la separó de las ataduras y acusaciones del pasado y le permitió enfrentar el futuro con esperanza. El perdón es libertad y poder.

Jesús resalta el aspecto de libertad que viene con el perdón en una parábola que le dijo a Pedro justo después que le preguntó (vea Mateo 18:23-35). Quizás recuerde que ya hablamos de esa parábola, pero vale la pena volver a revisarla para ver qué más podemos aprender de ella. En la parábola, Jesús habla de un siervo que debía aproximadamente $10 000 000 que no podía devolver. El rey le mostró misericordia y le perdonó la deuda. Este siervo fue rápidamente y buscó a su consiervo y le demandó que le pagara una deuda de $20. Como no pudo hacerlo, el primer siervo lo echó en la cárcel. El rey se enojó tanto que lo entregó a los verdugos hasta que pagase todo lo que le debía. Dos consecuencias de la falta de perdón sobresalen en esta parábola: ser echado en la cárcel y ser entregado a los verdugos.

Una cárcel puede ser una fortaleza que impide que usted se mueva con libertad. Las fortalezas son estructuras que creamos en nuestras mentes cuando aceptamos mentiras o hechos que se oponen a la verdad del Reino (la Palabra revelada de Dios). Estas mentiras se apilan una sobre la otra hasta que forman una fortaleza que impide que la luz penetre en nuestras mentes y hace que no podamos escapar de esa red de mentiras. Estos pensamientos negativos se arraigan en áreas no sanas de nuestras almas y espíritus y maduran hasta que dan fruto. Las semillas negativas producirán frutos negativos que destruirán nuestros cuerpos, mentes y almas.

La cárcel en nuestras mentes nos dejará fuera de las

bendiciones que Dios preparó para nosotros. Nos separará de nuestra familia y amigos, de la salud, la prosperidad, el gozo y la paz. El primer siervo tenía la llave para que tanto él como su consiervo pudieran salir: todo lo que tenía que hacer era perdonar la deuda de $20. Jesús comparó esa deuda con las ofensas que otros nos hacen. La deuda de $10 000 000 ni puede compararse con el precio que Jesús pagó para liberarnos. Es necesario que tomemos conciencia de la gran misericordia que recibimos si vamos a juzgar apropiadamente nuestra falta de misericordia al no perdonar a otros.

Las mentiras de esa cárcel, cuyas paredes levantamos nosotros mismos, son nuestros verdugos. Satanás no es nuestro amigo. Él miente y dice que estaremos mejor si nos protegemos en nuestra propia cárcel y luego envía miedo, duda, depresión, rabia, amargura, resentimiento, venganza, odio, furia, odio hacia uno mismo, lamento, culpa, condenación y muchos otros sentimientos destructivos con los cuales nos azotamos.

Ministré a un caballero cuya esposa estaba actuando de manera muy rebelde y amargada hacia él. La Biblia dice, cuídense, "de que ninguna raíz amarga brote y cause dificultades y corrompa a muchos" (Hebreos 12:15, NVI). Aquella noche tuve tal ataque en mis emociones contra esa mujer que tuve que levantarme a las 4 de la madrugada y lidiar con ello. Me arrepentí por esas áreas de mi vida en las que había amargura, rebeldía y juicio. Recién cuando me arrepentí e intercedí por ella pude echar fuera de mis pensamientos esos tormentos. No podemos evitar que los pájaros vuelen sobre nuestras cabezas, pero sí podemos evitar que hagan nido en nuestro cabello. No podemos evitar los ataques demoníacos, pero si no nos ponemos de acuerdo con ellos, no pueden quedarse. Como dijo Salomón: "....la maldición nunca vendrá sin causa" (Proverbios 26:2). La amargura que yo tenía dentro se enganchó con la maldad de ella y permitió un eficaz ataque demoníaco. A pesar de que yo había me había roto la cabeza y luchado con esos sentimientos toda la noche, apenas oré, desaparecieron. Nunca más volví a pensar en esa situación. Esas acusaciones con las que luchaba no eran mías; eran de los espíritus verdugos que me corrompían hasta que comencé a orar para echarlos fuera. La única razón por la que pudieron molestarme tanto tiempo fue porque no me di cuenta de que me estaban atacando y no me había limpiado cuando entré en batalla.

En la parábola antes mencionada, los verdugos (vea Mateo 18:34) fueron a buscar al primer siervo porque el rey no lo perdonó. Cuando nos negamos a perdonar, también enviamos y recibimos verdugos.

Jeanne tuvo una experiencia personal con un ataque semejante en una conferencia (escuela profética) a la que asistimos hace poco. Seis meses antes ella había recibido una palabra profética para un hombre que visitó nuestra iglesia. Ella dio la palabra públicamente, con nuestro pastor parado a su lado. Yo también estaba presente en esa reunión, cubriéndola. Aquella palabra tenía que ver con la luz que veía sobre él, y también le hizo una advertencia de no juzgar a la iglesia. Jeanne es una persona muy delicada y amable, y a las personas que no están bajo nuestra cobertura ella solo les da palabras proféticas de edificación, exhortación o consuelo. Sin embargo, el hombre solo oyó la parte de no juzgar. Se ofendió y jamás regresó a la iglesia.

Sucedió que él se inscribió en la escuela profética y vio el nombre de ella y de otros de la iglesia, e hizo exactamente lo que la palabra profética le había advertido que no hiciera: juzgar. Terminó en el pequeño grupo que lideraba Jeanne y se opuso a todo lo que ella sugería. Jeanne no lo reconoció, pero podía sentir su resistencia y sus juicios. Todos los días regresaba a casa y expresaba el deseo de no volver a la escuela. Tuvo que orar para dejar de sentir ese odio y rabia que sentía venir contra ella.

Esto siguió así por cuatro días, hasta el último día de clase. Yo no pude ir ese último día, así que Jeanne a regañadientes fue sin mí. Ese día, la esposa de este hombre llevó a Jeanne a un costado y le planteó todo lo que tenía contra ella. Jeanne no podía creer que ellos, como líderes, pudieran acarrear esos juicios durante tanto tiempo o que no hubieran tratado de reconciliarse apenas comenzó la escuela. Jeanne casi ni podía recordar el incidente de la iglesia, pero les pidió perdón y se arrepintió por haberlos ofendido. Jeanne estaba llorando cuando alguien de nuestra congregación se acercó y la rescató de esta difícil situación.

Las últimas horas de la escuela estaban dispuestas para que los participantes se dieran palabras proféticas entre ellos. Aunque Jeanne estaba emocionalmente destrozada en ese momento, sabía que el enemigo estaba tratando de que ella se paralizara. Así que se sacudió esos sentimientos, perdonó a la pareja por aferrarse a su enojo por tanto tiempo y comenzó a ministrar a los demás presentes. Una de las señoras tuvo una palabra para Jeanne y quiso que toda la escuela se la cantara. Era la canción "Eres tan bella para mí". Dios estaba exponiendo su opinión sobre cómo la veía.

Jeanne se dirigió al hombre que supervisaba la escuela y le preguntó cuál era la palabra que Dios les había dado sobre ella. Él dijo que había oído la palabra de que Jeanne era una mujer prudente, pero que se habían soltado verdugos contra ella. Le preguntó si ella había tratado con esos verdugos. Respondió que sí. Más tarde, esa noche, volvimos a perdonar a esa pareja que no había perdonado a Jeanne por lo que percibieron como una palabra fuerte. Después de todo, si nosotros no los hubiésemos perdonado, habríamos estado cooperando con Satanás en soltar verdugos contra ellos.

Dos acontecimientos suceden constantemente ante el trono celestial. Jesús está intercediendo de continuo por nosotros, y Satanás nos está acusando de continuo (vea Hebreos 7:25; Apocalipsis 12:10). ¿A cuál de ellos queremos imitar? Nuestra respuesta debería ser como la de Jesús: "No puede el Hijo hacer nada por sí mismo, sino lo que ve hacer al Padre; porque todo lo que el Padre hace, también lo hace el Hijo igualmente" (Juan 5:19). En otras palabras, lo que hace el Padre es lo mismo que hace el Hijo. Si Jesús está intercediendo para que seamos perdonados, nosotros deberíamos tener la misma actitud y las mismas acciones, sin importar lo que sintamos.

Si no perdonamos y acusamos a otras personas, entramos en el reino de Satanás. Cualquiera que sea el pecado que no queríamos perdonar parece nimio en comparación con el juicio que estamos soltando. Jesús nos llama hipócritas cuando no removemos la viga (nuestro juicio) de nuestros propios ojos. Entonces sí, podremos ver claramente para remover la paja (el pecado) que haya en el ojo de nuestro hermano (vea Lucas 6:42). Nuestra propia paz y la de las personas con quienes nos vinculamos dependen de nuestra voluntad para perdonar y no sostener acusaciones.

Hace varios años, estaba sentado en la oficina sindical esperando que comenzara una reunión, cuando me encontré con Ralph (ese no es su verdadero nombre). Él había trabajado para mí diez años atrás como delegado sindical. Fui extremadamente duro con él cuando trató de mediar entre el sindicato y yo. En ese momento yo era el encargado de una empresa de construcción. Era muy ambicioso en aquellos tiempos y tenía tendencia a abrirme paso entre los problemas sin importar quién estuviera en el camino. La mayor parte del tiempo, en ese trabajo, Ralph me resultaba un obstáculo. Me acerqué a él y comencé a hablarle. "Ralph, quiero pedirte que me perdones por cómo te traté en la draga. Fui prepotente y arrogante y te causé más problemas de lo que merecías. Lamento haber actuado de esa manera. ¿Puedes perdonarme?"

Ralph me miró en forma despectiva y luego dijo: "No, no te perdono. Todavía sigo enojado contigo, y jamás te voy a perdonar".

Yo respondí: "Entiendo cómo te sientes, pero sigo queriendo pedirte perdón y realmente lamento todo el dolor que te causé". Volví a mi asiento y esperé que comenzara la reunión. No me había acordado de Ralph más de un par de minutos en aquellos diez años hasta que sucedió esto, y tampoco he vuelto a pensar en él hasta ahora, cuando estaba buscando una buena historia para ilustrar un punto en este libro. Por conversaciones relacionadas conmigo, sé que Ralph todavía guarda este conflicto en su corazón. Las heridas que le causé fueron dolorosas, pero los sentimientos de resentimiento son algo que él escogió mantener y alimentar de manera tal que el dolor automáticamente se convierte en parte de su paquete de ofensas.

Jeanne y yo hemos descubierto que a la gente que guarda una herida por mucho tiempo en realidad le gustan esos sentimientos. Ron, un querido amigo nuestro, había venido a vernos por un consejo respecto a sus sentimientos de rechazo y abandono. Nos contó que esos sentimientos lo debilitaban para con las relaciones y él los odiaba y deseaba poder deshacerse de ellos. Ya lo habíamos ministrado por el mismo problema varias veces, y necesitábamos alguna revelación si queríamos llegar a la raíz del problema. De repente vi un cuadro de él aferrándose a estas heridas como si estuviera mimando a un bebé. Él estaba arrullando estas heridas y con gusto las alimentaba. No las odiaba; ¡las amaba! Por eso no podía deshacerse de ellas. La Palabra dice: "Apartarse del mal: ¡eso es discernimiento!" (Job 28:28, NVI), y "La senda de los rectos es apartarse del mal; el que guarda su camino preserva su alma" (Proverbios 16:17). ***Jamás podremos deshacernos de lo que no odiemos.***

Ron se había aferrado a esas heridas y las mantenía vivas al repasarlas en su mente. Una vez que Ron se dio cuenta de que estaba arrullando y acariciando esos sentimientos, se aterrorizó e inmediatamente se arrepintió y los rechazó. Los patrones de pensamiento son las vías que creamos en nuestras mentes al ir continuamente por esos caminos. Científicamente, se las llama vías neuropáticas, las rutas que conducen los impulsos eléctricos que conforman nuestros pensamientos. Cuanto más usamos esas vías, más profundamente se convierten en nuestra forma de pensar predeterminada. El problema es que al ir continuamente por estos caminos, nos dañamos a nosotros mismos, por no perdonar.

Hay un antiguo adagio que dice: "Guardar resentimiento

es como tomar veneno y esperar que se enferme otro". El otro no se enferma; usted se enferma. Ralph, como él mismo admitió, seguía enojado conmigo después de diez años de lo que había sucedido; él estaba en una cárcel (mental, emocional, y quizás incluso espiritualmente). Yo era libre y ni siquiera había pensado en aquella situación en años. Ralph no estaba en mi mente, pero, por su propia elección, yo estaba en la de él. Qué tonto es permitir que una persona a la que se odia ocupe un lugar permanente en sus pensamientos. ***La única manera de desalojar el odio es perdonando.***

El perdón no es algo que hacemos por la persona que estamos perdonando; es algo que hacemos por nuestro propio bien. La otra persona también puede recibir los beneficios, pero cualquier esfuerzo de nuestra parte por hacerle pagar lo que haya hecho nos costará más de lo que vale la pena por la ira asociada con la falta de perdón. Muchos estudios han revisado la conexión entre la ira, el resentimiento y el perdón ya que se relacionan con la salud física y psicológica:

- Un estudio descubrió que los sujetos que expresan un alto nivel de ira tienen niveles significativamente más altos de problemas cardíacos, serios problemas personales y un peor estado de salud general que aquellos cuyo carácter manifiesta un nivel de ira más bajo y son más fáciles de llevar.[2]
- Algunos estudios sugieren que reprimir la ira es menos beneficioso que darle rienda suelta. Los investigadores han descubierto

que reprimir la expresión de la ira es el factor principal que contribuye al dolor crónico, más que la expresión de esa ira o depresión.[3]

- Cuantitativamente, los hombres iracundos son seis veces más propensos a sufrir ataques cardíacos a los 55 años y tienen tres veces más probabilidades de desarrollar enfermedades del corazón o de la sangre.[4]
- Aun un solo arrebato de ira hace que hombres y mujeres sean dos veces más propensos a sufrir ataques cardíacos dentro de las primeras dos horas posteriores a tal episodio.[5]
- Los derrames cerebrales frecuentemente están relacionados con arranques de ira, ya que las personas son 14 veces más propensas a sufrir un derrame en las primeras dos horas posteriores al ataque de rabia.[6]
- Algunos estudios han encontrado que el estrés y la tensión que crea la falta de perdón son más peligrosos para nuestra salud que fumar.[7]

La ira y el resentimiento son nuestros enemigos. Aferrarse a estas emociones va en detrimento de nuestro bienestar físico y mental. La única manera de deshacernos de estas fuerzas es perdonar. Dios espera que perdonemos; de hecho, nos ordena que perdonemos. Juan dice que "Todo aquel que aborrece a su hermano es homicida; y sabéis que ningún homicida tiene vida eterna permanente en él" (1 Juan 3:15).

Guardar resentimiento ha sido comparado a dos personas

que tiran de una cuerda que tiene al resentimiento como un nudo entre ellos. Si siguen tirando, ese nudo se hace tan fuerte que jamás lo podrán deshacer. La única manera de evitar que esto suceda es soltar rápidamente nuestro lado de la cuerda. No sabemos qué rol ha ordenado Dios que las personas jueguen en relación con nuestras vidas. Si las descartamos por sus ofensas, podríamos estar perdiendo justo a la persona que Dios ha planeado que nos bendiga.

El apóstol Pablo es un buen ejemplo de este principio. Él había perseguido a la Iglesia y había provocado un incalculable sufrimiento a muchas personas en su celo por eliminar una secta que él consideraba herética. Cuando se convirtió, ese mismo espíritu asesino se volvió contra él, y tuvo que ser ayudado precisamente por las personas que había intentado arrestar. Estos cristianos de Damasco tuvieron que ayudar a Pablo (Saulo) a escapar de quienes estaban tratando de matarlo descolgándolo con una cuerda. Si no lo hubieran perdonado, la mayor parte del Nuevo Testamento no se habría escrito.

No recibimos ninguna recompensa por amar a quienes nos aman o a quienes nos tratan bien (vea Mateo 5:46). Jesús dice que hasta los pecadores hacen eso (vea Mateo 5:47). Hemos sido llamados a tomar el sendero correcto. Jesús nos llama:

> *¡Ama a tus enemigos! ¡Ora por los que te persiguen! De esa manera, estarás actuando como verdadero hijo de tu Padre que está en el cielo. Pues él da la luz de su sol tanto a los malos como a los buenos y envía la lluvia sobre los justos y los injustos por igual* (Mateo 5:44-45, NTV).

Esta es nuestra orden: perdonar, orar y hacer el bien a aquellos que nos ultrajan y persiguen. ¿Por qué? Porque así es como Dios espera que respondan sus hijos. Nuestro mandato es: "Sed, pues, vosotros perfectos, como vuestro Padre que está en los cielos es perfecto" (Mateo 5:48). Somos llamados a actuar desde el espíritu y no desde el alma. Podemos tener todo el derecho a estar resentidos con alguien por lo que nos ha hecho, pero Jesús vino "no... para condenar al mundo, sino para que el mundo sea salvo por él" (Juan 3:17).

Dios nos ha ordenado que seamos instrumentos a través de los cuales Él pueda lograrlo:

> *Vestíos, pues, como escogidos de Dios, santos y amados, de entrañable misericordia, de benignidad, de humildad, de mansedumbre, de paciencia; soportándoos unos a otros, y perdonándoos unos a otros si alguno tuviere queja contra otro. De la manera que Cristo os perdonó, así también hacedlo vosotros. Y sobre todas estas cosas vestíos de amor, que es el vínculo perfecto. Y la paz de Dios gobierne en vuestros corazones, a la que asimismo fuisteis llamados en un solo cuerpo; y sed agradecidos* (Colosenses 3:12-15).

Perdón: eso es lo que nos diferencia de todas las demás personas sobre la faz de la tierra y nos da el poder y la autoridad para reconciliar al mundo con Dios.

Conclusión

Abra la puerta a su destino

El día en que los israelitas entraron a la Tierra Prometida, Josué ordenó al pueblo que siguiera el arca del pacto porque ellos nunca habían pasado por ese camino (vea Josué 3:4). Nosotros también estamos por entrar en la tierra de las promesas, y debemos seguir la nueva manera en que el Señor nos guía. *Josué* en hebreo es lo mismo que el nombre griego *Jesús*; y ambos, Josué y Jesús, llevaron al pueblo de Dios dentro de sus tierras prometidas.

Para el tiempo en que los israelitas estuvieron listos para entrar en Canaán, Moisés, que representaba el pacto de la ley, estaba muerto. Bajo ese pacto, Israel nunca hubiera sido capaz de salir de su orgullo, miedo o mentalidad de esclavo. Por causa de su incredulidad, Dios no pudo llevarlos a lo que les había prometido.

Después que Moisés murió, Josué hizo circuncidar a toda la nación en Gilgal. Ese acto les ha "quitado la vergüenza de los egipcios" (Josué 5:9, DHH) y los hizo libres. Dios nos está llamando a que circuncidemos nuestros corazones: "con circuncisión no hecha a mano, al echar de vosotros el cuerpo pecaminoso carnal, en la circuncisión de Cristo" (Colosenses 2:11).

El antiguo pacto fue diseñado para lograr la justicia personal por seguir la ley. Sin embargo, los intentos humanos de seguir la ley, tanto entonces como ahora, se transforman en legalismo, en un esfuerzo para mantener esa justicia y santidad. Pablo reiteró ese concepto cuando comparó el pacto de la ley con la gracia. La ley era un esfuerzo humano o de la carne, y "...perseguía al que había nacido según el Espíritu, así también ahora" (Gálatas 4:29). Es por eso que los fariseos odiaban a Jesús: Él no estaba limitado por la ley como lo estaban ellos. El nuevo pacto, expresado por la crucifixión de la carne (el desarrollo de un nuevo carácter), está diseñado para darnos una libertad corporal. La justicia propia es egoísta porque se ocupa solo de mí y de mi propia salvación. El nuevo llamado es a usar esa libertad para servir a otros. "Porque vosotros, hermanos, a libertad fuisteis llamados; solamente que no uséis la libertad como ocasión para la carne, sino servíos por amor los unos a los otros" (Gálatas 5:13).

Fuimos hechos libres para que podamos amar. Nuestro antiguo carácter, nuestra vieja manera de pensar, se formó en nosotros mucho antes de que conociéramos al Señor. Esos patrones de nuestro pensamiento se desarrollan a la edad de tres años y normalmente para los ocho años ya están establecidos. Esos patrones fueron diseñados para protegernos cuando éramos pequeños, pero se van haciendo más restrictivos a medida que el carácter va madurando.

Jesús nos está llamando a heredar nuestro nuevo destino,

pero con el antiguo carácter no lo lograremos. Todo el ejército de Israel que dejó Egipto (su fortaleza) tuvo que morir antes que ellos pudieran tomar su nueva herencia. Nosotros también debemos permitir que Dios mate todo aquello en lo que nos hemos apoyado que no sea Él. Esa es la clave para nuestra victoria. Dios nos conferirá el poder de su carácter en nosotros; no nos dará poder en nuestra carne. Este poder es para el Cuerpo, no para las agendas privadas ni para el beneficio personal. El deseo de Dios es manifestar a su Hijo ante el mundo por medio de nosotros. Ese es nuestro llamado.

Nos dirigimos a nuevas alturas en el Señor, y solo una infusión de su carácter será capaz de sostenernos en esas alturas. Es en su carácter maduro en nosotros que Dios derramará su Espíritu. Todos queremos el poder, pero no muchos de nosotros estamos dispuestos a atravesar el proceso (la circuncisión de la carne) para parecernos a Jesús, de manera que podamos tenerlo. Dios tiene contentamiento en su Hijo, y si queremos agradar a Dios, debemos parecernos a Él.

¡Levántese! ¡Alístese! El día del Señor está por llegar sobre la tierra. Somos la nueva creación transformada a imagen de Jesús. Él nos ha escogido para que seamos sus embajadores. Él nos ha investido para andar en poder y autoridad. Él quiere morar en nosotros y vivir a través de nosotros. "El mundo entero espera impaciente que Dios muestre a todos que nosotros somos sus hijos" (Romanos 8:19, TLA). ¡Esos somos nosotros! ¡Ese es *usted*!

Aférrese a las promesas, metas y unciones que Dios ha dispuesto para usted. Yo espero y oro que usted permita que Dios moldeé su carácter para que se ajuste al de Él, porque esa es la puerta a su destino.

Apéndice A

En el capítulo 5 hice una afirmación: "Dios siempre está cambiando las reglas a medida que avanzamos más alto en sus propósitos". La Biblia dice: "Jesucristo es el mismo ayer, hoy y por los siglos" (Hebreos 13:8). Esto no significa que Dios no cambie su manera de tratar con nosotros a medida que nosotros cambiamos. Así como un padre va cambiando y adapta las reglas para crecer con sus hijos, así también Dios instituye diferentes conceptos a medida que maduramos. El solo hecho de que haya un Antiguo y un Nuevo Testamento nos muestra que Dios cambia la forma en que permite que nos acerquemos a Él. Jesús vino a establecer el nuevo pacto, que nos permite tener acceso a la presencia de Dios. Hebreos 10:9 estipula: "...quita lo primero, para establecer esto último". Cuando Jesús murió "el velo del templo se rasgó en dos, de arriba abajo" (Marcos 15:38). Esto nos permite entrar al "Lugar Santísimo por la sangre de Jesucristo, por el camino nuevo y vivo...a través del velo, esto es, de su carne" (Hebreos 10:19-20). Eso no era posible en el Antiguo Pacto. Incluso el Pacto establecido en el día original de Pentecostés (50 días después del sábado de la semana de Pascua, vea Levítico 23:14-15, también llamado la fiesta solemne de las Semanas, vea Deuteronomio 16:10), en la cual fue dada la ley, que cambió cuando nos fue dado el Espíritu Santo en el segundo Pentecostés (vea Hechos 2). Este cambio fue anunciado cuando Jeremías profetizó:

> *He aquí que vienen días, dice Jehová, en los cuales haré nuevo pacto con la casa de Israel y con la casa de Judá. No como el pacto que hice con sus padres... porque ellos invalidaron mi pacto... Pero este es el pacto que haré... después de aquellos días... Daré mi ley en su mente, y la escribiré en su corazón; y yo seré a ellos por Dios, y ellos me serán por pueblo* (Jeremías 31:31-33).

Dios siempre ha querido hacer eso; Él nunca cambió, pero las reglas sí cambiaron.

Apéndice B

En el capítulo 6 formulé la pregunta: ¿Puede un cristiano tener un demonio? Esa es una pregunta controversial. Desde mi experiencia personal y por cientos de sesiones de ministración, la respuesta es un ¡sí! definitivo. No estamos hablando de posesiones demoníacas, que indican que se está bajo el poder de un demonio.[1] Más bien, me refiero a un estado en el que un demonio tiene acceso a un área de nuestras almas y puede reclamar quedarse allí porque esa área no está sometida a Cristo. Jesús dijo: "...viene el príncipe de este mundo, y él nada tiene en mí" (Juan 14:30). No había lugar ni cosa en Jesús que el demonio pudiera controlar porque todas las áreas estaban sometidas al Padre. Nosotros no somos así. Juan escribió: "Si decimos que no tenemos pecado...la verdad no está en nosotros" (1 Juan 1:8). Más tarde, en el mismo libro, él hizo una afirmación drástica cuando dijo: "Todo aquel que es nacido de Dios, no practica el pecado, porque la simiente de Dios permanece en él; y no puede pecar, porque es nacido de Dios" (1 Juan 3:9). Podría parecer que estos dos versículos se excluyen mutuamente, hasta que estudiamos los significados de las palabras. *Todo aquel* podría haber sido traducido sencillamente como "todo" o "todas las cosas",[2] como en Juan 1:3 ("Todas las cosas por él fueron hechas…").

Soy nacido de Dios y sigo pecando, entonces se deduce que hay lugares de mí que no han nacido de Dios o no se han convertido, porque en las áreas convertidas no puedo pecar. Jesús utilizaba este término *convertido* con frecuencia (vea Juan 12:40, Lucas 22:32, Mateo 18:3) para significar: "volverse",[3] o cambiar la forma de pensar. El cuadro aquí es que tenemos en nuestras almas áreas no convertidas donde la semilla o la Palabra de Dios no ha penetrado y donde no nos ponemos de acuerdo con lo que la Palabra dice. Es esas áreas estamos ciegos y hemos creído una mentira. En esas áreas, Satanás tiene el poder de perpetuar esa mentira, poner sus garras sobre nosotros y controlar cómo pensamos porque el fundamento de esa área está basado en una mentira, que la mayoría de las veces es resultado de una herida. Satanás usa a sus demonios para controlar porque, a diferencia de Dios, él no es omnipresente ni omnisciente. El tamaño de la mentira o la herida determinará cuánto control pueda ejercer. Simón el mago (vea Hechos 8:9-24) de Samaria creía y se había convertido y bautizado en el avivamiento que había ocurrido allí. Sin embargo, su respuesta al derramamiento del Espíritu descubrió un área relacionada con su deseo de poder y con su mala interpretación de cómo funciona el reino. Pedro le dijo: "…tu corazón no es recto delante de Dios. Arrepiéntete, [piensa de manera diferente[4]]…esta tu maldad…si quizá te sea perdonado el pensamiento de tu corazón; porque en hiel de amargura y en prisión de maldad veo que estás" (Hechos 8:21-23). Simón estaba limitado y controlado porque había permitido que una herida amargara y empañara su entendimiento. Una vez que nos arrepentimos, podemos tomar autoridad y ordenar a las influencias demoníacas que estén controlando cualquier terreno de nuestra alma que se vayan.

Cuando recibimos al Señor, su Espíritu establece su residencia en nuestros espíritus. Nuestras almas, en ese momento, todavía tienen que ser santificadas y ocupadas por Él, como se hace evidente porque continuamos pecando. Muchas de las habitaciones de este terreno siguen estando controladas e influenciadas por lo demoníaco. Incluso el mismo Satanás tiene aún acceso al salón del trono de Dios (vea Job 1:6-12). No debería sorprendernos que también tenga acceso a nosotros en esos lugares en los que no hemos permitido el control de Dios. Un buen libro sobre este tema es *Thrones of Our Soul* (Los tronos de nuestra alma) de Paul Keith Davis (Creation House Press, 2003).

Pablo, el apóstol, dijo: "Pero en una casa grande… hay utensilios de oro y de plata… unos son para usos honrosos, y otros para usos viles. Así que, si alguno se limpia de estas cosas, será instrumento para honra, santificado, útil al Señor…" (2 Timoteo 2:20-21). Esta es la guerra de la que él hablaba cuando decía: "… Así que, queriendo yo hacer el bien, hallo esta ley: que el mal está en mí… pero veo otra ley en mis miembros, que se rebela contra la ley de mi mente, y que me lleva cautivo a la ley del pecado que está en mis miembros" (Romanos 7:21,23). Siguió diciendo que dentro de él servía tanto a Dios como al pecado (vea Romanos 7:25). Superamos este problema del pecado y sus ataduras al andar en el Espíritu: "… Porque la ley del Espíritu de vida en Cristo Jesús me ha librado de la ley del pecado y de la muerte" (Romanos 8:2). Por esto la propia liberación es tan poderosa. Cuando rendimos, por medio de la fe, cualquier área de nuestra vida a Cristo, todo aquel que reclame derechos debe retirarse.

Treasure Chest Ministries

www.treasurechestministries.ca

Contacto en el ministerio:

Brenda G. Smith
Treasure Chest Ministries
Box 3458, 180 Century Road
Spruce Grove, ABT7X3A7

E-mail: brenda@watchman.ca

Notas

Agradecimientos

1. John Donne, *Meditation XVII,* http://www.online-literature.com/donne/409

Prefacio

1. George Ricker Berry, *Interlinear GREEK-ENGLISH New Testament* (Nuevo Testamento Interlineal Griego-Inglés (Zondervan, 1973); y Zodhaites Spiros, *The Complete Word Study Dictionary: New Testament* (Diccionario completo del estudio de la Palabra: Nuevo Testamento), (Chattanooga, Tennessee, Editorial AMG, 1992), # 1849.

2. *Blue Letter Bible*,http://www.blueletterbible.org/Search/Dictionary/viewTopic.cfm?type=getTopic&topic=Power&entry.x=63&entry.y=12 , s.v. "Power" (poder), # 1849.

Capítulo I

1. James Strong, *The New Strong's Expanded Exhaustive Concordance of the Bible* (La Nueva Concordancia Strong Exhaustiva Ampliada de la Biblia) (Nashville, TN: Thomas Nelson, 2001); "*Greek Dictionary*" (Diccionario Griego), *skandalon*, número 4625.

2. *Webster's New Twentieth Century Dictionary* (Nuevo Diccionario Webster del Siglo Veinte), s.v. "Contrite" (contrito).

Capítulo 2

1. Spiros Zodhiates, *The Complete Word Study New Testament* (Chattanooga, TN: Editorial AMG, 1991), # 3358/2583.

2. Zodhiates, *The Complete Word Study Old Testament* (Chattanooga, TN: Editorial AMG, 1992), # 8104.
3. Zodhiates, *The Complete Word Study Old Testament*, # 6680.

Capítulo 3

1. En el momento de escribir, Karen se encuentra cerca de término con un segundo hijo, un niño.

Capítulo 4

1. Jim Eliot, *The Journals of Jim Elliot* (Los diarios de Jim Elliot), editado por Elisabeth Elliot (Grand Rapids, MI: Editorial Caribe, 1978), 174.
2. Spiros Zodhiates, *The Complete Word Study Old Testament* (Estudio completo de la Palabra Antiguo Testamento) (Chattanooga, TN: Editorial AMG, 1992), # 4762.
3. Hebreos 7:17 llama a Jesús ".... un sacerdote para siempre según el orden de Melquisedec". Podemos saber que Melquisedec era Cristo, porque "sin padre, sin madre, sin genealogía; que ni tiene principio de días, ni fin de vida, sino hecho semejante al Hijo de Dios, permanece sacerdote para siempre" (Hebreos 7:3). Si el sacerdocio no cambia, y si Cristo es ese sacerdote, entonces Él siempre fue ese sacerdote.
4. Zodhiates, *The Complete Word Study Old Testament* (Estudio completo de la Palabra Antiguo Testamento) (Chattanooga, TN: Editorial AMG, 1992), # 8427, 8428.
5. *Webster's New Twentieth Century Dictionary* (Nuevo Diccionario Webster del Siglo Veinte), s.v. "Presumption" (presunción).

Capítulo 5

1. K.C. Tessendorf, "White Knuckles over Niagara" (Alto riesgo sobre el Niágara). http://www.highliteskids.com.
2. Véase el Apéndice A.

Capítulo 6

1. *Webster's Twentieth Century Dictionary* (Diccionario Webster del Siglo Veinte), s.v.v. "Happy" (Feliz) (hap, happe, good luck, [buena suerte], chance [casualidad]), "Happen" (pasar, suceder) (happe: Ice. happ, chance [casualidad], luck [suerte]).

2. Alfred Jones, *Jones Dictionary of Old Testament Proper Names* (Diccionario Jones de nombres propios del Antiguo Testamento) (Grand Rapids, MI: Kregel Publications, 1997), s.v. "Isaac."

3. Vea el Apéndice B.

Capítulo 7

1. Spiros Zodhiates, *The Complete Word Study Dictionary: New Testament* (Diccionario completo de estudio de la Palabra: Nuevo Testamento) (Chattanooga, TN: AMG Publishers, 1992), #4160 (comp. #4238).

Capítulo 8

1. Leonard Stampler, "Forgiveness: A Review on a New Trend of Psychological and Medical Research Under Theological Aspects" (El perdón: revisión de una nueva tendencia en la investigación psicológica y médica según aspectos teológicos) (Graz: Karl-Franzens-University, 2003).

2. *Journal of Behavioral Medicine*, (Revista de medicina conductual) 10.2 (Abril 1987), 103-116.

3. *Journal of Behavioral Medicine*, (Revista de medicina conductual) 17.1 (Febrero 1994), 57-67.

4. William J. Cromie, "Anger Can Break Your Heart" (La ira puede romperle el corazón) *Harvard University Gazette* (21 de septiembre de 2006).

5. Ibíd.

6. Ibíd.

7. Dr. Harold Bloomfield, *Making Peace WithYour Past,* (Haga las paces con pasado), transcripción de WebMD (1º de mayo de 2000), www.webmd.com.

Apéndice B

1. Spiros Zodhiates, *The Complete Word Study Old Testament* (Estudio completo de la Palabra Antiguo Testamento) (Chattanooga, TN: AMG Publishers, 1992), #1139.

2. Ibíd., #3956.

3. Ibíd., #1994.

4. Ibíd., #3340.